Martin Grafmüller

Verfahrensfortschritte in der robusten Echtzeiterkennung von Schriftzeichen

Schriftenreihe Automatische Sichtprüfung und Bildverarbeitung
Band 5
Herausgeber: Prof. Dr.-Ing. Jürgen Beyerer

Lehrstuhl für Interaktive Echtzeitsysteme
am Karlsruher Institut für Technologie

Fraunhofer-Institut für Optronik, Systemtechnik
und Bildauswertung IOSB

Verfahrensfortschritte in der robusten Echtzeiterkennung von Schriftzeichen

von
Martin Grafmüller

Dissertation, Karlsruher Institut für Technologie (KIT)
Fakultät für Informatik
Tag der mündlichen Prüfung: 08. November 2012

Impressum

Karlsruher Institut für Technologie (KIT)
KIT Scientific Publishing
Straße am Forum 2
D-76131 Karlsruhe
www.ksp.kit.edu

KIT – Universität des Landes Baden-Württemberg und
nationales Forschungszentrum in der Helmholtz-Gemeinschaft

KIT Scientific Publishing 2013
Print on Demand

ISSN 1866-5934
ISBN 978-3-86644-979-4

Verfahrensfortschritte in der robusten Echtzeiterkennung von Schriftzeichen

zur Erlangung des akademischen Grades eines

Doktors der Ingenieurwissenschaften

der Fakultät für Informatik
des Karlsruher Instituts für Technologie (KIT)

genehmigte

Dissertation

von

Martin Grafmüller

aus Emmendingen

Tag der mündlichen Prüfung: 08. November 2012

Erster Gutachter: Prof. Dr.-Ing. Jürgen Beyerer

Zweiter Gutachter: Prof. Dr.-Ing. Rainer Stiefelhagen

Danksagung

Diese Dissertation entstand während der dreieinhalbjährigen Tätigkeit als wissenschaftlicher Mitarbeiter am Lehrstuhl für Interaktive Echtzeitsysteme der ehemaligen Universität Karlsruhe (TH), die im Oktober 2009 in das Karlsruher Institut für Technologie (KIT) übergegangen ist. Die Leitung des Lehrstuhls hat Prof. Dr.-Ing. Jürgen Beyerer inne, dem ich für die vielen Diskussionen, die wertvollen Beiträge und die Betreuung der Arbeit an dieser Stelle recht herzlich danke.

Vielen Dank an Prof. Dr.-Ing. Rainer Stiefelhagen für die Übernahme des Korreferats und die wertvollen Hinweise in unserem Gespräch im Rahmen der Professorenrunde. Weitere hilfreiche Beiträge zu Beginn meiner Arbeit lieferte Prof. Dr.-Ing. Kristian Kroschel, auch dafür vielen Dank. Weiterhin bedanke ich mich bei allen Professorinnen und Professoren, die im Rahmen der Professorenrunde wichtige Beiträge zu dieser Arbeit geleistet haben oder an der Verteidigung der Dissertation beteiligt waren.

Einen wichtigen Beitrag für das Gelingen meiner Arbeit leisteten meine ehemaligen Kollegen am Lehrstuhl, wofür ich mich an dieser Stelle recht herzlich bedanke. Besonders hervorzuheben sind Dr.-Ing. Marco Huber, für die sorgfältige und kritische Durchsicht meiner Arbeit und Robin Gruna, für die zahlreichen und wertvollen Diskussionen. Weiterhin danke ich recht herzlich Steffen Zopf für seine sehr gute Unterstützung, die vielen Ratschläge, die fruchtbaren Diskussionen und die sorgfältige Durchsicht des Manuskripts.

Einen wichtigen Beitrag zu dieser Arbeit lieferten die von mir betreuten Studenten, denen ich dafür sehr dankbar bin. Insbesondere vielen Dank an Adrian Fessler, Mathias Ziebarth, Jonas Krieger, Ning Yan und Benedikt Kottler, da sie durch ihr Engagement wesentlich zum schnellen und erfolgreichen Abschluss meiner Arbeit beigetragen haben.

Für die sehr sorgfältige Durchsicht, die vielen Korrekturanmerkungen und Verbesserungsvorschläge bedanke ich mich besonders bei Christina Schütte und meiner Schwester Andrea.

Ich bedanke mich auch bei meiner Familie und meinen Freunden, die mich bei dieser Arbeit in irgendeiner Form unterstützt haben. Besonders zu erwähnen sind hier meine Eltern, die mir im Studium sowie während der Zeit als wissenschaftlicher Mitarbeiter bis zur Promotion die nötigen Freiräume einräumten und mir immer Rückhalt gaben. Dies gilt auch für meine Frau Sibylle, der ich zudem besonders dafür dankbar bin, dass sie mich immer wieder dazu ermutigt hat, die Arbeit fertigzustellen und das, obwohl ich besonders während der Endphase der Arbeit nur sehr wenig Zeit für sie fand.

Karlsruhe, im März 2013 *Martin Grafmüller*

Kurzfassung

Die optische Zeichenerkennung (OCR) wird schon seit ca. 40 Jahren erforscht. Aktuell erhält diese auch in industriellen Anwendungen wie z. B. der Pharma-, Lebensmittel-, Elektronik-, oder Automobilindustrie Einzug. Gründe dafür können sein, die Produkte anhand ihrer Produkt- oder Seriennummer automatisch zu erfassen, um diese in einer Datenbank festzuhalten, zu dokumentieren, in welchem Produkt welche Teile eingebaut wurden oder um die Produkte über den Produktions- oder Auslieferungsprozess zu verfolgen. Dabei kommen häufig Smart-Kameras zum Einsatz, mit denen nicht nur die Bildaufnahme erfolgt, sondern auch die Auswertung des Bildinhalts. Durch die Vielzahl der verschiedenen Anwendungen stellt das Lesen von Zeichen hier eine besondere Herausforderung dar. Diese werden durch unterschiedliche Materialien, z. B. Papier, Karton, Holz oder Metall, verursacht, auf denen die Zeichen gelesen werden sollen, zum anderen auch durch die Art, wie die Zeichen auf die Materialien aufgebracht sind, z. B. gedruckt, graviert oder gelasert. Je nach Anwendung variieren auch die Schriftarten. Erschwerend kommt hinzu, dass in vielen Anwendungen Punkt-Matrix-Schriften verwendet werden, deren Punkte sich innerhalb der Zeichen nicht notwendigerweise berühren müssen. Der Vorteil bei den beschriebenen Anwendungen ist, dass in der Regel die Textregion, d. h. die Region in der die Zeichen stehen, gegeben ist, wodurch eine Suche dieser vermieden wird.

Da die Segmentierung, d. h. das Ausschneiden der Zeichen, einen wesentlichen Einfluss auf das Klassifikationsergebnis hat, liegt hier der Schwerpunkt der Arbeit. Dazu wurde ein adaptives Verfahren entwickelt, das auf Projektionsprofilen basiert. Dieses Verfahren arbeitet vollständig auf Grauwertbildern und ist in der Lage, Beleuchtungsunterschiede im Bild auszugleichen. Zudem ist es mit diesem Verfahren möglich, die Zeilenausrichtung und die Zeichenneigung zu schätzen. Um die Leistungsfähigkeit des Verfahrens noch weiter zu steigern, können auch zusätzliche Parameter, wie z. B. minimale Zeilenhöhe oder Zeichenbreite, berücksichtigt werden. In einigen Fällen ist es allerdings nicht möglich, die Zeichen mit Projektionsprofilen zu trennen, da diese ausschließlich lineare Schnitte zulassen. Zum Erreichen von nichtlinearen Schnitten wird ein auf Graphenschnitten (engl. Graph Cuts) basierendes Verfahren vorgestellt, das sich ein in der Bildverarbeitung häufig verwendetes Energiefunktional zunutze macht, zu dessen Lösung effiziente Algorithmen bekannt sind. Anders als bei den aus der Literatur bekannten Verfahren, fließen bei der Optimierung sowohl horizontale als auch vertikale Abhängigkeiten der Pixel über dem ganzen Bild mit ein. Dies führt insbesondere bei den Punkt-Matrix-Schriften zu besseren Ergebnissen. Zur Bewertung der vorgestellten Verfahren werden diese einigen üblicherweise verwendeten gegenübergestellt. Der wesentliche Beitrag, der über den aktuellen Stand von Forschung und Entwicklung hinausgeht, liegt darin, dass die genannten Verfahren eine sehr zuverlässige und robuste Segmentierung von Zeichen, insbesondere Punkt-Matrix-Zeichen, ohne jegliche Vorverarbeitung ermöglichen. Die Verfahren passen sich größtenteils automatisch an die Gegebenheiten an, was die Anzahl an wählbaren Parametern auf ein Minimum reduziert.

In den oben genannten industriellen Anwendungen kann in der Regel davon ausgegangen werden, dass sich von Aufnahme zu Aufnahme, bis auf die Zeichen, nur sehr wenig ändert. Deshalb wird ein Verfahren vorgestellt, das diese Tatsache gewinnbringend ausnutzt, um die Segmentierung zu verbessern. Die Basis dafür bildet der Satz von Bayes, mit dem vorhandenes Vorwissen, wie z. B. die Anzahl der Zeilen / Zeichen oder die ungefähre Position der Zeilen / Zeichen, zur zuverlässigeren und schnelleren Segmentierung genutzt werden kann.

Weiterhin wurde der Einfluss von Rauschen in den Zeichenbildern auf die Klassifikationsleistung untersucht. Hierbei stand vor allem im Vordergrund, eine Aussage über die Robustheit verschiedener Merkmale in Kombination mit unterschiedlichen Klassifikatoren zu treffen. Auf Basis dieser Versuche wurden die Support-Vektor-Maschinen und die Künstlichen Neuronalen Netze als Klassifikatoren ausgewählt und diese in einem Entscheidungsbaum kombiniert. Damit soll die schnelle Klassifikationszeit der Künstlichen Neuronalen Netze mit der sehr guten Generalisierungseigenschaft der Support-Vektor-Maschinen vereinigt werden, um insgesamt einen leistungsfähigeren Klassifikator zu erhalten, der zudem den Vorteil hat, dass nur für die Anwendung relevante Knoten des Baumes ausgewertet werden müssen.

Zusätzlich wird in dieser Arbeit ein neuer Klassifikator vorgestellt, dessen Basis Trellis-Diagramme bilden. Dieser hat den Vorteil, dass er sehr einfach um neue Klassen erweiterbar ist, ohne den bereits bestehenden Klassifikator zu verändern. Das Potential dieses Klassifikators wird anhand eines Vergleichs mit gebräuchlichen Klassifikatoren demonstriert. Damit wird der Beitrag eines flexiblen Klassifikators geleistet, der sich insbesondere für Anwendungen eignet, bei denen sich häufig die Anforderungen an den Klassifikator ändern.

Die in dieser Arbeit vorgestellten Verfahren zielen speziell auf industrielle Anwendungen ab, in denen sehr schnelle und sehr zuverlässige Algorithmen gefordert sind. Um deren Qualität zu beurteilen, wurde eine Vielzahl an Versuchen auf realen Daten durchgeführt. Diese zeigen, dass die beschriebenen Verfahren in industriellen Anwendungen gegenüber anderen Verfahren zu bevorzugen sind, da sie für diese Art von Anwendungen zugeschnitten wurden und somit sehr viele Randbedingungen berücksichtigt werden können.

Inhaltsverzeichnis

Abkürzungs- und Symbolverzeichnis

Abkürzungen

BK	Klassifikation mittels Boosting
DCT	Diskrete Kosinus-Transformation (engl. Discrete Cosine Transform)
EBK	Entscheidungsbaumklassifikator
GMD	Gradientenmerkmal, bei dem die Gradienten entsprechend der nächstgelegenen quantisierten Phasen zerlegt und danach summiert werden
GMQ	Gradientenmerkmal, bei dem die Gradienten entsprechend der nächstgelegenen quantisierten Phasen summiert werden
PCA	Hauptkomponentenanalyse (engl. Principal Component Analysis)
HWT	Haar-Wavelet-Transformation
kM	k-Means-Merkmal

KNN	Künstlich Neuronales Netz
MDA	Multi-Diskriminanzanalyse (engl. Multiple Discriminant Analysis)
OCR	optische Zeichenerkennung (engl. Optical Character Recognition)
RBF	Radiale Basisfunktion (engl. Radial Basis Function)
RF	Random Forest
SNR	Signal-zu-Rauschverhältnis (engl. Singal-to-Noise Ratio)
SVM	Support-Vektor-Maschine (engl. Support Vector Machine, direkte Übersetzung: Stützvektormaschine)
TK	Trellis-Klassifikator
WHT	Walsh-Hadamard-Transformation
ZM	Zernike-Momente

Mathematische Symbole

$A_{u,v}$	Pseudo Zernike-Momente
A	Transformationsmatrix der Hauptkomponentenanalyse
$b_\mathcal{O}(m)$	Geschätzte obere Entscheidungsschwelle
$b_\mathcal{U}(m)$	Geschätzte untere Entscheidungsschwelle
$B(m,n)$	Betrag der Sobel-Filterung
$B_{\min}$	Angenommene minimale Zeichenbreite
c_s	Skalierungskonstante des Intensitätsstrafterms

$C_{\mathcal{ST}}$	Kosten des Graphenschnitts
$\mathcal{C}$	Menge aller Klassen
d	Dimension des Merkmalsraums
D	Dimension des Musterraums
$D(u, v)$	Ergebnis der Diskreten Kosinus-Transformation
$D_{\mathbf{p}}(l_{\mathbf{p}})$	Positionsstrafterm
δ_τ	Anzahl der Zustände im Trellis-Diagramm in Stufe τ
$\delta(l_{\mathbf{p}} \neq l_{\mathbf{q}})$	Kronecker-Delta
Δ_{Ziel}	Zielwert der Winkelgenauigkeit
Δ_ζ	Winkelgenauigkeit in Iteration ζ
$e_{ij}(\tau)$	Zustandsübergänge (Kante) im Trellis-Diagramm
$E(\mathbf{l})$	Energiefunktional für die Zeichensegmentierung mittels Graphenschnitten
$\mathcal{E}$	Menge aller Kanten im s-t-Graphen
$f_{\text{s}}(\cdot)$	Skalierungsfunktion der Intensitätskosten
$\mathbf{g}$	Vektorielle Repräsentation des Grauwertbildes eines Schriftzeichens
$G_{\text{s}}(m, n)$	Grauwertbild eines Schriftzeichens
$G_{\text{t}}(m, n)$	Grauwertbild der Textregion
$G_{\text{z}}(m, n)$	Grauwertbild der Zeilenregion

$G_z(\mathbf{p})$	Grauwertbild der Zeilenregion für die nicht lineare Segmentierung der Zeichen
$\mathbf{G}$	Matrixdarstellung der Zeichenregion $G_s(m, n)$
$\mathbb{G}$	Musterraum
h_{HP}	Hochpassfilter der Haar-Wavelet-Transformation
h_{TP}	Tiefpassfilter der Haar-Wavelet-Transformation
$H^{(Q)}(q)$	Histogramm der Gradienten entsprechend ihrer quantisierten Phase
$H^{(Z)}(q)$	Histogramm der zerlegten Gradienten entsprechend der Phase
$\mathbf{H}_j$	Hadamard-Matrix der Ordnung j
$\mathcal{H}$	Menge, durch welche die horizontale und diagonale Gewichtung benachbarter Pixel bestimmt ist
$\mathcal{I}$	Menge, durch welche die vertikale Gewichtung benachbarter Pixel bestimmt ist
$J_o(s)$	Gütefunktion zur Verschiebung der oberen Entscheidungsschwelle
$J_p(K_t)$	Gütefunktion zur Bestimmung des Parameters K_t
$J_u(s)$	Gütefunktion zur Verschiebung der unteren Entscheidungsschwelle
K_t	Anzahl der Grauwerte, über die im Projektionsprofil der Textregion summiert wird

K_z	Anzahl der Grauwerte, über die im Projektionsprofil der Zeilenregion summiert wird
$\mathcal{K}_m^{(N)}$	Indexmenge der K_t kleinsten Grauwerte der N Bildspalten in Bildzeile m
$\mathcal{K}_n^{(M)}$	Indexmenge der K_z kleinsten Grauwerte der M Bildzeilen in Bildspalte n
$\hat{\kappa}(\mathbf{m})$	Klassifikation in Abhängigkeit eines Merkmalsvektors
$l_\mathbf{p}$	Klassenzuordnung von Pixel $\mathbf{p}$
$\mathcal{L}$	Menge der Klassen, in die ein Graph zerschnitten wird
$\mathfrak{L}$	Menge aller Lernstichproben
$\lambda_j(\tau)$	Inkrementelle Pfadkosten in der Stufe τ im Zustand j
$\Lambda_j(\tau)$	Summenpfadkosten im Trellis-Diagramm an der Stelle τ
M	Höhe eines Bildes (Anzahl der Bildzeilen)
$\mathbf{m}$	Merkmalsvektor allgemein
$\mathbf{M}$	Transformationsmatrix der Multi-Diskriminanzanalyse
$\mathbb{M}$	Merkmalsraum
N	Breite eines Bildes (Anzahl der Bildspalten)
N_K	Anzahl der Klassen
$\mathbb{N}$	Menge aller natürlichen Zahlen
$\mathcal{N}$	Indexmenge der acht nächsten Nachbarn zu einem Pixel im s-t-Graph

$\mathcal{O}$	Indexmenge zur Schätzung der oberen Entscheidungsschwelle
$\mathcal{O}_1$	Indexmenge zur Verschiebung der oberen Entscheidungsschwelle
$\mathcal{O}(\cdot)$	O-Notation vgl. [Cor10]
$P_t(m,\theta)$	Projektionsprofil der Textregion
$\bar{P}_t(\theta)$	Mittelwert des Projektionsprofils der Textregion
$P_z(n,\phi)$	Projektionsprofil der Zeilenregion
$\bar{P}_z(\phi)$	Summe des Projektionsprofils der Zeilenregion
$\mathbf{p}$	Geordnetes Paar, das die Position eines Pixels indiziert
$\mathcal{P}(n)$	A-priori-Wahrscheinlichkeit, die durch das initiale Segmentierungsergebnis bestimmt wird
$\mathcal{P}(n\vert P_z)$	A-posteriori-Wahrscheinlichkeit zur Zeichensegmentierung
$\mathcal{P}(P_z\vert n)$	Bedingte Wahrscheinlichkeit des Projektionsprofils
$\mathcal{P}$	Indexmenge aller Pixel der Zeilenregion
ϕ	Projektionswinkel zur Bestimmung der Zeichenneigung
$\hat{\phi}$	Geschätzter Neigungswinkel der Zeichen
$\Phi(m,n)$	Phase der Sobel-Filterung
ρ	Verhältnis der Breite eines Zeichens zu dessen Höhe
$s_j(\tau)$	Zustand im Trellis-Diagramm

s_o	Konstante, um welche die obere Entscheidungsschwelle verschoben wird
s_u	Konstante, um welche die untere Entscheidungsschwelle verschoben wird
$S_t^2(\theta)$	Empirische Varianz der Projektionsprofile der Textregion
$\mathbf{S}$	Zustandsmatrix des Trellis-Klassifikators
$\sigma_t^*(m)$	Optimale Segmentierungsfunktion
$\hat{\sigma}_t(m)$	Geschätzte Segmentierungsfunktion der Zeilen
$\hat{\sigma}_z(n)$	Geschätzte Segmentierungsfunktion der Zeichen
$T_t(m)$	Schwellwert zur Segmentierung der Zeilen
$T_z(n)$	Schwellwert zur Segmentierung der Zeichen
θ	Projektionswinkel zur Bestimmung der Zeilenausrichtung
$\hat{\theta}$	Geschätzter Winkel, um den die Zeilen um die Horizontale gedreht sind
$\hat{\theta}(t-1)$	Geschätzter Winkel der Zeilenausrichtung im vorangegangenen Bild einer Bildfolge
Θ	Winkelintervall
$\mathcal{U}$	Indexmenge zur Schätzung der unteren Entscheidungsschwelle
$V_{\mathbf{pq}}(l_{\mathbf{p}}, l_{\mathbf{q}})$	Intensitätsstrafterm
$V_{u,v}(\mu, \nu)$	Zernike-Polynome
$\mathcal{V}$	Menge aller Knoten im s-t-Graphen

$w_{ij}(\tau)$	Gewichte der Zustandsübergänge im Trellis-Diagramm
$W(\mathbf{p}, \mathbf{q})$	Gewichtung zwischen benachbarten Pixeln
$\mathbf{W}$	Walsh-Hadamard-Transformationsmatrix
$\mathbf{w}_{\chi\chi}$	Vektorielle Repräsentation der Wavelet-Koeffizienten, wobei der tiefgestellte Index die Reihenfolge der verwendeten Filterbänke angibt
$\mathbf{w}_{\psi\chi}^{\mathsf{H}}$	Vektorielle Repräsentation der Wavelet-Koeffizienten in horizontaler Richtung
$\mathbf{w}_{\psi\chi}^{\mathsf{V}}$	Vektorielle Repräsentation der Wavelet-Koeffizienten in vertikaler Richtung
x	Anzahl der Teilintervalle für die Winkelschätzung
Z	Anzahl der Stichproben
$\mathbb{Z}$	Menge der ganzen Zahlen

1

Einleitung

Die optische Zeichenerkennung (OCR)[1] spielt im Zuge der Automatisierung von Arbeitsabläufen in vielen Bereichen eine wichtige Rolle. Der Zeichenerkennung an sich liegt immer die gleiche Aufgabenstellung zugrunde. Allerdings ergeben sich in Abhängigkeit der Anforderungen der Aufgabenstellung sehr viele Spezialfälle, die sich sowohl positiv aber auch negativ auf die Erkennungsleistung des Systems auswirken können. Beispielsweise ist die Digitalisierung von Büchern[2] ein aktuelles Thema, um diese in vollem Umfang digital zugänglich zu machen. Eine ähnliche Anwendung ist die Digitalisierung des Schriftverkehrs[3] in Firmen, um Dokumente platzsparend aufzubewahren und auf einfache Weise durchsuchen zu können. Analog zu den Büchern handelt es sich hierbei um gedruckte Texte, die in aller Regel eine feste Formatierung und ein nahezu einheitliches Schriftbild aufweisen. Weiterhin sind die Beleuchtung und die Zeilen- oder Zeichenausrichtung durch die verwendeten Dokumentenscanner nahezu optimal, was die Erkennung erheblich vereinfacht. Ein weiterer Vorteil ist, dass durch den Abgleich

---

1 engl. Optical Character Recognition
2 Google Books
3 vgl. papierloses Büro

1

mit Wörterbüchern und der Verwendung von Grammatiken auf syntaktischer Ebene viele Fehler vermieden bzw. korrigiert werden können und damit die Erkennungsleistung der Systeme erheblich gesteigert werden kann.

Ein anderer Anwendungsbereich ist die automatische Erkennung von Postleitzahlen oder allgemeiner der Adresse auf Postkarten, Briefen oder Paketen. Hier kommt neben dem hohen Durchsatz erschwerend hinzu, dass es sich in vielen Fällen um Handschriften handelt, die gelesen werden müssen. Allerdings fällt auf, dass in aller Regel die Erkennung der Postleitzahlen für die korrekte Verteilung ausreichend ist. Dadurch ist die Anzahl der zu erkennenden Zeichenklassen auf die Zahlen beschränkt, was das System deutlich vereinfacht. Dennoch muss das System besonders robust sein, um die manuelle Nacharbeit durch den Menschen minimal zu halten.

Auch in der Verkehrsüberwachung findet die optische Zeichenerkennung Anwendung. Dort erfolgt die automatische Kennzeichenerfassung[1] von Kraftfahrzeugen im Fall eines Verkehrsvergehens oder zur automatischen Abrechnung von Straßengebühren. Bei dieser Anwendung stellt insbesondere das Auffinden der Textregion eine sehr große Herausforderung dar, da sich der Ort des Kennzeichens in Abhängigkeit von Fahrzeugtyp, Geschwindigkeit oder Fahrspur ändern kann. Erschwerend kommt noch hinzu, dass die Beleuchtung von der Tageszeit und den Witterungsverhältnissen abhängig ist. Auch bei dieser Anwendung ist der zu erkennende Zeichensatz limitiert und der Aufbau von Kennzeichen in aller Regel bekannt und weitestgehend einheitlich gehalten.

Momentan hält die optische Zeichenerkennung zur Qualitätssicherung, Prozessüberwachung oder für Sichtprüfungsaufgaben auch Einzug in industrielle Anwendungen, bspw. in der Pharma-, Lebensmittel-, Automobil- oder Halbleiterindustrie. Weit verbreitet sind in diesen Anwendungsfeldern Barcodes[2], die durch eingeführte Redundanzen sehr zuverlässig maschinell gelesen

---

1   engl. License Plate Recognition
2   vgl. Strichcodes [Len00]

werden können. Diese haben jedoch den Nachteil, dass sie nicht vom Menschen lesbar sind, was es unabdingbar macht, z. B. Verfallsdaten, Produkt- oder Seriennummern in Form von Texten / Ziffern auf die Produkte oder deren Verpackungen aufzubringen. Um evtl. ganz auf Barcodes zu verzichten, ist es das Ziel, Serien- oder Produktnummern unabhängig von Barcodes maschinell zu erfassen, um diese automatisch in Datenbanken festzuhalten. So ist immer und überall nachvollziehbar, wo sich die Produkte befinden oder welche Teile in welchen Produkten verbaut wurden. Ein anderes Beispiel ist die Erkennung von Verpackungs- oder Verfallsdaten, um ggf. maschinell über den Verbleib von Medikamenten oder Lebensmitteln entscheiden zu können. Dieser Teilbereich der optischen Zeichenerkennung soll in dieser Arbeit aufgegriffen und genauer beleuchtet werden. Daher werden im nächsten Abschnitt die Problemstellung und ihre Herausforderungen genauer spezifiziert und in Abschnitt 1.2 auf die genaue Zielsetzung und eine Zusammenfassung des wissenschaftlichen Beitrags dieser Arbeit eingegangen. Das Kapitel wird durch eine Gliederung der gesamten Arbeit in Abschnitt 1.3 abgeschlossen.

1.1 Problemstellung

Für die Qualitätssicherung oder Prozessüberwachung in modernen Industrieanlagen ist es erforderlich, weitestgehend automatische Lösungen für die optische Zeichenerkennung zur Verfügung zu stellen, da diese, im Vergleich zum Menschen, viel schneller, zuverlässiger und in aller Regel viel kostengünstiger sind. Für diese Aufgaben haben sich vor allem sogenannte Smart-Kameras durchgesetzt, mit denen es möglich ist, sämtliche Anforderungen zu erledigen. Das Wort Smart-Kamera[1] stammt aus dem englischen, was man ins Deutsche mit *intelligenter Kamera* übersetzen kann. In der Literatur findet man sehr viele verschiedene Definitionen, was eine Smart-

---

1 engl. Smart Camera

Kamera ausmacht. In dieser Arbeit wird der Begriff in Anlehnung an [Shi10b] wie folgt definiert:

> Eine Smart-Kamera ist ein abgeschlossenes visuelles System, das in der Lage ist, anwendungsspezifische Informationen aus den aufgenommenen Bildern zu entnehmen und anhand dieser relevante Entscheidungen in Bezug auf die Applikation zu treffen.

Dadurch werden im Allgemeinen zusätzliche Rechnersysteme und Benutzereingaben weitgehend überflüssig, womit die Vorteile der Kostenersparnis bei der Anschaffung und im laufenden Betrieb auf der Hand liegen. Hinzu kommt noch der deutlich geringere Platzbedarf an den Fertigungsstraßen und in der Regel auch eine Verminderung des Energiebedarfs.

Bedingt durch die Vielzahl der Anwendungsmöglichkeiten der Smart-Kameras in verschiedenen Industriezweigen ändern sich die Materialien, auf denen die Zeichen aufgebracht sind, von Anwendung zu Anwendung. Häufig sind diese aus Papier, Karton, Kunststoff oder auch Metall, deren Oberfläche sowohl matt als auch glänzend sein kann. Eine weitere Schwierigkeit ergibt sich aus der Anwendung von verschiedenen Verfahren, mit denen die Zeichen auf die Materialien aufgebracht sind. Häufig werden die Zeichen gedruckt, gelasert oder graviert, was zu einer großen Variation in der Darstellung der Zeichen führt. Weiterhin ist die Schriftart und die Größe der Zeichen von der Anwendung abhängig. Erschwerend kommt häufig hinzu, dass sogenannte Punkt-Matrix-Schriften verwendet werden. Bei diesen bestehen die Zeichen aus einzelnen Punkten, die sich nicht notwendigerweise berühren. Die gegebenen Bedingungen stellen eine erhöhte Herausforderung an das Verfahren, welches außer einer hohen Zuverlässigkeit auch in Hinsicht auf die genannten Variationen besonders robust sein muss.

Die Einsatzgebiete der Smart-Kameras bieten aber auch Randbedingungen, die ausgenutzt werden können, um die Zuverlässigkeit des Zeichenerkennungssystems zu steigern. So ist in der Regel die Textregion im Bild gegeben, d. h. diese muss anders als bei der automatischen Kennzeichenerfassung nicht erst gesucht werden. Für die Zeilen gilt, dass diese immer parallel und auf einer Geraden angeordnet sind. Allerdings heißt das nicht, dass die Zeilen zwangsläufig horizontal im Bild ausgerichtet sind. Weiterhin kann ausgenutzt werden, dass sich beim größten Teil der Anwendungen von Aufnahme zu Aufnahme, bis auf die Zeichen selbst, nur sehr wenig ändert. In diesem Fall wird im Folgenden von einer Bildfolge gesprochen. Dieses Wissen lässt sich insbesondere bei der Segmentierung, d. h. beim Ausschneiden der Zeichen aus den Bildern, gewinnbringend einsetzen, was wiederum einen großen Einfluss auf die Zuverlässigkeit und die Verarbeitungszeit hat. In aller Regel ist auch im Voraus bekannt, welche Zeichen in der Textregion vorkommen. Allerdings erstreckt sich die Bandbreite von Zahlen über Groß- und Kleinbuchstaben bis hin zu Sonderzeichen wie Klammern, Doppelpunkten usw.

Neben den durch die Anwendung gegebenen Randbedingungen darf auch die Anwenderfreundlichkeit des Systems nicht ganz außer acht gelassen werden. Dazu gehört z. B. , dass möglichst wenig Parameter durch den Anwender einzustellen sind, um Bedienungsfehler weitestgehend auszuschließen. Dadurch kann die Zuverlässigkeit weiter gesteigert werden.

Zudem gibt es noch einige Randbedingungen, die durch die Smart-Kameras gegeben sind. Dazu zählen meist geringe Auflösungen und – bedingt durch die kleine Bauweise – limitierter Speicherplatz und Rechenleistung. Deshalb bedarf es eines effizienten Verfahrens für Smart-Kameras, um den durch die meisten Anwendungen geforderten Durchsatz von etwa 10 Hz zu erreichen. Erschwerend kommt in einigen Fällen hinzu, dass ein Barcode, der mit im Bild ist, ebenfalls decodiert werden soll oder weitere Sichtprüfungsaufgaben durchzuführen sind, was für die Zeichenerkennung bedeutet, dass diese in weniger als 80 ms erfolgen muss.

Zusammenfassend kann man festhalten, dass ein System zur optischen Zeichenerkennung in den beschriebenen Anwendungen folgendes erfüllen muss:

- *Zuverlässigkeit*: Besonders hohe Erkennungsleistung.

- *Robustheit*: Durch die Anwendungen bedingte Veränderungen haben möglichst wenig Einfluss auf die Erkennungsleistung.

- *Effizienz*: Das Verfahren erfüllt die durch die Anwendungen geforderte Echtzeitfähigkeit.

- *Benutzerfreundlichkeit*: Die Parametrierung der Verfahren ist einfach gehalten, um möglichen Eingabefehlern durch den Anwender vorzubeugen.

Diese vier Punkte müssen bei der Zielsetzung der Arbeit stets Berücksichtigung finden, um den Anforderungen der Anwendungen gerecht zu werden. Dazu werden die Zielsetzung und die wesentlichen Beiträge dieser Arbeit im nächsten Abschnitt etwas genauer betrachtet.

1.2 Zielsetzung und wissenschaftlicher Beitrag

Für ein Zeichenerkennungssystem in industriellen Anwendungen sollen mehrere Teilaspekte genauer betrachtet und untersucht werden. Dazu wurde im Rahmen dieser Arbeit das Flussdiagramm in Abb. 1.1 erarbeitet, was sich an ein übliches Mustererkennungssystem[1] anlehnt. Darin sind die wesentlichen Teilaufgaben als Blöcke dargestellt. Darin deuten weiße Blöcke Ein-und Ausgaben in das System an, die von oder zur Kamera gehen. Weiterhin sollen aber auch Benutzereingaben berücksichtigt werden können, die bspw. beim Einrichten der Kamera erfolgen. Der größte und wesentlichste Block bildet die Segmentierung. Vereinfacht gesagt werden damit die Zeichen aus dem aufgenommenen Bild ausgeschnitten und für die Weiterverarbeitung entsprechend aufbereitet. Im Laufe der Arbeit hat sich gezeigt, dass bei der Zeichenerkennung von gedruckten Texten / Zeichen die Segmentierung der Zeichen immer noch das schwächste Glied in der Verarbeitungskette ist. Dabei treten im wesentlichen zwei Fehler auf. Es kann vorkommen, dass ein

---

1 vgl. Pattern Recognition System [Dud01]

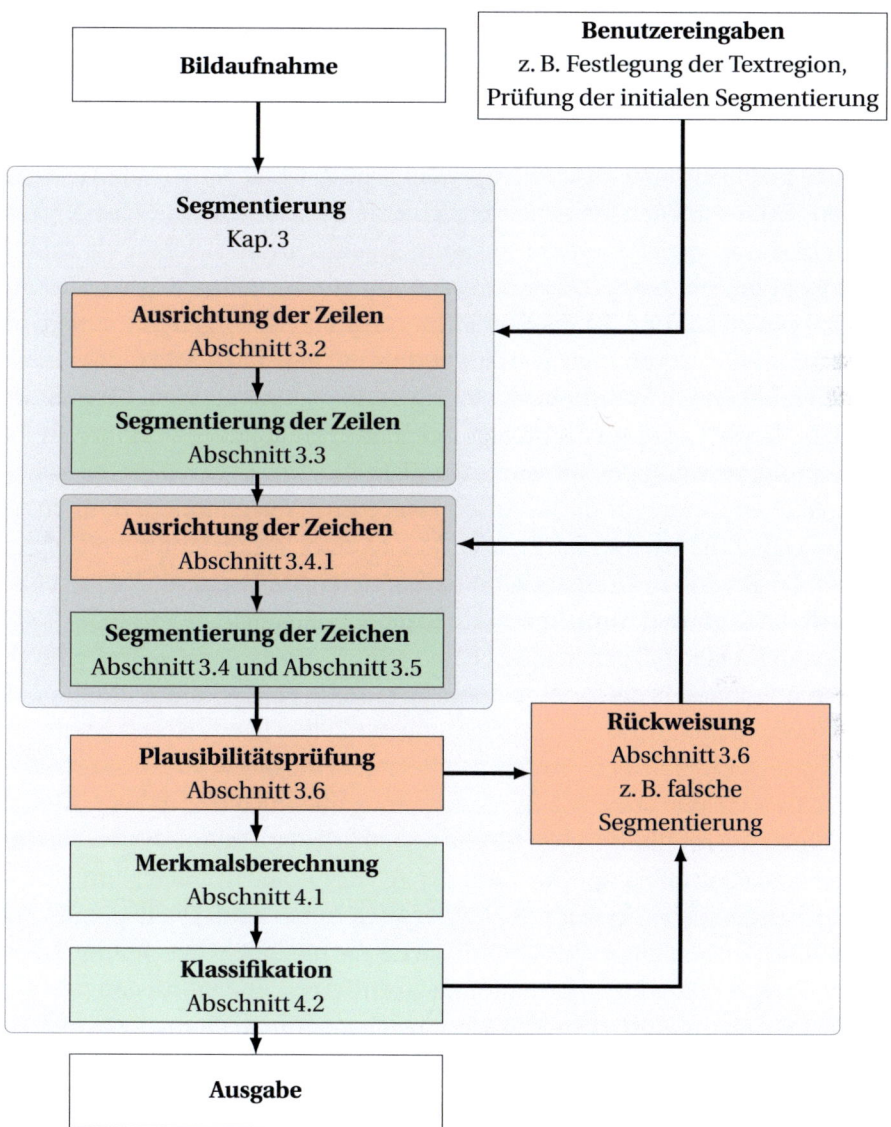

Abbildung 1.1: Blockschaltbild des Gesamtsystems zur Zeichenerkennung.

Schnitt nicht zwischen zwei Zeichen verläuft sondern eines der beiden Zeichen zerschneidet. Hierbei spricht man von einem zerfallenen Zeichen. Im Gegensatz dazu wachsen zwei Zeichen zusammen, wenn durch das Segmentierungsverfahren kein Schnitt zwischen den beiden Zeichen gefunden wird. Gerade zerfallene oder zusammengewachsene Zeichen haben einen wesentlichen Einfluss auf den Klassifikationsfehler [Lia94, Son05]. Die Schwierigkeit besteht darin, zerfallene oder zusammengewachsene Zeichen als solche zu erkennen, um entsprechende Verfahren zur korrekten Segmentierung anwenden zu können. Ist die Segmentierung fehlerhaft, gehen wichtige Informationen verloren oder werden verfälscht, was dazu führt, dass diese die nachfolgenden Verarbeitungsschritte enorm beeinflussen. Gemäß des Artikels [Mar07] ist eine zuverlässige Zeichensegmentierung wichtiger als die Erkennungsleistung des verwendeten Klassifikators. Unter Segmentierung von Zeichen werden in dieser Arbeit zwei Schritte verstanden. Zum einen werden alle Zeichen, die eine Zeile bilden, zu einer Region zusammengefasst, die im Folgenden mit Zeilenregion bezeichnet wird. Diese wird im zweiten Schritt der Segmentierung in weitere Regionen eingeteilt, wobei jede dieser Regionen im Idealfall genau ein Zeichen enthält, weshalb diese Regionen als Zeichenregionen bezeichnet werden. In einigen Fällen kommt auch noch erschwerend hinzu, dass die Ausrichtung der Zeilen bzw. Zeichen bestimmt werden muss, um die entsprechenden Regionen möglichst zuverlässig festzulegen. Dies ist aber stark von der Anwendung abhängig und daher optional, was durch die rot hinterlegten Blöcke angedeutet ist. Im Anschluss folgt optional eine Plausibilitätsprüfung mit der ggf. festgestellt werden kann, ob die Segmentierung korrekt war oder Fehler aufgetreten sind. Die Regionen der einzelnen Zeichen dienen als Grundlage für die Merkmalsberechnung. Diese dient dazu, redundante Informationen zu entfernen und Störungen, wie z. B. Rauschen, zu unterdrücken. Die Merkmalsberechnung dient als Grundlage für die darauffolgende Klassifikation, mit der den Zeichen nicht nur eine Semantik zugeordnet werden kann, sondern diese ggf. auch zurückgewiesen werden können, wenn davon auszugehen ist, dass ein Segmentierungsfehler aufgetreten ist.

Die wesentlichen Beiträge der Arbeit konzentrieren sich auf die folgenden Teilgebiete:

1. Vorgestellt wird ein robustes und schnelles Segmentierungsverfahren, das vollständig auf Grauwertbildern arbeitet und in der Regel[1] ohne Vorverarbeitung der Aufnahmen auskommt. Dies ist möglich, da sich das Verfahren adaptiv an die Gegebenheiten anpasst. Dies ermöglicht dem Benutzer eine sehr einfache Handhabung, da Einstellungen optional sind. Wenn diese vorhanden sind, können sich diese durchaus positiv auf das Segmentierungsergebnis auswirken.

2. Speziell für die Betrachtung von Bildfolgen, die typisch für viele industrielle Anwendungen sind, wird die Auswirkung von Vorwissen auf die Segmentierung untersucht. Diese beruht auf einer bayesschen Betrachtungsweise, sodass über das Bayes-Theorem vorhandenes Vorwissen, wie z. B. eine bereits durchgeführte korrekte Segmentierung, bei der aktuellen Segmentierung mit berücksichtigt werden kann.

3. Für die schwierigen Fälle, bei denen Zeichen aufgrund ihrer Nähe zueinander zusammenwachsen oder nicht durch einen linearen Schnitt trennbar sind, wird ein Verfahren vorgestellt, bei dem die Zeichenregionen als Graph dargestellt werden. Die Trennung der Zeichen erfolgt gemäß einem Energiefunktional, dessen Minimum dem minimalen Schnitt durch den Graphen entspricht.

4. Untersucht wird der Einfluss von Rauschen auf verschiedene Merkmale in Kombination mit unterschiedlichen Klassifikatoren. Dabei steht hauptsächlich eine Bewertung der Robustheit der verschiedenen Kombinationen, wie aber auch der Vergleich der Rechenzeiten im Vordergrund.

5. Durch verschiedene Anwendungen bedarf es unterschiedlicher Klassifikatoren, was heißt, dass diese mit unterschiedlichen Klassen, bzw.

---

1 Anm.: In einigen Fällen muss das Bild invertiert werden, vgl. Abschnitt 3.3, Seite 52

Zeichen, trainiert wurden. Dazu wird ein Entscheidungsbaum untersucht, der in seinen Blättern Support Vektor Maschinen und Neuronale Netze miteinander kombiniert. Dadurch werden wichtige Eigenschaften der verwendeten Klassifikatoren vorteilhaft kombiniert und je nach Anwendung können einzelne Blätter übersprungen werden, was die Erkennungsleistung und -geschwindigkeit verbessert.

6. Für die Klassifikation wird ein Klassifikator vorgestellt, welcher auf der Idee einer Signaldetektion, wie diese in Nachrichtenempfängern Einsatz findet, basiert. Dafür wurde der Detektor so erweitert, dass dem Eingangssignal eine Klasse zugewiesen werden kann.

1.3 Gliederung

Zunächst wird in Kap. 2 der Stand der Technik und Forschung aufgearbeitet. In diesem sollen besonders Zeichenerkennungssysteme hervorgehoben werden, die der hier gestellten Aufgabe ähnlich sind. Zudem wird das Kapitel weiter untergliedert, um Segmentierung, Merkmalsberechnung und Klassifikation in verschiedenen Bereichen der Zeichenerkennung gesondert zu betrachten.

Der weitere Aufbau dieser Arbeit richtet sich nach der sequentiellen Abfolge der Verarbeitungsschritte wie sie in Abb. 1.1 dargestellt ist. Somit erfolgt die Diskussion der Zeilen- und Zeichensegmentierung in Kap. 3. Darin eingeschlossen ist die Bestimmung der Zeilenausrichtung und der Zeichenneigung, da ansonsten eine zuverlässige Segmentierung der Zeilen / Zeichen eventuell nicht möglich ist. Weiterhin werden Methoden zur Beschleunigung der Verfahren vorgestellt, die vor allem auf die Aufgabenstellung zugeschnitten sind. Zum Abschluss des Kapitels werden Möglichkeiten zur Rückweisung von Zeichen diskutiert, um mögliche Fehler bei der Segmentierung aufzudecken und ggf. weitere Schritte einzuleiten.

In Kap. 4 werden die Grundlagen zur Merkmalsberechnung und Klassifikation gelegt. Im Anschluss daran wird ein Klassifikator eingeführt, der insbesondere auf die gegebenen Anwendungen abzielt. Weiterhin wurde im Rahmen dieser Arbeit ein Klassifikationsverfahren entwickelt, das sich sehr stark an die Detektion von Empfangssignalen in Nachrichtensystemen anlehnt.

Eine ausführliche Bewertung der vorgestellten Verfahren erfolgt in Kap. 5. Dabei liegt ein besonderes Augenmerk auf der Bewertung der hier entwickelten Segmentierungsverfahren und der Bewertung von Kombinationen aus Merkmalen und Klassifikatoren unter dem Einfluss von Rauschen. Abschluss dieses Kapitels bildet die Bewertung des Gesamtsystems unter Berücksichtigung einiger durch die Anwendung gegebenen Randbedingungen.

Die Arbeit wird mit einer Zusammenfassung und einem kurzen Ausblick auf weitere mögliche Arbeiten in Kap. 6 abgeschlossen.

2

Stand von Forschung und Technik

In diesem Kapitel wird der aktuelle Stand von Forschung und Technik der Arbeiten zur optischen Zeichenerkennung aufgearbeitet. Dazu werden zunächst in Abschnitt 2.1 einige aus der Literatur bekannte Anwendungsbereiche vorgestellt, die zu der im Kontext dieser Arbeit betrachteten Problemstellung ähnlich sind. Danach folgt eine weitere Untergliederung typischer Zeichenerkennungssysteme in ihre einzelnen Verarbeitungsschritte. Eine kurze Betrachtung von in der Literatur verwendeten Vorverarbeitungsschritten zur Zeichenerkennung erfolgt in Abschnitt 2.2. Weiterhin wird in Abschnitt 2.3 der Stand von aktuell verwendeten Segmentierungsverfahren zur Zeichenerkennung dargestellt. Darauf folgend werden Merkmalsberechnung und Klassifikation in Abschnitt 2.4 und Abschnitt 2.5 genauer betrachtet. Der Spezialfall von segmentierungsfreien Zeichenerkennungssystemen wird in Abschnitt 2.6 näher beleuchtet. Im Anschluss dazu erfolgt in Abschnitt 2.7 eine kurze Zusammenfassung und die Einordnung dieser Arbeit in das Gesamtgebiet der Zeichenerkennung.

2.1 Optische Zeichenerkennung

Die optische Zeichenerkennung ist ein weitläufiges Gebiet, welches sich von der Handschriftenerkennung über die Dokumentenanalyse bis hin zur Kennzeichenerfassung von Kraftfahrzeugen erstreckt. Unabhängig vom Anwendungsgebiet bietet [Mor92] einen allgemeinen Überblick zur optischen Zeichenerkennung. Eine aktuelle Darstellung der letzten 40 Jahre von Forschung und Entwicklung auf dem Gebiet der Zeichenerkennung ist in [Fuj08] zusammengetragen. Die wichtigsten Grundlagen wurden in [Bun00] dargelegt.

Da der Schwerpunkt dieser Arbeit auf dem Erkennen von Zeichen mittels Smart-Kameras liegt und diese überwiegend in industriellen Anwendungen eingesetzt werden, sei hier angemerkt, dass die Erkennung von Handschriften nicht genauer betrachtet wird. Deshalb bezieht sich im Weiteren das Wort Zeichenerkennung immer auf gedruckte bzw. maschinengeschriebene Schriftzeichen. Dafür werden im Folgenden ähnliche Anwendungsgebiete und für die Arbeit relevante Verfahren genauer beschrieben.

2.1.1 Zeichenerkennung in Dokumenten

Ein sehr weit verbreitetes Feld, in dem die optische Zeichenerkennung Anwendung findet, ist die Zeichenerkennung in Dokumenten. Diese ist insbesondere zum Digitalisieren von Büchern, Zeitschriften oder sonstigen Dokumenten interessant. Neben OCR in Dokumenten spielt die Analyse des Seitenlayouts oder das Erkennen von Bildern in den Dokumenten eine zusätzliche Rolle. Die wesentlichen Beiträge zur Dokumentenanalyse bis zum Jahr 2000 sind in [Nag00] aufgearbeitet.

Ein wichtiges System zur Zeichenerkennung in Dokumenten, was mittlerweile vor allem durch die Digitalisierung von Büchern vorangetrieben wird, ist Tesseract[1]. Dieses ist bereits seit Mitte der 90er Jahre ein kommerzielles System, dessen Weiterentwicklung immer noch von großem Interesse ist [Smi07, Smi09]. Üblicherweise profitiert man bei solchen Systemen insbesondere von der Korrektur der erkannten Zeichen auf semantischer Ebene, wie etwa durch Verwendung von Wörterbüchern der entsprechenden Sprachen, mit denen die erkannten Wörter abgeglichen werden können. Gemäß [Smi09] nutzt Tesseract wesentlich den Abgleich mit Wörterbüchern, wodurch es zu einem sehr verlässlichen System wird.

Ein weit verbreitetes System zur Dokumentenanalyse unter der Regie von Breuel [Bre08], wird OCRopus genannt und steht ebenfalls im Internet zur freien Verfügung. Laut [Bre08] eignet sich OCRopus besonders für die Digitalisierung von Büchern, Zeitungen und anderen gedruckten Unterlagen. Im wesentlichen beruht es auf drei Komponenten, der Layoutanalyse, Zeilenerkennung und den statistischen Sprachmodellen verschiedener Sprachen. Weiterhin kann zur Zeichenerkennung, neben dem eigenen Klassifikator, wahlweise auch Tesseract verwendet werden.

Dass die Zeichenerkennung seit einigen Jahren auch in Mobilgeräten, wie z. B. Mobiltelefonen oder Tablet-Computern, Einzug hält, wird in [Doe03, Lia05] deutlich. In diesen Artikeln werden insbesondere die Herausforderungen, wie z. B. geringe Auflösung der Aufnahmen, ungleichmäßige Beleuchtung, perspektivische Verzerrungen, usw. , hervorgehoben. Zudem ist wichtig, dass es in Bezug auf die eingeschränkte Leistungsfähigkeit der Hardware besonders angepasster Algorithmen bedarf. Zudem bieten beide Artikel einen guten Überblick über bereits verwendete Verfahren und deren Einsatzgebiete.

Da die Zeichenerkennung in Dokumenten nur sehr begrenzt mit der im Kontext dieser Arbeit betrachteten Aufgabenstellung zu tun hat, wird darauf nicht weiter eingegangen.

---

1 Von HP entwickelte OCR Software, die seit 2005 über Google frei zugänglich ist.

2.1.2 Kennzeichenerfassung

Weitaus mehr Ähnlichkeit mit der hier beschriebenen Anwendung hat die Kennzeichenerfassung. Das ist ein Anwendungsbereich, der in den letzten Jahren erheblich an Bedeutung gewonnen hat. Dies wird insbesondere durch die Anzahl an Veröffentlichungen deutlich.

In [Shi05] wird ein Erfassungssystem für chinesische Kennzeichen vorgestellt, bei dem die Detektion des Nummernschildes anhand dessen Farbe erfolgt. Nach der Kennzeichendetektion erfolgt eine Binarisierung des Bildes anhand eines adaptiven Schwellwertes. Danach folgt die Zeilensegmentierung, die auf Projektionsprofilen basiert. Der Schwellwert dafür ist an die Höhe des Kennzeichens gekoppelt, um diesen an ein- oder zweizeilige Kennzeichen anzupassen. Ähnlich wird auch bei der Segmentierung der Zeichen vorgegangen. Weiterhin werden durch einen Nachbearbeitungsschritt Fehler, wie z. B. die Anordnung der Zeilen auf der Horizontalen oder das Entfernen von Fehlereinflüssen durch den Rahmen oder Befestigungsschrauben des Kennzeichens, korrigiert. Zudem wird eine Korrektur des Neigungswinkels von jedem einzelnen Zeichen durchgeführt. Die Klassifikation erfolgt anhand von Pattern Matching und zusätzlichen Regeln, die bei schwer unterscheidbaren Zeichen angewendet werden, um die Erkennungsleistung zu verbessern. Zur weiteren Verbesserung wird berücksichtigt, an welchen Stellen im Kennzeichen Zahlen oder Großbuchstaben stehen. Damit werden etwa 90 % der Zeichen im Testdatensatz richtig erkannt.

Für die Erfassung von griechischen Kennzeichen wird in [Ana06] ein System vorgestellt, welches als ein Teil eines intelligenten Verkehrsüberwachungssystems fungiert. Weiterhin liefert der Artikel einen detaillierten Überblick über andere üblicherweise verwendete Verfahren in der Kennzeichenerfassung. Einige davon werden mit dem in [Ana06] vorgestellten Verfahren verglichen. Der Vergleich beinhaltet sowohl die Erkennungsleistung als auch die Verarbeitungszeit. Zur Zeichenerkennung werden die gefundenen Kennzeichen zunächst auf eine feste Größe skaliert. Für die Binarisierung wird ein Verfahren vorgeschlagen, dessen Schwellwert in Bezug auf die Zeichengröße fest gewählt wird. Anhand der Analyse zusammenhängender Komponenten[1] wird die Größe der Zeichen und deren Ausrichtung bestimmt. Komponenten, die bestimmte Bedingungen nicht erfüllen, werden verworfen. Die Erkennung der Zeichen erfolgt durch ein probabilistisches Neuronales Netz, mit dem mehr als 86 % der Zeichen in fünf verschiedenen Datensätzen richtig erkannt werden. Eine sehr detaillierte Zusammenfassung an Verfahren zur Kennzeichenerfassung findet man in [Ana08].

Ein weiteres Verfahren zur Kennzeichenerfassung in Videodaten findet man in [Wan07]. Im ersten Schritt erfolgt eine Binarisierung der gefundenen Kennzeichen. Der Schwellwert wird dazu gemäß dem Verfahren von Otsu [Ots79] bestimmt. Danach werden die Zeichen mittels einer Analyse zusammenhängender Komponenten ermittelt. Da je nach Qualität der Bildaufnahme dieses Verfahren zu mehr oder weniger zusammengewachsenen Zeichen führen kann, wird die Gültigkeit der gefundenen Komponenten mit dem Verhältnis von Breite zu Höhe überprüft. Für Komponenten, die einen bestimmten Wert überschreiten, gilt die Annahme, dass die Komponenten aus mehr als einem Zeichen bestehen. Die weitere Segmentierung dieser zusammengewachsenen Zeichen wird anhand der bestimmten lokalen Minima und Maxima des Projektionsprofils, wie es in [Wan07] vorgeschlagen wird, durchgeführt. Danach erfolgt eine weitere Prüfung der Gültigkeit der Zeichen mit einem Klassifikator, bevor die verbleibenden Zeichen mittels Support-Vektor-Maschine klassifiziert werden. Damit erzielt das Gesamtsystem eine Erkennungsleistung von mehr als 96 %. Laut den Autoren arbeitet deren System auf einem Computer mit einem 3 GHz Intel Pentium IV Prozessor bei einer Auflösung von [640 × 480] Pixeln mit einer Bildwiederholungsfrequenz von mehr als 30 Hz. Auch hier ist die Detektion der Kennzeichen mit inbegriffen. Dies ist vor allem durch deren sehr schnelles Verfahren zur Detektion der Kennzeichen möglich, da sich dann die restlichen Berechnungen nur auf den Bereich des Kennzeichens reduziert.

---

1 engl. Connected Component Analysis

Ein Kennzeichenerfassungssystem, dessen Implementierung auf einem Xilinx Virtex-4 FPGA[1] erfolgt, wird in [Can08] vorgestellt. Die Kennzeichen enthalten nicht mehr als acht Zeichen, wobei diese Anzahl maßgeblich für die Schwellwertwahl bei der Segmentierung ist. Diese erfolgt anhand des Projektionsprofils, wobei der Schwellwert so lange erhöht wird, bis die Mindestanzahl an zu erwartenden Zeichen segmentiert werden konnte. Die segmentierten Zeichen, die eine festgelegte Breite unterschreiten, werden zurückgewiesen. Zu breite Zeichen werden erneut segmentiert, wobei hier ein höherer Schwellwert gewählt wird. Bei der Segmentierung der Zeichen erfolgt keine Korrektur der Ausrichtung von Zeilen und Zeichen, wodurch das Verfahren versagt, wenn die Zeichen nicht entlang der Horizontalen ausgerichtet sind. Laut den Autoren werden mit ihrem System 87 % der Zeichen richtig segmentiert und mehr als 90 % von diesen richtig erkannt. Die Auswertung nimmt pro Bild auf dem FPGA etwa 500 ms in Anspruch. Mit inbegriffen ist auch hier die Detektion der Kennzeichen im Bild.

In [Wen11] findet man ein Kennzeichenerfassungssystem, welches in der Lage ist, japanische, chinesische und lateinische Zeichen wie auch arabische Zahlen zu erkennen. Zur Segmentierung schlagen die Autoren einen Algorithmus zur lokalen Binarisierung vor, mit dem auch Schattenwürfe auf den Kennzeichen unterdrückt werden können. Zum Entfernen von Rauschen erfolgt eine Medianfilterung, worauf eine Analyse zusammenhängender Komponenten folgt. Über die Mittelpunkte der einzelnen Komponenten erfolgt die Korrektur der Zeilenausrichtung. Die Zeichenausrichtung wird im Anschluss anhand von Projektionsprofilen durchgeführt, die auch für die Segmentierung verwendet werden. Die Merkmale werden aus einer Kombination aus geometrischen und topologischen Eigenschaften der Zeichen bestimmt. Für die Klassifikation wird eine Support-Vektor-Maschine verwendet, mit der das System eine Erkennungsleistung von mehr als 97 % erreicht. Zudem berichten die Autoren, dass die Segmentierung versagt, wenn die Auflösung

---

1   engl. Field Programmable Gate Array, programmierbarer digitaler Logikschaltkreis

der Kennzeichen zu gering ist, da dann viele Zeichen zusammenwachsen. Die Verarbeitungszeit für die Segmentierung und die Zeichenerkennung beträgt auf einem Computer mit einem 1,8 GHz Intel Core Prozessor und 1,5 GB Hauptspeicher in etwa 126 ms. Dies ist im Vergleich zur hier geforderten Laufzeit deutlich langsamer. Allerdings muss erwähnt werden, dass das System zwischen verschiedenen Schriften unterscheiden und diese auch klassifizieren kann.

Ein weiterer Artikel, der sich mit der Kennzeichenerfassung beschäftigt, findet sich in [Koc11]. Bei deren Ansatz erfolgt zunächst eine Vorverarbeitung zur Bildverbesserung, Kontrasterweiterung und zum Entfernen von Rauschen. Zur Segmentierung der Zeichen wird davon ausgegangen, dass diese im Bild auf der Horizontalen ausgerichtet sind, denn eine Korrektur erfolgt nicht. Für die Klassifikation wird jeweils ein Neuronales Netz für Zahlen und Großbuchstaben verwendet, wobei die Anwendung der Netze je nach Position des Zeichens im Kennzeichen erfolgt, um die Erkennungsleistung zu erhöhen. Die Segmentierungs- und Erkennungsleistung ist jeweils größer als 98 %.

Ein weiteres System zur Kennzeichenerfassung wurde in [Tho11] eingeführt, dabei wird insbesondere hervorgehoben, dass dieses System unabhängig von länderspezifischen Merkmalen der Kennzeichen ist und damit universell eingesetzt werden kann. Durch ein adaptives Schwellwertverfahren werden Binärbilder berechnet, die als Grundlage für eine Analyse zusammenhängender Komponenten dienen. Die Komponenten werden auf bestimmte geometrische Eigenschaften überprüft und dadurch vermeintliche Störungen entfernt. Danach erfolgt eine Korrektur der Zeilen- und Zeichenausrichtung. Falls das Verhältnis von Breite zu Höhe der segmentierten Zeichen einen bestimmten Wert überschreitet, werden diese anhand eines Projektionsprofils neu segmentiert. Die Erkennungsleistung des Systems, mit einem 2,66 GHz Intel Pentium IV Prozessor und 512 MB Hauptspeicher, liegt auf den verwendeten Datensätzen über 90 %. Die Autoren heben hervor, dass damit eine Bildwiederholungsfrequenz von etwa 10 Hz erreicht werden kann.

Ein echtzeitfähiges System zur Kennzeichenerfassung bei der Verkehrsüberwachung anhand von Videodaten wird in [Sar11] vorgestellt. Zur Verarbeitung der Daten erfolgt zunächst eine Vorverarbeitung, bei der Rauschen unterdrückt und Kanten hervorgehoben werden. Danach erfolgt eine Analyse zusammenhängender Komponenten, aus denen das kleinste umschreibende Rechteck der Zeichen bestimmt wird, um diese zu segmentieren. Die Klassifikation erfolgt mit einem Nächste-Nachbar-Klassifikator. Der besondere Ansatz ist hier, dass auf jedem Bild des Videos eine Klassifikation durchgeführt wird. Die Entscheidung wird dann anhand einer Mehrheitsbildung über alle Entscheidungen getroffen, was die Erkennungsleistung erheblich verbessert. Damit wird je nach Qualität der Videodaten eine Erkennungsleistung zwischen 91 % und 100 % erreicht.

Abschließend ist anzumerken, dass erst im Jahr 2008 in [Ana08] auf einen Datensatz verwiesen wird, der öffentlich zur Verfügung steht. Ziel der Bereitstellung dieses Datensatzes ist, aussagekräftige Vergleiche zwischen verschiedenen Kennzeichenerfassungssystemen durchzuführen und gegeneinander zu bewerten. Allerdings gibt es bis heute nur sehr wenige Artikel, die diesen Datensatz für die Bewertung ihres Verfahrens herangezogen haben.

2.1.3 Zeichenerkennung in industriellen Anwendungen und Mobilgeräten

In diesem Abschnitt erfolgt ein kurzer Überblick über Zeichenerkennungssysteme in industriellen Anwendungen oder mit Mobilgeräten, deren Anwendungsfeld dem in dieser Arbeit betrachteten ähnlich ist.

In [Koo96] wurde ein Zeichenerkennungssystem vorgestellt, um die DOT-Nummern[1] auf Reifen zu lesen. Motiviert ist dieses System durch die automatische Sortierungsmöglichkeit der Reifen. Weiterhin erfolgt eine statistische

---

1   Anm.: Vom US-amerikanischen Department of Transportation eingeführte Kennzeichnung von Reifen.

Auswertung über deren Lagerung und Bedarf über Monate und Jahre hinweg. Zunächst werden die aufgenommenen Bilder in einem Vorverarbeitungsschritt aufbereitet und die Ausrichtung der zu lesenden Zeile korrigiert. Die Segmentierung der Zeichen erfolgt mittels Projektionsprofil. Anschließend erfolgt die Klassifikation, wofür drei Neuronale Netze trainiert wurden, auf die die 36 Zeichenklassen aufgeteilt wurden. Die Erkennungsleistung des Systems liegt bei etwa 95 % richtig erkannten Zeichen.

Eine weitere Anwendung von OCR-Systemen ist das Auswerten von Flugscheinen. Dafür wurde in [Mao97] ein System vorgestellt. Dieses arbeitet auf Binärbildern, die mittels adaptivem Schwellwertverfahren bestimmt werden. Die aufgenommenen Bilder der Flugscheine werden anhand einer affinen Abbildung, deren Parameter anhand von gefundenen Zeichentripeln bestimmt werden, korrigiert, dass diese in ein vordefiniertes Raster passen. Durch dieses Raster sind dann die Positionen aller Zeichen gegeben, da im Voraus bekannt ist, in welchem Feld des Rasters ein Zeichen erwartet wird. Das System unterscheidet zwischen 44 Klassen die Zahlen, Großbuchstaben und andere Zeichen beinhalten. Auf dem verwendeten Testdatensatz werden mehr als 90 % der Zeichen richtig erkannt.

Ein System zum Lesen von zehnstelligen Flugnummern auf Flugscheinen wurde in [Zha03b] vorgestellt. Im ersten Schritt wird darin eine Vorverarbeitung durchgeführt, um die Helligkeit im Bild auszugleichen. Danach erfolgt eine Korrektur der Ausrichtung der Flugscheine, die im Anschluss mit einem lokalen adaptiven Schwellwertverfahren binarisiert werden. Die Segmentierung der Zeichen wird mit einer Analyse zusammenhängender Komponenten durchgeführt. Die Klassifikation der 10 Klassen erfolgt mit einem Faltungsnetzwerk. Das System wurde mit Erfolg mehrere Monate bei einer Airline in Shanghai getestet. Den Aussagen zufolge wurden dabei mehr als eine halbe Million Flugnummern verarbeitet, wobei die Erkennungsleistung bei über 93 % lag.

Für Mobiltelefone wird in [Lai06] ein OCR-System zum Lesen von alphanumerischen Zeichen vorgestellt. Auch bei diesem System erfolgt eine Binarisierung, diese wird allerdings mit einem globalen Schwellwertverfahren durchgeführt. Danach erfolgt eine Korrektur der Zeilenausrichtung, wofür über 50 % der gesamten Rechenzeit benötigt wird. Diese wird durch die Richtung bestimmt bei der die Anzahl an aufeinanderfolgenden Pixeln in einem Projektionsstrahl am größten ist. Die Segmentierung von Zeilen und Zeichen erfolgt im Anschluss mittels Projektionsprofilen. Laut den Autoren benötigt die Segmentierung und Klassifikation von etwa 115 Zeichen auf dem Mobiltelefon Nokia 6630 40 s, wobei die Bestimmung der Zeilenausrichtung die meiste Zeit in Anspruch nimmt. Das Mobiltelefon hat einen auf einer ARM[1]-Architektur basierenden Prozessor mit einer Taktfrequenz von 220 MHz. Über die Erkennungsleistung werden keine Angaben gemacht.

In den Artikeln [Cho09, Cho10] findet man ein Zeichenerkennungssystem, welches dazu dient, aufgesprühte Zeichen auf Gussplatten zu lesen. Damit soll verhindert werden, dass Gussplatten aus unterschiedlichen Materialien zusammen eingeschmolzen werden. Zunächst werden die aufgenommenen Bilder mit einer globalen adaptiven Schwellwertmethode binarisiert. Danach erfolgt die Segmentierung von Zeilen mittels Projektionsprofilen. Eine Korrektur der Zeilenausrichtung wird nicht durchgeführt, da davon ausgegangen wird, dass die Zeilen an der Horizontalen ausgerichtet sind. Durch eine Analyse zusammenhängender Komponenten werden Komponenten verworfen deren geometrische Eigenschaften nicht denen eines Zeichens entsprechen. Die tatsächliche Segmentierung der Zeichen erfolgt über ein Raster, welches über eine Zielfunktion bestmöglich an die Zeile angepasst wird. Da von gleichbleibenden Zeichenabständen ausgegangen wird, bleiben auch die Abstände im Raster gleich. Gemäß dem Artikel [Cho09] hat das Verfahren mehr als zehn Parameter, die anhand einer Lernstichprobe angepasst werden. Zudem benötigt die Detektion und Segmentierung der Zeichen auf einem Computer mit 3 GHz Intel Core 2 Duo Prozessor und 2 GB Hauptspeicher ungefähr 1 s, was im Vergleich zu der in dieser Arbeit geforderten Echtzeitbedingung sehr hoch ist.

---

1   engl. Advanced RISC Machine

Ein Zeichenerkennungssystem zum Ablesen von analogen Stromzählern wird in [Oli09] vorgestellt. Dieses soll helfen, das Ablesen zu vereinfachen und Ablesefehler zu vermeiden. Weiterhin soll es in Zukunft damit möglich sein, den abgelesenen Zählerstand elektronisch zu übermitteln. Zunächst wird ein Vorverarbeitungsschritt durchgeführt, bei dem Beleuchtungsunterschiede im Bild ausgeglichen und der Kontrast verbessert wird. Die anschließende Binarisierung erfolgt mit einem globalen adaptiven Schwellwertverfahren. Auch hier wird die Zeilenausrichtung nicht korrigiert. Die Unterscheidung zwischen den zehn Zeichenklassen erfolgt mittels Nächste-Nachbar-Klassifikator. Ein ähnliches System zum Ablesen von Wasseruhren findet man in [NO11]. Hier erfolgt die Binarisierung durch eine lokale Schwellwertmethode, deren Schwellwert adaptiv bestimmt wird. Auch hier wird keine Korrektur der Zeilenausrichtung durchgeführt. Die Autoren berichten für die beste Konstellation aus den getesteten Merkmalen und Klassifikatoren eine Erkennungsleistung von etwa 93 %. Dafür benötigt das System auf einem Nokia N80 Mobiltelefon mit einem 220 MHz ARM-Prozessor ungefähr 30 ms pro Zeichen.

Ein OCR-System, das der Digitalisierung von Dokumenten ähnlich ist, findet man in [Nam10]. Allerdings ist es auf das Erkennen von 15-stelligen Referenznummern von Rechnungen, die aus Punkt-Matrix-Zeichen bestehen, beschränkt. Auch dieses System arbeitet auf binarisierten Bildern und ohne Korrektur der Zeilen- und Zeichenausrichtung. Die Segmentierung erfolgt durch Projektionsprofile. Als Merkmal wurde ein Ähnlichkeitsmaß gewählt, welches für jede Klasse bestimmt wird. Die Klassifikation mit einem Neuronalen Netz erreicht mehr als 99 % richtig erkannte Zeichen auf deren Testdatensatz.

Zeichenerkennung mit Mobilgeräten, wie z. B. Mobiltelefonen, wird in [Liu10] vorgestellt. Zur Segmentierung von Zeilen und Zeichen werden keine genaueren Angaben gemacht. Der Schwerpunkt der Arbeit liegt eher auf der Merkmalsberechnung. Dafür hat der Autor eine vereinfachte Gabor-Transformation vorgestellt, deren Dimension mittels Hauptkomponentenanalyse noch verringert wurde. Das System erreicht eine sehr hohe Erkennungsleistung von mehr als 99 %. Um die Algorithmen zu beschleunigen, werden alle Gleitkommazahlen in Integerzahlen umgewandelt, da deren Berechnungen auf dem Mobilgerät effizienter implementiert werden können.

Die Autoren von [YJ10] stellen ein System zur Erkennung von Daten aus Poststempeln vor. Die Schwierigkeit dabei ist, dass die Zeichen nicht auf einer Geraden ausgerichtet sind. Behoben wird das Problem mit einer geeigneten Koordinatentransformation, welche die Zeichen der Daten entlang einer Geraden anordnet. Die Segmentierung der Zeichen erfolgt mit einer Analyse zusammenhängender Komponenten und für die Klassifikation wird ein Neuronales Netz verwendet. Zur Erkennungsleistung und Geschwindigkeit des Systems wird keine Aussage getroffen.

In den letzten Jahren wurden auch mehrere Zeichenerkennungssysteme zum Lesen von Zeichen auf Containern vorgestellt, um deren Lagerung und Umschichtung maschinell abwickeln zu können. Eines dieser Systeme ist in [Bin09] zu finden. Auch hier wird der Ablauf der Zeichensegmentierung nicht beschrieben. Die Merkmale werden durch Kreuzungspunkte der Schriftzüge und deren Anfangs- und Endpunkte bestimmt. Ausgehend von diesen Punkten werden zusätzlich noch die Richtungen des weiteren Verlaufs der Schriftzüge und die äußere Kontur der Zeichen als Merkmale mit berücksichtigt. Die Klassifikation erfolgt durch Pattern Matching mit dem 97 % der Zeichen im verwendeten Testdatensatz richtig erkannt werden.

Ein weiteres Verfahren zum Lesen von 15-stelligen Containercodes, die aus Zahlen und Großbuchstaben bestehen, wird in [Che11] vorgestellt, welches auf den typischen Schritten der Segmentierung, Merkmalsberechnung und Klassifikation basiert. Die Binarisierung der Bilder wird mit einem lokalen Schwellwertverfahren durchgeführt. Es wird davon ausgegangen, dass die Zeichen auf der Horizontalen ausgerichtet sind, d. h. das Verfahren bietet keine Möglichkeit zur Korrektur der Ausrichtung von Zeilen und Zeichen. Durch eine Analyse zusammenhängender Komponenten werden geometrische Merkmale der Komponenten ermittelt, mit denen die Zeichensegmentierung bzw.

die Auswahl von vermeintlich gültigen Zeichen erfolgt. Für die Klassifikation mit einem Nächste-Nachbar-Klassifikator werden die Merkmale der segmentierten Zeichen anhand der Hauptkomponentenanalyse bestimmt. Weiterhin wird auch der Aufbau der Codes bei der Klassifikation mit berücksichtigt, um je nach Position eines Zeichens im Code die Klassenzugehörigkeit einzuschränken. Das System erreicht damit eine Erkennungsleistung größer als 87 %, bei einer Verarbeitungszeit kleiner als 1 s pro Bild. Die Zeit wurde auf einem Rechner mit 3 GHz Intel Core 2 Duo mit 2 GB Hauptspeicher gemessen.

Ein ähnliches System findet man in [Wu11]. Hier sind die alphanumerischen Codes elfstellig und können über mehrere Zeilen angeordnet sein. Zur Binarisierung der Aufnahmen kombinieren die Autoren das Verfahren von Otsu [Ots79] mit einem von ihnen vorgestellten Ansatz, der bei Reflexionen angewendet wird. Die Segmentierung der Zeichen erfolgt mittels Projektionsprofilen auf dem Binärbild. Auch hier wird davon ausgegangen, dass die Zeilen auf der Horizontalen ausgerichtet sind. Als Merkmale werden die Kantendichten in einem vermeintlichen Zeichenbild verwendet. Die Klassifikation erfolgt durch eine Support-Vektor-Maschine, wobei für Zahlen und Großbuchstaben jeweils eine Support-Vektor-Maschine verwendet wird. Damit wird mit dem Gesamtsystem eine Erkennungsleistung größer als 90 % erreicht.

2.2 Vorverarbeitung der erfassten Bilder

Um die Zeichenerkennung zu verbessern, kann es oftmals hilfreich sein, eine geeignete Vorverarbeitung der erfassten Bilder durchzuführen. Dazu gehören bspw. die Verwendung von Filtern, um die Bilder von Rauschen zu befreien, den Kontrast zu erhöhen oder um Unschärfe zu reduzieren. Weitere Methoden sind z. B. Histogrammausgleich, um den Kontrast zu erhöhen, Binarisierung der Bilder oder morphologische Operationen. Einige in der Zeichenerkennung häufig verwendeten Vorverarbeitungsmethoden sind in [Bun00, Alg10] zusammengefasst.

Genauer soll an dieser Stelle nicht auf den Punkt Vorverarbeitung eingegangen werden, da in der gesamten Arbeit versucht wird, ohne diese Schritte auszukommen. Zu erwähnen ist, dass in einigen Fällen auch die Segmentierung von Zeilen und Zeichen und die Korrektur deren Ausrichtung als Vorverarbeitung betrachtet wird. Allerdings soll diese hier gesondert betrachtet werden, was im nächsten Abschnitt erfolgt.

2.3 Segmentierung von Zeichen

Die Segmentierung kann in klassische, hybride, erkennungsbasierte und holistische Ansätze unterteilt werden. Bei den klassischen Ansätzen erfolgt die Segmentierung der Zeichen anhand verschiedenster Informationen, die im Bild enthalten sind. Unter den hybriden Ansätzen werden jene zusammengefasst, die nicht nur auf einem Segmentierungsverfahren basieren, sondern sich mehrerer bedienen, um evtl. durch Kombination der Hypothesen ein besseres Ergebnis zu erzielen. Bei den erkennungsbasierten Ansätzen verwendet man noch zusätzlich das Klassifikationsergebnis, um ggf. durch eine Rückkopplung die Segmentierung nachträglich zu verbessern. Die holistischen Ansätze verfolgen das Ziel, nicht nur einzelne Zeichen zu segmentieren, sondern gleich ganze Wörter. Dies setzt voraus, dass diese Wörter anhand eines Wörterbuches oder statistischen Modells vorgegeben werden. Diese Verfahren kommen für die hier gegebene Anwendung nur bedingt in Frage, da in der Regel kein Wissen über den Aufbau von Serien- oder Produktnummern vorliegt und somit nur sehr schwer ein statistisches Modell erstellt werden kann. Deshalb wird auf die holistischen Segmentierungsverfahren an dieser Stelle nicht weiter eingegangen.

Je nach Anwendung kann es vorkommen, dass die Zeilen nicht horizontal im Bild ausgerichtet sind. In diesem Fall muss eine Korrektur, bzw. die Schätzung des Winkels, um den die Zeilen um die Horizontale gedreht sind, erfolgen. Einige Möglichkeiten dazu findet man in [Hul98, Bun00] und werden in dieser Arbeit als Teil der Segmentierung betrachtet.

Im Folgenden wird der aktuelle Stand von Forschung und Entwicklung der für die Aufgabenstellung dieser Arbeit relevanten Verfahren aufgearbeitet. Für einen allgemeinen Überblick zur Entwicklung verwendeter Segmentierungsverfahren im Laufe der Zeit sei auf [Ell90, Lu95, Cas96, Sab10] verwiesen. Weiterhin sind einige Verfahren, die sich speziell mit der Segmentierung von gebogenen Zeilen beschäftigen, in [Sha10] zusammengefasst.

2.3.1 Klassische Ansätze

Bei den klassischen Ansätzen wird versucht, sich die topologischen Eigenschaften von Zeilen und Zeichen zu Nutze zu machen, um ein möglichst gutes Segmentierungsergebnis zu erhalten [Lu95]. An dieser Stelle werden die beiden meist verbreiteten klassischen Ansätzen, nämlich die Projektionsprofile und die Analyse von zusammenhängenden Komponenten, etwas genauer betrachtet. Zur Wahl des Verfahrens stellt sich bei den meisten verwendeten Segmentierungsverfahren die Frage nach der Wahl der freien Parameter. Dazu wird in [Vam10] ein Verfahren vorgeschlagen und anhand von zwei verschiedenen Segmentierungsverfahren bewertet.

Verfahren basierend auf Projektionsprofilen

Zur Segmentierung von Zeilen und Zeichen, sowie die Bestimmung deren Ausrichtung bedient man sich meist der Projektionsprofile. Dabei erfolgt eine parallele Projektion, z. B. die Summe der Grauwerte oder eine auf Gradienten basierte Projektion, in unterschiedliche Richtungen. Damit erhält man dann eine Funktion in Abhängigkeit vom Projektionswinkel und der Parallelverschiebung der Projektionsstrahlen. Anhand dieser kann dann die Ausrichtung geschätzt werden, um im Anschluss, durch die Wahl eines geeigneten Schwellwertes, die Zeilen / Zeichen anhand des entsprechenden Projektionsprofils zu segmentieren.

Bei dem Verfahren, das in [Aki90] beschrieben wird, basiert sowohl die Schätzung der Zeilenausrichtung als auch die Segmentierung der Zeilen und Zeichen auf Projektionsprofilen, die anhand eines Binärbildes berechnet werden.

Auch die Segmentierung von Zeichen auf Reifen, erfolgt mittels Projektionsprofilen in [Koo96] auf binarisierten Bildern. Zur Schätzung der Zeilenausrichtung und deren Segmentierung werden in [Wak98] auch Projektionsprofile verwendet. Beispiele zur Segmentierung von Zeichen anhand von Projektionsprofilen zur Kennzeichenerfassung werden in [Shi05, Wan07, Can08, Pan08, Zha11] vorgestellt. Bei dem Verfahren in [Zha03a] werden zunächst Projektionsprofile zur groben Segmentierung der Zeichen aus Kennzeichen verwendet. Danach bedienen sich die Autoren der Hough-Transformation, welche im Wesentlichen Projektionsprofilen in verschiedenen Richtungen gleich kommt, um evtl. zusammengewachsene Zeichen korrekt zu trennen. Die Segmentierung kommt dabei ohne Binarisierung der Bilder aus und ist laut den Autoren gegenüber Rotation und Beleuchtungsänderungen robust. In [Mol11] wird ein Ansatz zur Zeichensegmentierung aus Visitenkarten vorgeschlagen. Ein ähnlicher Ansatz wird in [Wu11] zum Lesen von Containerbezeichnungen vorgestellt. Die Zeichensegmentierung in diesem Artikel basiert auf Projektionsprofilen die auf binarisierten Bildern berechnet werden.

Das Verfahren in [LeB97] basiert auf dem Verhältnis des Projektionsprofils des Grauwertbildes und der Summe der Gradienten in vertikaler Richtung.

Ein Verfahren zur Segmentierung von Punkt-Matrix-Zeichen wird in [Yan00] beschrieben. Es werden drei verschiedene Verfahren vorgeschlagen, die auf Basis der Projektionsprofile den Zeichenabstand schätzen. Hier macht man sich zunutze, dass sich der Zeichenabstand nicht ändert, was selbst eine korrekte Segmentierung von Punkt-Matrix-Zeichen ermöglicht, deren Punkte sich innerhalb der Zeichen nicht berühren.

Ein Verfahren zur Erkennung von Zeichen auf Stahl wird in [Koo09] vorgestellt. Hier werden für die Segmentierung unterschiedliche Projektionsprofile verwendet und über die Kombination deren Hypothesen zusammengewachsene Zeichen getrennt. Gemäß den Autoren eignet sich das Verfahren sowohl zur Segmentierung von im Japanischen wie auch im Englischen gebräuchlichen Zeichen.

Analyse zusammenhängender Komponenten

Ein weiterer klassischer Ansatz zur Segmentierung von Zeichen ist die Analyse von zusammenhängenden Komponenten, die meistens auf Binärbildern angewandt wird. Zusammenhängende Komponenten werden durch einzelne Pixel gebildet, die in einer definierten Nachbarschaftsbeziehung zueinander stehen. Dies sind z. B. bei dunkler Schrift auf hellem Grund Pixel mit einem Grauwert kleiner als eine gegebene Schwelle, die durch eine Vierer- oder Achter- Nachbarschaftsbeziehung miteinander verbunden werden können. Bei heller Schrift auf einem dunklen Hintergrund, gilt das Gleiche, außer dass die Grauwerte größer als eine gegebene Schwelle sein müssen. In der Wahl der Schwelle birgt sich für die Zeichensegmentierung der Nachteil, dass z. B. aufgrund von Störungen oder schlechter Auflösung Zeichen zusammenwachsen oder zerfallen können. Daher bedient man sich, in diesem Zusammenhang, meist zusätzlicher morphologischer Operatoren [Jäh05], um damit die Segmentierung robuster zu machen.

Die Analyse zusammenhängender Komponenten findet in vielen Anwendungen Verwendung so z. B. bei der Segmentierung von Zahlen aus Bildern von Stromzählern [Oli09]. Zudem wird sie in [Cho09] zur Segmentierung von Zeichen auf Gussplatten verwendet. Um das Ergebnis noch zu verbessern, werden noch zusätzliche Eigenschaften der Zeichen herangezogen, wie z. B. deren Abmessungen. Weiterhin wird die Analyse zusammenhängender Komponenten auch in [Xie09] zur Segmentierung verwendet. In [YJ10] findet sie Anwendung bei der Segmentierung von Daten aus Poststempeln.

Ebenfalls weit verbreitet ist die Analyse zusammenhängender Komponenten in der Kennzeichenerfassung. Diese Methode wird in [Li08] zur Segmentie-

rung von Zeichen aus Bildern von KFZ-Kennzeichen verwendet. Um die
Leistungsfähigkeit des Verfahrens zu verbessern, werden zusätzlich noch
Breite und Höhe der Zeichen betrachtet, um zusammengewachsene Zeichen zu trennen. Zudem werden zusätzliche Störungen aufgrund ihrer Größe
und Form entfernt. Weitere Systeme, welche die Analyse zusammenhängender Komponenten für die Kennzeichenerfassung verwenden, findet man
in [Ana06, Koc11, Sar11, Sed11]. Auch hier werden zur Verbesserung der Verfahren meist topologische Eigenschaften der Komponenten mit einbezogen.

2.3.2 Hybride Ansätze

Bei den hybriden Ansätzen werden mehrere Segmentierungsansätze, z. B.
die in Abschnitt 2.3.1 genannten Verfahren, miteinander kombiniert. In einigen Fällen wird versucht, durch eine geschickte Kombination aus mehreren
resultierenden Hypothesen ein verbessertes Segmentierungsergebnis zu erhalten. So z. B. bei Tesseract, bei dem die Analyse von zusammenhängenden
Komponenten und die Projektionsprofile erfolgreich Verwendung finden.

Für die Segmentierung von Zeichen aus binarisierten Bildern von Dokumenten wird in [Fis90] ein Verfahren vorgestellt, das mittels der Hough-
Transformation die Ausrichtung der Textzeilen schätzt. Darauf folgt eine Filterung, um die Zeichen innerhalb einer Zeile möglichst gut zu verschmelzen.
Dies ist die Basis für die Zeilensegmentierung, die mittels Projektionsprofilen
erfolgt. Für die Segmentierung der Zeichen bedient man sich dann der Analyse zusammenhängender Komponenten in Kombination mit topologischen
Eigenschaften der Zeichen, um die Segmentierung zu verbessern.

Ein Verfahren zur Kennzeichenerfassung wurde in [Nom05] vorgestellt. Dieses arbeitet auf Binärbildern und kombiniert Projektionsprofile mit morpho-
logischen Operationen. Es ist in der Lage, einzelne, zerfallene, überlappende
oder verbundene Zeichen zu erkennen und diese entsprechend zu segmentieren.

Gemäß [Lee95] bietet die Zeichensegmentierung aus Grauwertbildern wesentliche Vorteile, da durch die Binarisierung Information verloren geht. Das Verfahren basiert auf Projektionsprofilen und topographischen Merkmalen, die aus den Grauwertbildern extrahiert werden. Um nicht lineare Schnitte zwischen den Zeichen zu erreichen, bedient man sich Algorithmen, die kürzeste Pfade finden[1]. Ein ähnlicher Ansatz, der auch Projektionsprofile und einen solchen Algorithmus kombiniert, ist in [Tse07] beschrieben. Um festzustellen, wann der Algorithmus des kürzesten Pfads angewendet werden muss, wurden besondere Regeln zur Erkennung von zusammengewachsenen Zeichen festgelegt. Darauf baut auch das Verfahren in [Mur11] auf, bei dem das Verfahren zur Suche des kürzesten Pfads modifiziert und damit deutlich beschleunigt wurde.

Zur Segmentierung von sich berührenden kursiv geschriebenen Zeichen wurde in [Li04] ein entsprechendes Verfahren vorgestellt. Zur Bestimmung der Ausrichtung der Zeichen werden hier Projektionsprofile verwendet. Weiterhin werden anhand der Kontur der Zeichen Segmentierungspunkte zwischen berührenden Zeichen bestimmt. Anhand dieser werden die Zeichen mittels eines Algorithmus des kürzesten Pfads getrennt.

Das Verfahren, welches in [Son05] vorgestellt wird, verwendet in erster Instanz Projektionsprofile zur Segmentierung von Zeilen und Zeichen. In zweiter Instanz wird entschieden, ob es sich bei den Zeichen um zusammengewachsene Zeichen handelt, die linear oder nicht linear trennbar sind oder sich sogar überlappen. Zur Trennung der Zeichen bedient man sich einer Maske für jedes einzelne Zeichen, anhand derer das jeweils linke Zeichen segmentiert wird. Anschließend wird mithilfe eines Klassifikators entschieden, um welches Zeichen es sich handelt. So ist es möglich, bei überlappenden Zeichen wenigstens das links stehende Zeichen richtig zu segmentieren.

In dem Artikel [Thi05] wird ein Lesegerät für Blinde vorgestellt. Die verwendete Segmentierung der Zeilen basiert auf Clusterungsverfahren, aus denen

---

1   engl. Shortest Path Algorithm, vgl. [Ahu93, Cor10]

dann mittels Regeln einzelne Wörter segmentiert werden. Die Zeichenseg-mentierung erfolgt durch die Analyse zusammenhängender Komponenten. Weiterhin wird anhand von Regeln, z. B. durch das Verhältnis der Zeichenhö-he zu Zeichenbreite oder der mittleren Zeichenbreite versucht, zusammen-gewachsene bzw. zerfallene Zeichen korrekt zu segmentieren.

Zur Segmentierung von chinesischen Zeichen aus Bildern und Videos wird in [Yan08] ein geeignetes Verfahren vorgeschlagen. Dieses Verfahren kombiniert die Projektionsprofile auf Binärbildern mit einem Algorithmus des kürzesten Pfads, um auch nicht lineare Schnitte zwischen den Zeichen zu erreichen.

Zur Segmentierung von einzelnen Zeichen auf Leiterplatten wird in [Jou10] ein System vorgeschlagen. Dieses versucht trotz Leiterbahnen im Hinter-grund vor allem Zeichen zuverlässig zu segmentieren. Mit der Bedingung, dass die Zeichenbreite ungefähr bekannt ist, wird versucht, mittels morpho-logischer Vorverarbeitung die Leiterbahnen im Hintergrund zu unterdrücken. Die Segmentierung erfolgt über ein geeignetes Schwellwertverfahren.

In [Lai06] erfolgt die Bestimmung der Ausrichtung und Segmentierung der Zeilen mittels Projektionsprofilen, wohingegen die Zeichen mittels der Analy-se zusammenhängender Komponenten segmentiert werden.

2.3.3 Erkennungsbasierte Ansätze

Analog zu dem Ansatz in Abschnitt 2.3.2, können auch bei diesem verschie-dene Segmentierungsansätze kombiniert werden. In diesem Fall kann man auch hier von einem hybriden Ansatz sprechen. Jedoch steht bei den erken-nungsbasierten Ansätzen als wichtigste Komponente der Klassifikator im Vordergrund und wird deshalb in diesem Abschnitt gesondert betrachtet. Aufgrund der Konfidenz des Klassifikators wird bei diesem Ansatz versucht, die Zeichen derart zu segmentieren, dass in der Summe die größte Konfidenz aller Zeichen in einem Wort oder einer Zeile erreicht wird.

Für das Lesen von gedruckten Zeichen in Dokumenten, wird in [Lia94] ein er-kennungsbasiertes Segmentierungsverfahren für Binärbilder vorgeschlagen. Dafür werden zwei unterschiedliche Projektionsprofile definiert, wobei über Regeln das für die Segmentierung am besten geeignete ausgewählt wird. Dar-aus können sich mehrere mögliche Schnittpunkte ergeben. Die Auswahl der richtigen Schnittpunkte läuft über eine Rekursion zwischen Segmentierung und Klassifikation ab.

Bei dem Ansatz aus [Wan94] wird ein Neuronales Netz darauf trainiert, zwi-schen einzelnen und zusammengewachsenen Zeichen in Binärbildern zu unterscheiden, um dann die zusammengewachsenen zurückzuweisen. Im Anschluss wird versucht, die zurückgewiesenen Zeichen durch einen Algo-rithmus des kürzesten Pfads zu trennen.

Um zusammengewachsene oder zerfallene Zeichen zuverlässig zu segmen-tieren wird in [Beh99] ein Ansatz vorgestellt, bei dem mittels horizontaler Projektionen die Zeilen segmentiert und im Anschluss durch eine Analyse zu-sammenhängender Komponenten die Abstände zwischen den Wörtern und den Zeichen geschätzt werden. Weiterhin werden die Segmente mit einem Neuronalen Netz klassifiziert und es wird versucht, die Zeichen mittels eines Hypothesenbaums bestmöglich zu trennen. Zusätzlich werden noch topolo-gische Eigenschaften der Zeichen mitberücksichtigt, um die Segmentierung weiter zu verbessern. Die Erkennungsleistung kann durch die Verwendung eines Trigramm-Modells[1] und eines Abgleichs der erkannten Wörter mit einem Lexikon weiter gesteigert werden.

Bei dem erkennungsbasierten Ansatz in [MT06] werden geometrische Merk-male der Zeichen und ein Neuronales Netz dazu verwendet, die Bandbreite eines Gabor-Filters zu schätzen. Anhand der Schätzung wird das Filter so angepasst, dass sich möglichst wenige Zeichen berühren und damit korrekt segmentiert werden können.

---

1   Anm.: Statistisches Modell für das Aufeinanderfolgen von bestimmten Wörtern oder Zeichen [Sue79, Bun00].

Der erkennungsbasierte Ansatz in [Roy09] weist die durch eine Zusammenhangsanalyse segmentierten Zeichen zurück, deren Konfidenz der Klassifikation mittels Support-Vektor-Maschinen einen bestimmten Wert unterschreiten. Bei diesen Segmenten wird davon ausgegangen, dass es sich um
zusammengewachsene Zeichen handelt. Im Weiteren wird deren konvexe
Hülle betrachtet, um daraus Segmentierungspunkte zu bestimmen. Ausgehend von diesen Punkten erfolgt im Anschluss die weitere Segmentierung,
bzw. es wird anhand der Segmentierungspunkte so geschnitten, dass sich
die Zeichenfolge mit der größten Wahrscheinlichkeit ergibt. Diese Methode
wurde in [Roy12] noch weiter verbessert.

Ein weiterer erkennungsbasierter Ansatz wird in [Fan09] vorgestellt. Hier wird
Vorwissen, wie z. B. das Projektionsprofil, als Eingabe für ein Markov-Netz mit
zwei Schichten verwendet. Als Ergebnis liefert dieses Verfahren unmittelbar
die Ausgabe der erkannten Zeichen.

Im Ansatz in [HTL10] wird im ersten Schritt die Analyse der zusammenhängenden Komponenten verwendet. Aufgrund von Merkmalen wird entschieden, ob es sich bei diesen Komponenten um zusammengewachsene
Zeichen handelt. Ist das der Fall, werden verschiedene, auf dem Grauwertbild
berechnete Projektionsprofile dafür verwendet, um weitere Segmentierungspunkte zu bestimmen. Um aus diesen Segmentierungspunkten die richtigen
zu verwenden, wird durch eine Support-Vektor-Maschine die Segmentierung
bewertet. Mittels der Bewertung werden schließlich die Segmentierungspunkte ausgewählt, die insgesamt die höchste Bewertung der Segmentierung
aller Zeichen liefert.

2.4 Merkmale

Wie bei anderen Mustererkennungsaufgaben ist auch bei der Zeichenerkennung eine Merkmalsberechnung unerlässlich. Ein Grund hierfür ist eine
schnelle Klassifikation und eine sparsame Speichernutzung. Der zweite und

viel wichtigere Grund ist, dass sich die Komplexität der Klassifikatoren in einem praktisch umsetzbaren Rahmen hält. Zur Merkmalsberechnung gibt es mehrere Ansätze, wie z. B. die Berechnung von Merkmalen anhand der Binär- oder Grauwertbilder oder der Kontur der Zeichen. Einen allgemeinen Überblick über verwendete Ansätze zur Merkmalsberechnung in der Zeichenerkennung findet man in [Tri96].

In [LeB97] werden Projektionen der Grauwerte in verschiedenen Richtungen als Merkmale für die Zeichenerkennung verwendet. Eine ähnliche Vorgehensweise findet man in [Yue06], bei dem die Projektionen in vertikaler und horizontaler Richtung auf Binärbildern erfolgt.

Geometrische Merkmale und Momente werden in [NO11] für einen möglichen Einsatz zur Zeichenerkennung in Mobiltelefonen angewandt und bewertet. Ein weiteres geometrisches Merkmal, das horizontale, vertikale und schräge Linien in Kombination mit offenen und geschlossenen Gebieten der Zeichen berücksichtigt, wird in [Nev96] zur Klassifikation von Zeichen aus unterschiedlichen Schriftarten eingeführt. In [Wan93] wird versucht, als Merkmale die Skelette der Zeichen zu bestimmen, ohne eine Binarisierung der Bilder durchführen zu müssen. Weitere Merkmale, die aus dem Abstand des Zeichenschwerpunkts zur äußeren Kontur des Zeichens bestimmt werden, werden in [Lai06] verwendet. Die Dimension des Merkmalsvektors ist dabei von der Diskretisierung der Winkel abhängig. Ein weiterer Ansatz, der sich geometrischer Merkmale bedient, wird in [Bin09] vorgestellt. In dem Artikel von [Yan00], werden Krümmungspunkte der Zeichen als Merkmale verwendet.

Für das System zur Erkennung von Zeichen in gedruckten Dokumenten werden in [Aki90] verschiedene topologische Merkmale verwendet. Dazu zählen die Anzahl der Züge, deren Richtung und Zusammenhang, wie aber auch deren relative Position. Weiterhin finden topologische Merkmale mit zusätzlicher Kombination von Konturmerkmalen zur Kennzeichenerfassung in [Wen11] Anwendung.

Für das Lesen von Containerbezeichnungen wird in [Wu11] die Kantendichte der in Regionen unterteilten Zeichen als Merkmale verwendet.

Merkmale zur Detektion von Kennzeichen in Videodaten, die auf Histogrammen der Gradientenbeträge anhand der Gradientenrichtung gebildet werden, findet man in [Sar11].

Weiterhin sind lineare Transformationen zur Merkmalsberechnung sehr verbreitet. Diese lassen sich insbesondere auf die Grauwertbilder anwenden, ohne eine Binarisierung durchführen zu müssen. Eine solche Transformation ist die Hauptkomponentenanalyse, die in [Sed11, Che11] Anwendung findet. Einen neuronalen Ansatz findet man in [dRG02]. Darin werden zusätzlich auch Neuronale Netze zur Berechnung der Hauptkomponenten untersucht, mit denen gleichzeitig eine Klassifikation möglich ist. Ein weiteres Merkmal, das ebenfalls auf der Hauptkomponentenanalyse basiert, wird in [Has08] vorgestellt. Jedoch wurde dieses modifiziert, damit es möglichst unabhängig von der Rotation der Zeichen ist, was zu einer zuverlässigeren Klassifikation dieser führt. Weiterhin wird in [Ara06] die zweidimensionale Erweiterung der Hauptkomponentenanalyse zur Merkmalsberechnung verwendet. Diese wird in Bezug auf die Erkennungsleistung mit der Hauptkomponentenanalyse und der Diskriminanzanalyse verglichen.

Die Walsh-Hadamard-Transformation ist eine weitere lineare Transformation, die in [Raj89] zur Merkmalsberechnung verwendet wird.

Die Zernike-Momente sind ebenfalls eine lineare Transformation, die in [Sin11] Anwendung findet. Zu erwähnen ist, dass die Beträge der Zernike-Momente rotationsinvariant sind. Ähnlich zu den Zernike-Momenten ist die Angular Radial Transformation[1] [Ric05]. Dieses Merkmal ist robust gegenüber Verzerrungen der Objektform und Rotation. Angewandt wird sie in [Roy12] zur Klassifikation von beliebig ausgerichteten Zeichen.

---

1 Anm.: Frombeschreibungstechnik des MPEG-7 Standards [Bob01].

Eine weitere lineare Transformation, die auf die komplexe Beschreibung der Zeichenkonturen angewandt wird, sind die Fourier-Deskriptoren. Diese werden in [Hop05] zur Klassifikation von Zeichen in Zeitungsartikeln verwendet. Weiterhin findet man ein Anwendungsbeispiel der Fourier-Deskriptoren in [Tho11], wo diese zur Kennzeichenerfassung verwendet werden. Grund dafür ist, dass diese gemäß den Autoren zu besseren Ergebnissen führen als z. B. autoregressive Modelle oder Zernike-Momente.

Ebenfalls verwendet werden Gabor-Filter in [Ram09] und in [Liu10], wobei beim letztgenannten die Merkmale in ganzzahlige Werte umgewandelt wurden, um die Berechnung zu beschleunigen.

In dem Artikel [Kan02] werden orthogonale Fourier-Mellin-Momente und Zernike-Momente als invariante Merkmale gegenüber Rotation, Translation und Skalierung, verwendet. Weitere invariante Merkmale, die auf Momenten basieren, findet man in [Tsi93, Won95, Chi99].

2.5 Klassifikation

Der wichtigste Schritt bei der Zeichenerkennung ist die Klassifikation. Dabei wird versucht, den Bildern der Zeichen oder deren Merkmalen eine Äquivalenzklasse zuzuweisen, die bestmöglich zu den Zeichen passt. Für die Klassifikation gibt es eine Vielzahl von Verfahren. Eines davon ist Pattern Matching[1], welches in [Won82, Tsu92, Lia94] zur Klassifikation von Zeichen verwendet wird. Weiterhin findet Pattern Matching in [Shi05] bei der Kennzeichenerfassung Anwendung. Allerdings wird im Anschluss an die Klassifikation versucht, schwer zu unterscheidende Zeichen anhand von topologischen Eigenschaften mit einer größeren Sicherheit richtig zu klassifizieren. Pattern Matching wird ebenfalls in Kombination mit geometrischen Eigenschaften der Zeichen in [Bin09] zur Erkennung von Zeichen auf Containern verwendet.

---

1   engl. Klassifikation durch den Vergleich zwischen Mustern [Gon08]

Ein weiterer Ansatz ist die Klassifikation anhand des oder der nächsten Nachbarn. Diesen findet man in vielen Anwendungen, wie z. B. in [LeB97, Sar11]
zur Klassifikation von Großbuchstaben und Zahlen. Für die Klassifikation
von Zahlen wird ein Nächste-Nachbarn-Klassifikator[1] in [Oli09] verwendet. Weitere Ansätze, die sich dieses Klassifikators bedienen findet man
in [Aki90, Hop05, Ara06, Lai06, NO11].

Weit verbreitete Ansätze sind neuronale Klassifikatoren, wie die mehrschichtigen Neuronalen Netze, welche in [Sab92, Nev96, Yan00, dRG02, YJ10, Sed11]
zur Klassifikation von Zeichen verwendet werden. Auch in [Jea06] wird ein
mehrschichtiges Neuronales Netz zur Klassifikation von Großbuchstaben
verwendet. Darüber hinaus wird untersucht, wie weit bei gleichbleibender
Erkennungsleistung die Anzahl der versteckten Neuronen reduziert werden
kann. Ein Neuronales Netz mit einer versteckten Schicht wird in [Thi05]
verwendet. Zudem wird durch diverse Vorverarbeitungsschritte, z. B. die Normalisierung der Zeichengröße oder die Korrektur von Binarisierungsfehlern,
versucht, die Klassifikation robuster zu machen. Um letztendlich die Klassifikation auf Wortebene zu verbessern, werden zusätzlich n-Gramm-Modelle[2]
möglicher Kombinationen der Zeichen gemäß der zu erkennenden Sprache verwendet. In [Kam01] findet man einen Vergleich von verschiedenen
mehrschichtigen Neuronalen Netzen zur Klassifikation von Großbuchstaben.
Eine Kombination von zwei mehrschichtigen Neuronalen Netzen findet man
in [Koc11]. Die Intention dieser Kombination besteht in einer Verbesserung
der Erkennungsleistung. Für die Kennzeichenerfassung wird in [Tho11] ein
hierarchisches Neuronales Netz verwendet, dessen Entscheidung durch eine
Strukturanalyse noch weiter verbessert wird. In [Nam10] wird ein Ähnlichkeitsmaß mit einem mehrschichtigen Neuronalen Netz zu einem Klassifikator
kombiniert, dabei dient das Ähnlichkeitsmaß sowohl als Merkmal als auch
als Klassifikator zur Zurückweisung von Zeichen.

---

1   engl. k Nearest Neighbors [Dud01, Bis06]
2   Statistisches Modell, das die Wahrscheinlichkeit von aufeinanderfolgenden Zei-
    chen / Wörtern beschreibt [Bun00].

Ein probabilistisches mehrschichtiges Neuronales Netz wird in [Ana06] zur Kennzeichenerfassung verwendet. Die Besonderheit des Netzes ist, dass in der versteckten Schicht Parzen-Fenster[1] anstatt einer einfachen Aktivierungsfunktion verwendet werden.

In [Koo96] werden drei Neuronale Netze kombiniert, um DOT-Nummern auf Reifen zu erkennen. Jedes der drei Netze wird lediglich auf einer Teilmenge aus den geforderten 36 Klassen trainiert, sodass insgesamt alle Klassen abgedeckt sind. Dadurch und durch die auf die Anwendung gezielt ausgerichtete Nachbearbeitung wird eine sehr gute Erkennungsleistung erreicht.

Zur Erkennung von Schecknummern wird in [Nam05] ein hybrider Klassifikator vorgestellt, bei dem die Ausgabe eines Hopfield-Netzes in einem zweiten Schritt mit einem mehrschichtigen Neuronalen Netz klassifiziert wird. In diesem Fall werden immer beide Klassifikatoren ausgewertet. Allerdings haben die Autoren in [Nam06] festgestellt, dass sich eine andere Kombination besser eignet. In diesem Fall wird zunächst das Hopfield-Netz ausgewertet, da die Autoren festgestellt haben, dass dieses viele Zeichen zurückweist, bei den akzeptierten allerdings nur einen sehr geringen Klassifikationsfehler macht. Wird ein Zeichen zurückgewiesen, erfolgt die Klassifikation mit dem mehrschichtigen Neuronalen Netz, um die Erkennungsleistung zu steigern. Beide Kombinationsmöglichkeiten zeigen sich in Bezug auf die Klassifikation von mit Rauschen überlagerten Zeichen besonders robust.

Ein hierarchisches Neuronales Netz mit radialen Basisfunktionen als Aktivierungsfunktionen findet man in [Yue06]. Ein weiterer neuronaler Ansatz, basierend auf selbstorganisierenden Karten[2], wird in [Can08] zur Kennzeichenerfassung verwendet.

Faltungsnetzwerke werden in [LeC98] vorgestellt. Bei dieser Art von Neuronalen Netzen ist die Merkmalsberechnung im Netz integriert, was heißt, dass die Merkmalsberechnung beim Lernvorgang des Netzes anhand einer

---

1 vgl. Parzen Window [Dud01]
2 vgl. Self Organizing Maps oder Kohonen Maps [Dud01, Bis06]

Lernstichprobe mit trainiert wird. Ein ähnlicher Ansatz geht auf [Den09] zurück, bei dem die Erkennungsleistung der Faltungsnetzwerke durch die Verwendung von fehlerkorrigierenden Codes noch weiter gesteigert wird. Ein weiteres Faltungsnetzwerk wird in [Zha03b] zur Klassifikation von Zahlen auf Flugscheinen verwendet. Allerdings wird es mit einem mehrschichtigen Neuronalen Netz kombiniert, um die Erkennungsleistung zu steigern.

Ein sehr leistungsfähiger Klassifikator, der sich vor allem in den letzten Jahren durchgesetzt hat, ist die Support-Vektor-Maschine. Diese findet, wie auch die oben genannten Klassifikatoren, in unterschiedlichsten Anwendungen Gebrauch. So z. B. in [Wan07, Koo09, Ram09, Roy09, Wu11, Wen11, Roy12]. In [Xie09] wird eine Support-Vektor-Maschine zur Klassifikation von Zeichen verwendet, bei der die Optimierungsgleichung so umformuliert wurde, dass deren Lösung durch ein lineares Gleichungssystem gegeben ist[1].

Weiterhin gibt es auch sehr viele Untersuchungen, bei denen mehrere Klassifikatoren kombiniert werden, um die Erkennungsleistung zu steigern. Einen guten Überblick dafür verschafft der Artikel [Rah03].

2.6 Segmentierungsfreie Verfahren

Bei dem segmentierungsfreien Verfahren von [Che93] werden zunächst geometrische Merkmale aus dem Bild extrahiert. Anhand der Merkmale wird entschieden, welche Zeichen diese repräsentieren können und dementsprechend werden an diese Zeichen Stimmen verteilt. Am Ende gewinnt für eine bestimmte Position im Bild das Zeichen mit den meisten Stimmen. Weiterhin wird die Erkennungsleistung durch eine Nachbearbeitung der Klassifikation auf semantischer Ebene noch gesteigert. Allerdings wird für dieses Verfahren vorausgesetzt, dass die Zeilen horizontal ausgerichtet sind, da ansonsten die Stimmabgabe anhand der Merkmale fehlschlägt.

---

1   engl. Least Squares Support Vector Machines, vgl. [Suy05]

Der segmentierungsfreie Ansatz, der in [Kim99] vorgestellt wird, basiert auf einem Fensteroperator, der über das gesamte Bild geschoben wird. Für jedes Zeichen wird ein entsprechender binärer Operator entworfen, der die Stellen im Bild hervorhebt, an denen das zugehörige Zeichen steht. Damit ist dann sowohl die Position als auch die Klassenzugehörigkeit des Zeichens bekannt.

In [Den09] wird ein segmentierungsfreier Ansatz vorgestellt, bei dem ein Fenster über das Bild geschoben wird. Dem Fenster unterliegt ein Faltungsnetzwerk, welches für jede Position eine Klassifikation durchführt. Berücksichtigt werden dabei 81 Klassen, die Zeichen der englischen Sprache entsprechen. Durch die Verwendung von fehlerkorrigierenden Codes kann zum einen die Erkennungsleistung des Faltungsnetzwerks gesteigert werden, aber auch eine zuverlässige Rückweisung von den Fenstern, in denen kein Zeichen enthalten ist, durchgeführt werden. Die Idee dieses Ansatzes basiert auf den Untersuchungen in [LeC98].

2.7 Zusammenfassung und Fazit

Dieses Kapitel gibt einen Überblick über den Stand von Forschung und Entwicklung im Bereich der optischen Zeichenerkennung. Zunächst wurde allgemein auf Zeichenerkennungssysteme eingegangen, wobei darauf folgend die wichtigsten Teilkomponenten eines Zeichenerkennungssystems genauer betrachtet wurden. Mit ziemlicher Sicherheit sind in diesem Literaturüberblick nicht alle zum Thema OCR veröffentlichten Artikel aufgeführt. Dies liegt vor allem an der Fülle an jährlichen Veröffentlichungen zu diesem Thema. Aus diesem Grund sind die Angaben auf ähnliche oder verwandte Gebiet der hier betrachteten Anwendung konzentriert.

Wie in diesem Kapitel deutlich wird, gibt es schon sehr viele Entwicklungen in Bezug auf die Zeichenerkennung. Allerdings beschränken sich diese im wesentlichen auf die Zeichenerkennung in Dokumenten oder die Kennzeichenerfassung. Bisher gibt es nur sehr wenige Ansätze, die sich mit der

Erkennung von Zeichen mit Mobilgeräten beschäftigen. Speziell für die Zeichenerkennung mit Smart-Kameras in industriellen Anwendungen, wie sie im Rahmen dieser Arbeit betrachtet wird, gibt es noch keinerlei Untersuchungen. Gemäß den angegebenen Zeiten bei der Kennzeichenerfassung gibt es zwar schon schnelle Systeme, allerdings sind diese meist auf sehr schnellen Rechnersystemen implementiert worden. Ein weiterer wichtiger Faktor ist, dass in den Kennzeichen im Vergleich zu der hier betrachteten Anwendung meist nur sehr wenige Zeichen enthalten sind.

Wie bereits angesprochen ist die Segmentierung der Zeichen eine erhebliche Schwachstelle, da die Verfahren zum einen echtzeitfähig sein müssen, zum anderen aber auch ein möglichst gutes Ergebnis erzielen sollen. Weiterhin ist auffällig, dass gerade die klassischen Ansätze, siehe Abschnitt 2.3.1, vorwiegend auf Binärbildern arbeiten. Dies stellt in vielen Fällen kein Problem dar, allerdings können gerade durch die Binarisierung zerfallende oder zusammenwachsende Zeichen hervorgerufen werden. Dies ist darauf zurückzuführen, dass durch die Binarisierung für die Segmentierung wichtige Informationen verloren gehen können. Weiterhin stellt sich die Frage nach der Wahl der Parameter für die Binarisierung und Segmentierung, die in den meisten Fällen in der aufgeführten Literatur nicht genauer betrachtet wurde. Deshalb soll in dieser Arbeit verstärkt auf diese Punkte eingegangen werden, um ein vollständig adaptives Segmentierungsverfahren vorzuschlagen, das in Bezug auf die gegebenen Anwendungen möglichst viel Vorwissen mit berücksichtigt.

3

Segmentierung von Zeilen und Zeichen

Der Fokus dieses Kapitels liegt auf der Zeichensegmentierung. Dabei werden zunächst alle entwickelten Segmentierungsansätze allgemein für Einzelbilder[1] eingeführt. Allerdings ist es in einigen Fällen von Vorteil, die Tatsache zu berücksichtigen, dass es sich in den meisten Anwendungen um Bildfolgen handelt. Darauf wird in einigen Abschnitten explizit eingegangen, um dadurch gegebenes Vorwissen bei der Segmentierung zu berücksichtigen. Zunächst erfolgen in Abschnitt 3.1 einige grundlegende Überlegungen, die für die Zeichensegmentierung hilfreich sein sollen.

Da nicht zwangsläufig davon ausgegangen werden kann, dass die Zeilen horizontal in den Bildern ausgerichtet sind, wird in Abschnitt 3.2 ein Verfahren vorgeschlagen mit dem die Ausrichtung bestimmt und korrigiert werden kann. Weiterhin wird in Abschnitt 3.2.1 eine Möglichkeit vorgestellt, um speziell die Bestimmung der Zeilenausrichtung auf Bildfolgen zu beschleunigen. Danach wird in Abschnitt 3.3 ein Verfahren zur Segmentierung der Zeilen

---

1 Anm.: Von Bild zu Bild gibt es nicht zwingend einen Zusammenhang zwischen den Bildinhalten.

anhand von linearen Schnitten vorgestellt. Dieses Verfahren kann durch kleine Änderungen auch für die Segmentierung der Zeichen verwendet werden. Dies wird in Abschnitt 3.4 erläutert. Zudem erfolgt eine wahrscheinlichkeitstheoretische Betrachtung, um bei der Segmentierung der Zeichen speziell bei Bildfolgen Vorwissen zu berücksichtigen. Für den Fall, dass die Zeichen nicht durch lineare Schnitte getrennt werden können, wird in Abschnitt 3.5 ein Verfahren eingeführt, das zusammengewachsene oder nicht durch lineare Schnitte trennbare Zeichen durch einen Graphen repräsentiert, dessen minimaler Schnitt die Zeichen möglichst optimal trennt. Der Abschnitt 3.6 beschäftigt sich kurz mit möglichen Verfahren zur Rückweisung von Zeichen. Abgeschlossen wird das Kapitel mit einer kurzen Zusammenfassung und einer Schlussfolgerung, in Abschnitt 3.7.

3.1 Grundlegende Überlegungen

Zunächst wird an dieser Stelle das Problem der Zeilen- und Zeichensegmentierung in Bezug auf die Anwendung etwas genauer erläutert, um dann anhand grundlegender Überlegungen einen Lösungsweg zu erarbeiten. Ausgangspunkt zur Zeichensegmentierung ist eine Textregion, die bspw. beim Einrichten der Smart-Kamera vom Benutzer vorgegeben wird. Das Grauwertbild einer Textregion wird im Folgenden mit

$$G_t(m,n) : \{1,\dots,M\} \times \{1,\dots,N\} \;\rightarrow\; \{0,\dots,255\} \qquad (3.1)$$

bezeichnet. Die Höhe der Textregion ist durch M und die Breite durch N gegeben. Dabei geben die Argumente m und n jeweils eine Zeile und Spalte im Bild an. Die Intensitäten bzw. Grauwerte sind in 8 bit quantisiert[1], wobei »0« schwarz und »255« weiß entspricht.

---

1   vgl. Quantisierung [Jäh05]

Es kann vorkommen, dass die Zeilen gegenüber der Textregion etwas verdreht sind. Dazu muss zunächst deren Ausrichtung im Bild bestimmt werden. Weiterhin können – bedingt durch perspektivische Verzerrungen oder die Schriftart[1] selbst – die Zeichen ein wenig nach rechts oder links geneigt sein. In beiden Fällen handelt es sich um geometrische Transformationen, die in den Anwendungen auftreten können und einen wesentlichen Einfluss auf eine erfolgreiche Zeichensegmentierung haben können. Daher ist es erforderlich, diese geometrischen Transformationen zu korrigieren. Beschreiben lassen sie sich durch eine affine Abbildung der Koordinaten m und n gemäß

$$\begin{pmatrix} \tilde{m} \\ \tilde{n} \end{pmatrix} = \underbrace{\begin{pmatrix} 0 & 1 \\ 1 & \tan\phi \end{pmatrix}}_{\text{Scherung}} \underbrace{\begin{pmatrix} -\sin\theta & \cos\theta \\ \cos\theta & \sin\theta \end{pmatrix}}_{\text{Rotation}} \begin{pmatrix} m \\ n \end{pmatrix}, \tag{3.2}$$

die sich aus einer Rotation und einer Scherung der Textregion zusammensetzt. In dieser Gleichung gibt der Winkel θ die Drehung der Zeilen um die Horizontale an, wohingegen der Winkel ϕ die Neigung der Zeichen beschreibt. Diese zwei Parameter sind zunächst unbekannt und müssen anhand der gegebenen Textregion geschätzt werden. Ein Beispiel für eine Textregion ist in Abb. 3.1a gegeben. Zusätzlich zu den Winkeln müssen auch die Regionen der Zeilen bzw. der Zeichen bestimmt werden, da erst dadurch die zu transformierenden Pixel einer jeden Zeichenregion bestimmt sind. Die Zeichen sind im Bild dunkler dargestellt als der Hintergrund. Dies ist keine große Einschränkung, da sich das Bild auf einfache Weise invertieren[2] lässt. Zudem müssen die Zeilen in den Textregionen immer parallel zueinander und auf einer Geraden ausgerichtet sein. Für die eingangs genannten Anwendungen stellt das keine Einschränkung dar, da diese Randbedingungen in der Regel gegeben sind.

---

1 z. B. kursive Schrift
2 Anm.: Die Invertierung bezieht sich hier auf die Intensitätswerte, vgl. Negativbildung [Jäh05].

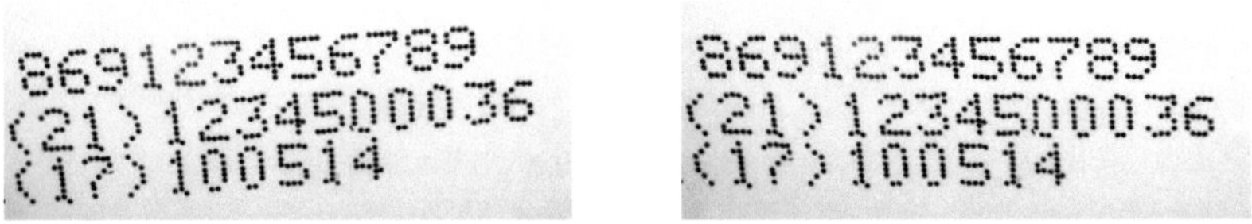

(a) Textregion.

(b) Um den geschätzten Winkel $\hat{\theta} = 4°$ korrigierte Textregion.

Abbildung 3.1: Beispiel zur Korrektur der Ausrichtung der Zeilen.

3.2 Deterministische Schätzung der Zeilenausrichtung

Vor der Zeilensegmentierung ist zunächst deren Ausrichtung, d. h. der Winkel den die Zeilen und die Horizontale einschließen, zu bestimmen. Die Schätzung der Zeilenausrichtung basiert in diesem Abschnitt auf dem Projektionsprofil

$$P_\text{t}(m,\theta) := \sum_{n \in \mathcal{K}_m^{(N)}} G_\text{t}(m - \lfloor n \cdot \tan\theta \rfloor, n) \,, \quad m = 1, \dots, M \,, \tag{3.3}$$

das nicht über alle N, sondern über die $K_\text{t} \in \mathbb{N} \setminus \{0\}$ kleinsten Werte der N Pixel in Bildzeile m gebildet wird. Die n, für die diese Bedingung erfüllt ist, werden in der Indexmenge $\mathcal{K}_m^{(N)}$ zusammengefasst. Wie die Elemente dieser Menge möglichst schnell bestimmt werden können, wird im nächsten Absatz genauer betrachtet. Das Projektionsprofil ist zudem abhängig von der Projektionsrichtung, die durch den Winkel $\theta \in [\theta_\text{min}, \theta_\text{max}]$ gegeben ist. Die Klammern $\lfloor \cdot \rfloor$ stehen dabei für die Abrundungsfunktion[1].

In Anbetracht der oben genannten Anwendungen kann in den meisten Fällen davon ausgegangen werden, dass der gesuchte Winkel $\theta < 45°$ ist. Daher

---

1 $\lfloor a \rfloor := \max\limits_{b \in \mathbb{Z}, b \le a} (b)$

entspricht die hier verwendete Projektion nicht einer Drehung über das angegebene Winkelintervall, sondern einer Verschiebung der Bildspalten. Weitere Details dazu finden sich im Anhang A. Dies hat den Vorteil, dass anstatt Sinus und Kosinus nur der Tangens des Winkels berechnet werden muss, wodurch der Rechenaufwand reduziert wird. Im Allgemeinen ist das keine weitere Einschränkung des Verfahrens, da sich die Verschiebung der Bildspalten ohne weiteres durch eine Drehung[1] ersetzen lässt, ohne die weiteren Verfahrensschritte zu beeinflussen. Zusammenfassend kann man sagen, dass die hier angegebene Projektion eine sehr spezielle Form der Radon-Transformation[2] darstellt. Zu den Projektionsprofilen ist weiterhin anzumerken, dass es in Bezug auf die Rechenkomplexität deutlich günstiger ist, von allen Grauwerten entlang der Projektion ein Grauwerthistogramm[3] zu bilden und dann ausschließlich die K_t kleinsten Werte aus dem Histogramm zu summieren. Dies entspricht einer Sortierung mit COUNTINGSORT, welches im Gegensatz zu anderen Sortierverfahren eine lineare Laufzeit aufweist, da COUNTINGSORT kein vergleichendes Sortierverfahren ist [Cor10]. Weiterhin ist es auch möglich, einen Auswahlalgorithmus[4] zu verwenden, da die K_t kleinsten Werte nicht sortiert sein müssen. Auch dieses Verfahren hat laut [Cor10] eine lineare Laufzeit, allerdings soll dies in Abschnitt 5.1.4 genauer untersucht werden.

Die Schätzung des Winkels basiert auf der empirischen Varianz der Projektionsprofile, die maximal wird, wenn in Richtung der Zeilen projiziert wird. Das kommt daher, da die Übergänge von großen zu kleinen Grauwerten gerade dann am steilsten sind. Zudem hat es sich in verschiedenen Versuchen gezeigt, dass diese für die Winkelschätzung bezüglich der Größe der Indexmenge $\mathcal{K}_m^{(N)}$ besonders robust ist. Die experimentellen Ergebnisse dazu

---

1 Informationen zur Drehung von Bildern findet man bspw. in [Jäh05, Gon08].
2 vgl. Diskrete Radon-Transformation [Tof96, Jäh05]
3 Summation der Grauwerte gemäß ihrer Quantisierungsstufen vgl. [Jäh05].
4 vgl. Auswahl der i-ten Ranggröße (SELECT-Algorithmus) [Cor10]

finden sich in [Gra10b] und werden hier nicht weiter diskutiert. Die Varianz ist gegeben durch

$$S_t^2(\theta) := \sum_{m=1}^{M} \left(P_t(m,\theta) - \bar{P}_t(\theta) \right)^2 , \quad \theta \in [\theta_{min}, \theta_{max}] , \tag{3.4}$$

wobei $\bar{P}_t(\theta)^1$ dem Mittelwert des Projektionsprofils für den Winkel θ entspricht. Es sei angemerkt, dass auf die Normierung der Varianz an dieser Stelle verzichtet wurde, da diese keinen Einfluss auf die folgende Winkelschätzung hat. Der gesuchte Winkel

$$\hat{\theta} := \arg\max_{\theta} S_t^2(\theta) , \quad \theta \in [\theta_{min}, \theta_{max}] \tag{3.5}$$

entspricht dem Argument, das Glg. (3.4) maximiert. Damit ist ein Parameter aus Glg. (3.2) bestimmt, welcher die Ausrichtung der Zeilen beschreibt. Im nächsten Schritt folgt die Segmentierung der Zeilen. Dafür ist es notwendig, anhand der Projektion des geschätzten Winkels eine geeignete Entscheidungsschwelle so zu bestimmen, dass die Zeilen aus der Textregion ausgeschnitten werden können.

Bevor die Berechnung der Entscheidungsschwelle in Abschnitt 3.3.1 genauer betrachtet wird, folgt noch eine Möglichkeit, um die Bestimmung der Zeilenausrichtung gemäß der hier gezeigten Vorgehensweise zu beschleunigen. Dies erfolgt durch die iterativ Berechnung von Projektionsprofilen, bei denen mit jeder Iteration die Winkelauflösung verfeinert wird.

3.2.1 Beschleunigung der Winkelschätzung

Es hat sich herausgestellt, dass in Bezug auf die Rechenzeit die Schätzung des Winkels θ der Zeilenausrichtung eine wesentliche Schwachstelle dar-

---

1 Anm.: Die Berechnung erfolgt analog zu Glg. (3.24), allerdings wird hier auf die Anzahl der Bildzeilen M normiert.

stellt. Dies wird unter anderem in [Lai06] bestätigt. Der Grund dafür ist, dass bei einer naiven Vorgehensweise in Abhängigkeit der gewünschten Winkelauflösung und der Größe des vorgegebenen Winkelintervalls entsprechend viele Berechnungen der Projektionsprofile durchgeführt werden müssen. Daher erfolgte die Überlegung, wie und unter welchen Bedingungen eine Beschleunigung der Winkelbestimmung gegenüber der naiven Vorgehensweise möglich ist. Dazu wird hier ein iteratives Vorgehen vorgestellt, bei dem zunächst das Winkelintervall grob und mit jeder Iteration immer feiner in Teilintervalle unterteilt wird, bis die gewünschte Winkelgenauigkeit Δ_{Ziel} erreicht ist. Der Berechnungsaufwand soll zunächst anhand der Anzahl an Berechnungen der Projektionsprofile theoretisch abgeschätzt werden, um dadurch eine möglichst sinnvolle Teilung des Winkelintervalls abzuleiten. Die Iteration soll derart erfolgen, dass die Anzahl der Berechnungen pro Iteration konstant bleibt, d. h. es ergibt sich die Anzahl an Berechnungen der Projektionsprofile

$$Z := (x+1) \cdot \zeta, \quad \zeta \in \mathbb{N} \setminus \{0\}, \tag{3.6}$$

in Abhängigkeit von der Anzahl an Teilintervallen $x \in \mathbb{N} \setminus \{0\}$ und der Anzahl an Iterationen ζ. Diese Funktion gilt es nun bezüglich x zu minimieren unter der Berücksichtigung der Randbedingung, dass die Winkelauflösung Δ_{Ziel} erreicht wird. Weiterhin gilt, dass die Winkelgenauigkeit von der Anzahl an Iterationen abhängig ist. Daher gilt für die Genauigkeit nach der ersten Iteration

$$\Delta_1 := \frac{\Theta}{x}, \tag{3.7}$$

wobei für $\Theta := \theta_{\mathrm{max}} - \theta_{\mathrm{min}}$ gilt. Veranschaulicht wird das in Abb. 3.2a. Bei den folgenden Iterationen mit $\zeta > 1$ wird etwas anders vorgegangen. Die Intervallgrenzen ergeben sich dann zu $\hat{\theta}_{\zeta-1} - \Delta_{\zeta-1}$ und $\hat{\theta}_{\zeta-1} + \Delta_{\zeta-1}$, wobei $\hat{\theta}_{\zeta-1}$ der geschätzte Winkel in der Iteration $\zeta - 1$ ist. Ausgehend von diesen Intervallgrenzen werden die Teilintervalle so bestimmt, dass sich jeweils ein Abstand

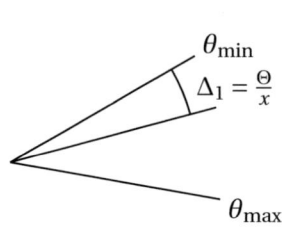

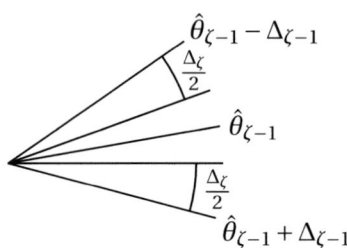

(a) Teilung des Winkelintervalls in Iteration 1.

(b) Teilung des Winkelintervalls in Iteration $\zeta > 1$.

Abbildung 3.2: Teilung der Winkelintervalle in Abhängigkeit der Iteration

$\Delta_\zeta/2$ von den äußeren Teilintervallen bis zu den Intervallgrenzen ergibt und das verbleibende Intervall wiederum in x Teilintervalle mit der Genauigkeit Δ_ζ unterteilt wird. Damit wird vermieden, dass die Projektionsprofile für die sich ergebenden Intervallgrenzen mehrfach berechnet werden und zudem eine höhere Genauigkeit erzielt werden kann. Zum besseren Verständnis ist diese Vorgehensweise in Abb. 3.2b bildlich dargestellt.

Die Abhängigkeit der Winkelauflösung von der Anzahl an Iterationen ζ ergibt sich durch oben beschriebenes Vorgehen zu

$$\Delta_\zeta := \frac{2^{(\zeta-1)}\Theta}{x(x+1)^{\zeta-1}}, \quad \zeta \in \mathbb{N} \setminus \{0\}. \tag{3.8}$$

Um die geforderte Winkelgenauigkeit Δ_{Ziel} zu erfüllen, ist diese mit Glg. (3.8) gleichzusetzen, wobei das Ziel ist, die Anzahl der Berechnungen der Projektionsprofile zu bestimmen. Dazu ist die sich ergebende Gleichung nach ζ umzustellen und in Glg. (3.6) einzusetzen. Daraus ergibt sich

$$Z = (x+1)\left\lceil \frac{\ln(\Theta) + \ln(x+1) - \ln(2x\Delta_{\text{Ziel}})}{\ln(x+1) - \ln(2)} \right\rceil, \tag{3.9}$$

wobei ln den natürlichen Logarithmus und $\lceil \cdot \rceil$ die Aufrundungsfunktion[1] bezeichnet. Für die Minimierung dieser Funktion in Bezug auf x gibt es keine geschlossene Lösung. Weiterhin ist die Lösung von der Wahl der Parameter Θ und Δ_{Ziel} abhängig. Eine Tabelle mit Werten für die Wahl der optimalen Anzahl an Teilintervallen x in Abhängigkeit von sinnvollen Kombinationen aus Winkelintervallgröße Θ und der geforderten Winkelgenauigkeit Δ_{Ziel} ist in Anhang B zu finden. Weiterhin ist angegeben, ab wann sich theoretisch die Verwendung der iterativen Methode lohnt und wie groß gemäß der theoretischen Abschätzung der Berechnungsaufwand im Vergleich zur naiven Winkelschätzung ist. Vergleicht man die Werte in Tab. B.1 ist zu sehen, dass die Werte für x sehr nahe beieinander liegen. Aus diesem Grund ist die Wahl von $x = 5$ am zweckmäßigsten, was nicht nur durch die Werte in Tab. B.1 bestätigt wird, sondern sich auch in vielen Versuchen als gute Wahl erwiesen hat.

3.2.2 Beschleunigung der Winkelschätzung bei Bildfolgen

Eine durch die Anwendungen bedingte häufige Randbedingung ist, dass sich der Bildinhalt, abgesehen von den Zeichen, von Aufnahme zu Aufnahme nur sehr wenig oder gar nicht ändert. Dieses Wissen kann ausgenutzt werden, um bei der Winkelschätzung nicht, wie im vorherigen Abschnitt beschrieben, iterativ vorzugehen, sondern ausgehend von dem im letzten Bild geschätzten Winkel $\hat{\theta}(t-1)$. Somit wird nicht das vorgegebene Winkelintervall $[\theta_{min}, \theta_{max}]$ durchsucht, sondern die Suche geht vom Ergebnis der letzten Schätzung aus. Dadurch kann der Rechenaufwand drastisch reduziert werden, da in der Regel der gesuchte Winkel sehr nahe an der letzten Schätzung liegt. Für die eigentliche Suche werden gemäß Glg. (3.4) die zwei benachbarten Werte um $\hat{\theta}(t-1)$ berechnet, um die Gradienten in beide Richtungen zu bestimmen.

---

1 Anm.: Es gilt $\lceil a \rceil := \min_{\zeta \in \mathbb{Z}, \zeta \geq a} (\zeta)$, denn ζ muss ganzzahlig sein.

Ausgehend von diesen erfolgt dann die Suche nach dem aktuell besten Winkel in Richtung des größten Gradienten, vorausgesetzt, dass der Wert $S_t^2(\hat{\theta}(t-1))$ nicht größer ist als die beiden benachbarten Werte. Die Winkelschätzung stoppt, sobald ein Vorzeichenwechsel des Gradienten auftritt, da damit die bestmögliche Schätzung gefunden wurde. Beachtet werden muss hier, dass die Pixel der Bilder in diskrete Werte geteilt sind. Das hat zur Folge, dass wenn Δ_{Ziel} zu klein gewählt wird, für alle berechneten Winkel der Wert S_t^2 gleich ist und damit keine Suche erfolgen kann. Dem kann man entgegenwirken, indem

$$\Delta_{\text{Ziel}} \geq \arctan\left(\frac{1}{N}\right) \tag{3.10}$$

gewählt wird, da sich damit eine Veränderung in der Berechnung des Projektionsprofils ergibt, was sich für die Winkelschätzung auf die empirische Varianz auswirkt.

Die Bewertung des Verfahrens erfolgt in Abschnitt 5.1.4, in dem ebenfalls der sich in der Praxis ergebende Vorteil genauer betrachtet wird. Dieser wird unterstrichen durch ein Experiment in Abschnitt 5.4 auf einer Bildfolge, die in einer Anwendung aufgenommen wurde.

3.3 Segmentierung der Zeilen

Zusätzlich zu den Winkeln θ und ϕ müssen auch die Regionen der Zeichen bestimmt werden. Allerdings müssen davor die Regionen der Zeilen bestimmt werden. Dazu wird im folgenden Abschnitt ein Verfahren vorgestellt, das auf den Überlegungen in [Gra10c, Gra10b] basiert. Zudem gelten die gleichen Voraussetzungen, wie bereits in Abschnitt 3.1 angesprochen.

3.3.1 Entscheidungsschwelle zur Zeilensegmentierung

Die Schätzung der Entscheidungsschwelle zur Segmentierung der Zeilen erfolgt anhand des Projektionsprofils in Glg. (3.3) für den geschätzten Winkel $\hat{\theta}$. Dazu werden zunächst zwei Mengen definiert, um eine obere und untere Entscheidungsschwelle zu schätzen. Die Menge

$$\mathcal{U} := \big\{ m \in \{1, \dots, M\} \,|\, P_t(m, \hat{\theta}) < \bar{P}_t(\hat{\theta}) \big\} \tag{3.11}$$

beinhaltet alle Indizes, deren Wert des Projektionsprofils kleiner als der Mittelwert $\bar{P}_t$ ist. Diese dient zur Schätzung der unteren Entscheidungsschwelle. Analoges gilt für die obere Entscheidungsschwelle. Dafür wird die Menge

$$\mathcal{O} := \big\{ m \in \{1, \dots, M\} \,|\, P_t(m, \hat{\theta}) \geq \bar{P}_t(\hat{\theta}) \big\} \tag{3.12}$$

definiert, welche die restlichen Indizes enthält, d. h. die Indizes, deren Werte des Projektionsprofils größer oder gleich dem Mittelwert sind. Für die Schätzung wird angenommen, dass es sich bei den Entscheidungsschwellen um Polynome zweiter Ordnung bezüglich m handelt, d. h. es sind pro Entscheidungsschwelle drei Parameter zu schätzen. Diese Annahme ist dadurch begründet, dass damit Beleuchtungsunterschiede über dem Bild ausgeglichen werden können. Die Schätzung basiert auf den beiden definierten Mengen. Ausgehend von der Menge in Glg. (3.11) wird anhand der Methode der kleinsten Quadrate[1] die untere Entscheidungsschwelle $b_{\mathcal{U}}(m)$ geschätzt. Die Schätzung der oberen Entscheidungsschwelle $b_{\mathcal{O}}(m)$ erfolgt auf gleicher Weise, allerdings anhand Glg. (3.12). Beide Entscheidungsschwellen sind i. Allg. nicht konstant und daher abhängig vom Index m.

Damit die geschätzten Schwellen Hintergrund und Zeilen[2] besser repräsentieren, werden beide um jeweils eine Konstante verschoben. Dies erfolgt aus

---

1   vgl. diskrete Ausgleichsrechnung [Bro00]
2   Die Region, die in Abschnitt 3.4 als Zeilenregion definiert wird.

dem Grund, um auch Punkt-Matrix-Schriften möglichst robust segmentieren
zu können. Dafür ist es wichtig, dass die untere Entscheidungsschwelle möglichst weit nach oben geschoben wird, allerdings nur so weit, dass sie nicht
über den Bereichen, die den Hintergrund repräsentieren, liegt. Der Grund
dafür ist in Abb. 3.3 ersichtlich und wird weiter unten noch detaillierter erläutert. Um diese Anforderung an die obere Entscheidungsschwelle zu erfüllen,
wird das Gütekriterium

$$J_{\mathrm{u}}(s) := \sum_{m=1}^{M} \left(b_{\mathcal{O}}(m) - (b_{\mathcal{U}}(m) + s) \right)^2 + s^2 \tag{3.13}$$

angesetzt. Damit erfolgt eine Verschiebung der unteren Entscheidungsschwelle gerade so, dass der mittlere quadratische Abstand zwischen der oberen und
unteren Entscheidungsschwelle minimiert wird. Daraus ergibt sich die
Konstante, um die die untere Entscheidungsschwelle verschoben wird, zu

$$s_{\mathrm{u}} = \frac{\sum_{m=1}^{M} \left(b_{\mathcal{O}}(m) - b_{\mathcal{U}}(m) \right)}{2M}. \tag{3.14}$$

Für die Verschiebung der oberen Entscheidungsschwelle wird eine weitere
Menge

$$\mathcal{O}_1 := \left\{ m \in \{1, \dots, M\} \mid P_{\mathrm{t}}(m, \hat{\theta}) \geq b_{\mathcal{O}} \right\} \tag{3.15}$$

definiert, die all diejenigen Indizes enthält, deren Werte des Projektionsprofils größer oder gleich der bisherigen Schätzung der oberen Entscheidungsschwelle sind. In diesem Fall erfolgt die Verschiebung so, dass die
Quadratsumme der Abstände der Werte, die durch $\mathcal{O}_1$ indiziert sind, zu den
entsprechenden Werten aus dem Projektionsprofil minimal wird. Weiterhin
erfolgt eine Multiplikation mit dem Projektionsprofil, um größere Werte noch
stärker zu gewichten, d. h. die Verschiebung orientiert sich stärker an großen

Werten. Dies ist gegeben durch die Gütefunktion

$$J_o(s) := \sum_{m \in \mathcal{O}_1} \left[\left(P_t(m, \hat{\theta}) - \left(b_{\mathcal{O}}(m) + s \right) \right) \cdot P_t(m, \hat{\theta}) \right]^2 , \qquad (3.16)$$

die bezüglich s minimiert wird. Daraus ergibt sich die Verschiebungskonstante

$$s_o = \frac{\displaystyle\sum_{m \in \mathcal{O}_1} \left(P_t(m, \hat{\theta}) - b_{\mathcal{O}}(m) \right) \cdot P_t(m, \hat{\theta})^2}{\displaystyle\sum_{m \in \mathcal{O}_1} P_t(m, \hat{\theta})^2} \qquad (3.17)$$

für die obere Entscheidungsschwelle. Die für die Segmentierung relevante Schwelle

$$T_t(m) := \frac{b_{\mathcal{U}}(m) + s_u + b_{\mathcal{O}}(m) + s_o}{2} , \quad m = 1, \dots, M \qquad (3.18)$$

ergibt sich als Mittelwert der verschobenen unteren und oberen Entscheidungsschwelle. Anhand dieses Schwellwertes wird die Segmentierungsfunktion

$$\hat{\sigma}_t(m) := \begin{cases} 0 , & P_t(m, \hat{\theta}) \le T_t(m) \\ 1 , & P_t(m, \hat{\theta}) > T_t(m) \end{cases} , \quad m = 1, \dots, M \qquad (3.19)$$

bestimmt. Diese ist in den Bereichen des Hintergrunds »1« und in den Bereichen einer Zeilenregion »0«. Ausgehend von dem Ergebnis kann dann die Segmentierung erfolgen, bzw. sind die Zeilenregionen bestimmt. Dies soll beispielhaft für die Textregion in Abb. 3.1a auf Seite 46 durchgeführt werden. Vor der Segmentierung wurde zunächst der Winkel $\hat{\theta} = 4°$ geschätzt, um den die Zeilen zur Horizontalen gedreht sind. Das Ergebnis ist in Abb. 3.1b auf Seite 46 zu sehen. Für die folgende Segmentierung der drei Zeilen sind die wichtigsten Größen in Abb. 3.3 dargestellt. Das Schaubild zeigt das Projektionsprofil $P_t(m, \hat{\theta})$ (–) für den geschätzten Winkel $\hat{\theta} = 4°$, die geschätzte

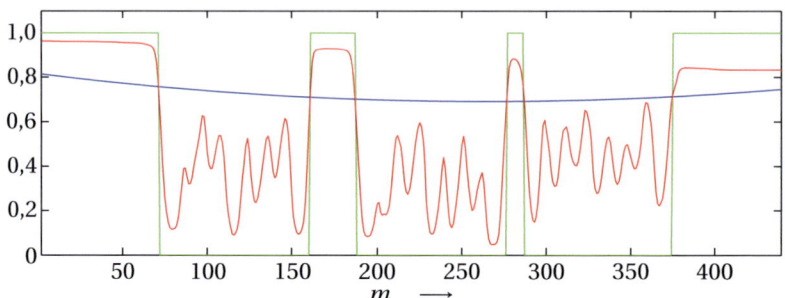

Abbildung 3.3: Projektionsprofil $P_t(m, \hat{\theta})$ (–), die Entscheidungschwelle $T_t(m)$ (–) und die Segmentierungsfunktion $\hat{\sigma}_t(m)$ (–) der Textregion in Abb. 3.1b. Die Funktionen wurden zur besseren Darstellung normiert.

Entscheidungsschwelle $T_t(m)$ (–) und die Segmentierungsfunktion $\hat{\sigma}_t(m)$ (–). Zu beachten ist, dass zur besseren Darstellung das Projektionsprofil und die Entscheidungsschwelle bezüglich der Anzahl der K_t kleinsten Grauwerte und dem maximal möglichen Grauwert normiert wurden. Deutlich zu erkennen sind die Spitzen in den Bereichen der Zeilenregionen. Diese werden durch die Punkt-Matrix-Zeichen verursacht, deren Zeichen aus einzelnen Punkten bestehen, die sich nicht oder nur schwach berühren. Das erklärt, warum die Entscheidungsschwelle möglichst weit oben liegen sollte. Zu den Spitzen ist noch zu sagen, dass diese wesentlich durch die Wahl von K_t beeinflusst werden können. Aus diesem Grund wird in Abschnitt 3.3.2 noch genauer auf diesen Parameter eingegangen und eine Möglichkeit zu dessen Schätzung vorgeschlagen. Basierend auf der angegebenen Segmentierungsfunktion findet man das Ergebnis der Zeilenregion der ersten Zeile in Abb. 3.5a auf Seite 62. Eine solche Zeilenregion bildet den Ausgangspunkt für die Zeichensegmentierung, die in Abschnitt 3.4 und Abschnitt 3.5 genauer betrachtet wird.

3.3.2 Diskussion des Modellparameters

Das beschriebene Verfahren zur Zeilensegmentierung hat einen freien Parameter K_t, mit dem festgelegt wird, über wie viele der kleinsten Grauwerte in einer Projektion summiert wird. Wie bei den Experimenten in [Gra10b] gezeigt, hat der Parameter sehr wohl einen Einfluss auf die Winkelbestimmung und die Segmentierung. Daher wird in diesem Abschnitt analysiert, ob sich dieser Parameter aus der gegebenen Textregion $G_t(m, n)$ ableiten lässt, um dadurch eine Benutzerinteraktion gering zu halten. Damit soll die Anzahl möglicher Bedienungsfehler minimiert werden, um stets eine zuverlässige und robuste Segmentierung zu erreichen.

In verschiedenen Versuchen hat sich gezeigt, dass die Wahl von K_t maßgeblich von der Größe der Textregion und der Anzahl der Zeichen, bzw. vielmehr dem Verhältnis von Pixeln, die zum Hintergrund gehören, und denjenigen Pixeln, welche die Zeichen repräsentieren, beeinflusst wird. Daher wird hier eine Möglichkeit zur Schätzung dieses Parameters vorgestellt, die es dem Benutzer erleichtern soll, eine optimale Wahl des Parameters zu finden. Dafür ist es allerdings notwendig, dass sich nach dem Einstellen der Parameter keine wesentlichen Änderungen[1] in den Aufnahmen ergeben. Wie auch schon in Abschnitt 3.2.1 gesehen, ist davon auszugehen, dass diese Randbedingung in der Regel von den in Abschnitt 1.1 genannten Anwendungen erfüllt werden.

Die Schätzung des Parameters $K_t \in \mathbb{N} \setminus \{0\}$ basiert auf der Gütefunktion

$$J_p(K_t) := \frac{1}{|\mathcal{M}_0|} \sum_{m \in \mathcal{M}_0} \left(\frac{P_t(m, \hat{\theta})}{255 \cdot K_t} - \sigma_t^*(m) \right)^2$$
$$+ \frac{1}{|\mathcal{M}_1|} \sum_{m \in \mathcal{M}_1} \left(\frac{P_t(m, \hat{\theta})}{255 \cdot K_t} - \sigma_t^*(m) \right)^2 , \tag{3.20}$$

---

1 Anm.: Dies bezieht sich nicht auf die Zeichen der Textregion, hingegen kann eine Änderung der Anzahl an Zeichen wohl einen Einfluss haben.

die sich aus dem mittleren quadratischen Abstand des Projektionsprofils und der optimalen Segmentierungsfunktion $\sigma_t^*(m)$ berechnet. Dabei sind $\mathcal{M}_0$ und $\mathcal{M}_1$ die Indexmengen, für deren Elemente die optimale Segmentierungsfunktion »0« oder »1« ist. Die Normierung jedes Summanden erfolgt entsprechend der Mächtigkeit der beiden Indexmengen, um eine ausgeglichene Gewichtung zu erreichen.

Die Abhängigkeit von K_t ergibt sich aus dem Projektionsprofil, welches sich je nach Anzahl der summierten Werte ändert. Der Nenner in Glg. (3.20) dient dabei lediglich als Normierung, damit auch tatsächlich ein sinnvoller Abstand zwischen den Projektionsprofilen und der optimalen Segmentierungsfunktion berechnet werden kann. Die beste Wahl für den Parameter K_t ist der Wert, der die Gütefunktion minimiert. Somit ergibt sich die Schätzung

$$\hat{K}_t := \arg\min_{K_t} J_p(K_t)\,, \quad K_t \in \mathbb{N} \setminus \{0\}\,, \tag{3.21}$$

welche zu einem Projektionsprofil führt, das am besten mit der optimalen Segmentierungsfunktion übereinstimmt und somit zum bestmöglichen Segmentierungsergebnis führt. Es sei an dieser Stelle angemerkt, dass auch eine andere Wahl für K_t zu einer korrekten Segmentierung führen kann.

Weiterhin ist die Frage nach der Herkunft der optimalen Segmentierungsfunktion $\sigma_t^*(m)$ offen. Dazu sollen hier zwei Vorschläge angegeben werden, die allerdings beide den Menschen mit einbeziehen, der letztendlich entscheidet, ob das Segmentierungsergebnis annehmbar ist oder ob Fehler aufgetreten sind. Die einfachste Möglichkeit ist, dass der Benutzer anhand des Bildes die optimale Segmentierungsfunktion vorgibt. Dies ist allerdings mit erheblichem Aufwand verbunden und birgt zudem viele Fehlerquellen. Besser ist der Ansatz, dass ein beliebiges K_t gewählt wird, mit dem eine erste Segmentierung durchgeführt wird. Anhand einer graphischen Ausgabe des Ergebnisses kann der Benutzer entscheiden, ob das Ergebnis angenommen werden kann oder er gegebenenfalls das Ergebnis manuell korrigiert, sodass die resultierende Segmentierungsfunktion als Zielfunktion verwendet werden kann. Danach erfolgt die Schätzung des Parameters gemäß der oben beschriebenen Vorgehensweise. Diese Möglichkeit bezieht den Benutzer in der Regel nur zur Bestätigung der Korrektheit der Segmentierungsfunktion bzw. des Segmentierungsergebnisses mit ein, wodurch das Risiko möglicher Bedienungsfehler deutlich reduziert wird.

Zur Veranschaulichung soll an dieser Stelle ein Beispiel angegeben werden, wodurch der Einfluss der Wahl von K_t anhand der Textregion in Abb. 3.1a deutlich wird. Zur Bestimmung der optimalen Segmentierungsfunktion erfolgte zunächst die Berechnung der Projektionsprofile $P_t(m,\theta)$ mit $K_t = \lceil 0,2 \cdot N \rceil$ (—), wovon ausgehend der Winkel der Zeilenausrichtung geschätzt und die Segmentierungsfunktion bestimmt wurde. Da diese Segmentierungsfunktion zu einer korrekten Segmentierung führt, wird diese als $\sigma_t^*(m)$ festgelegt. Anhand der Gütefunktion in Glg. (3.20) erfolgt die Schätzung von K_t, das in Schritten von einem Prozent von N variiert wird. Das Ergebnis der auf ihr Maximum normierten Gütefunktion $J_p(K_t)$ ist in Abb. 3.4b zu sehen, deren Minimum durch ein rotes Kreuz (×) gekennzeichnet ist. Somit ergibt sich für dieses Bild die bestmögliche Segmentierung für $K_t = \lceil 0,06 \cdot N \rceil$. Zum Vergleich sind in Abb. 3.4a die normierten Projektionsprofile $P_t(m,\theta)$ für $K_t = \lceil 0,2 \cdot N \rceil$ in blau (—) und das für $K_t = \lceil 0,06 \cdot N \rceil$ in rot (—) dargestellt. Zudem ist die Zielfunktion $\sigma_t^*(m)$ in grün (—) gegeben. Vergleicht man die beiden Projektionsprofile, ist deutlich zu sehen, dass die in rot dargestellte Funktion näher an der Zielfunktion liegt als das Projektionsprofil in blau. Es wird auch ersichtlich, dass die Spitzen, die sich in den Bereichen der drei Zeilenregion ergeben, durch die geeignete Wahl von K_t vermindert werden können. Weiterhin ist anzumerken, dass nicht ausschließlich der durch dieses Verfahren bestimmte Wert für K_t zu einer korrekten Segmentierung führt. Allerdings ist davon auszugehen, dass das Verfahren damit sehr robust ist gegenüber möglichen auftretenden Veränderungen, da das Projektionsprofil bestmöglich an die optimale Segmentierungsfunktion angepasst wird.

Um den mit diesem Verfahren bestimmten Wert nicht nur von einem Bild abhängig zu machen, wäre es natürlich auch denkbar, die Gütefunktion

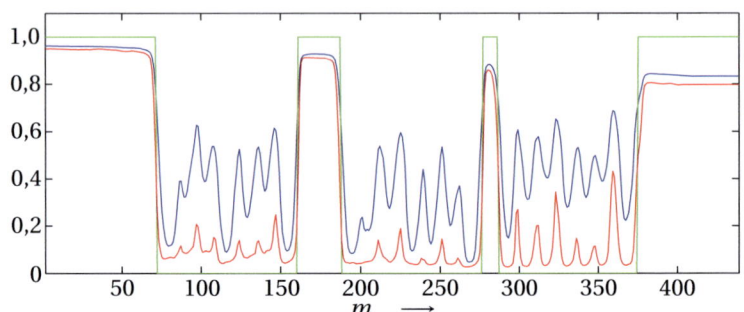

(a) Gezeigt werden das Projektionsprofil das mit $K_t = \lceil 0{,}2 \cdot N \rceil$ (—) aus dem die optimale Segmentierungsfunktion $\sigma_t^*(m)$ (—) bestimmt wurde und das Projektionsprofil mit $K_t = \lceil 0{,}06 \cdot N \rceil$ (—), für das die Gütefunktion in Abb. 3.4b minimiert wird.

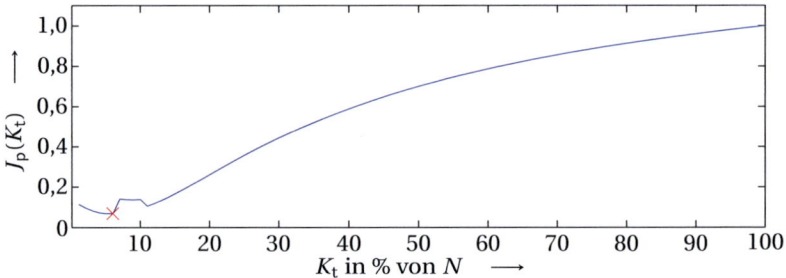

(b) Normierte Gütefunktion $J_p(K_t)$, zur Schätzung des Parameters K_t.

Abbildung 3.4: Beispiel zur Schätzung des Parameters K_t, ausgehend von der Textregion in Abb. 3.1a.

entsprechend an mehrere Bilder anzupassen, um letztendlich eine möglichst große Generalisierung in Bezug auf eine Bildfolge zu erreichen.

3.3.3 Zusatzwissen zur Zeilensegmentierung

Um die Zeilensegmentierung noch zuverlässiger zu machen, können zusätzlich inhärente Eigenschaften der Zeilen berücksichtigt werden. In vielen Fällen kann man diese von der Schriftart oder Schriftgröße ableiten. Als wichtige Eigenschaften haben sich die minimale Zeilenhöhe und der minimale Zeilenabstand erwiesen. Diese Größen sind insbesondere bei den Punkt-Matrix-Schriften wichtig, da es durchaus vorkommen kann, dass Spitzen in den Bereichen der Zeilenregionen die Entscheidungsschwelle überschreiten. Genau so gut ist es auch denkbar, zusätzlich eine maximale Zeilenhöhe zu berücksichtigen, um das Zusammenwachsen von zwei oder mehreren Zeilen zu vermeiden.

3.4 Segmentierung von Zeichen durch lineare Schnitte

Die Zeichensegmentierung bzw. das Bestimmen der Neigung der Zeichen erfolgt auf dem Resultat der Zeilensegmentierung. Dies wird im Folgenden mit Zeilenregion bezeichnet und mathematisch beschrieben durch

$$G_z(m,n): \{1,\ldots,M\} \times \{1,\ldots,N\} \rightarrow \{0,\ldots,255\} \,, \tag{3.22}$$

mit der Bildhöhe M und Bildbreite N. Es ist zudem anzumerken, dass die Zeilenregion in aller Regel die Zeichen oben und unten berührt. Dies gilt i. Allg. nicht für den Bereich vor und nach den Zeichen. Dieser wird erst durch die Zeichensegmentierung entfernt. Ein Beispiel dazu findet man in Abb. 3.5a.

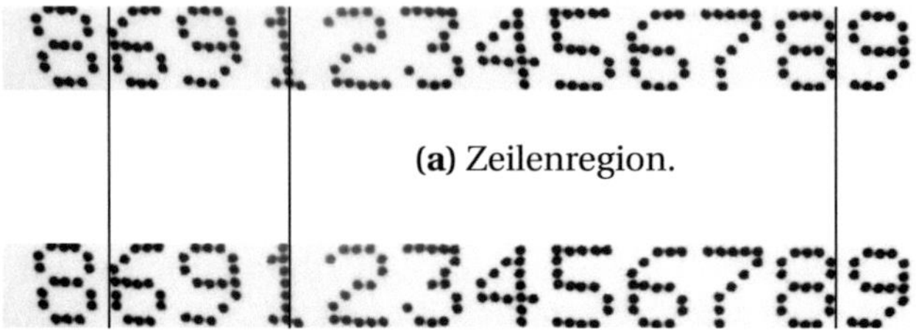

(a) Zeilenregion.

(b) Um den geschätzten Winkel $\hat{\phi} = 4°$ korrigierte Textregion.

Abbildung 3.5: Beispiel zur Korrektur der Ausrichtung der Zeichen.

3.4.1 Schätzung der Zeichenneigung

Zur Bestimmung des Neigungswinkels der Zeichen lässt sich im Wesentlichen das Verfahren zur Schätzung der Zeilenausrichtung, wie in Abschnitt 3.2 besprochen, verwenden. Jedoch gibt es zwei wesentliche Unterschiede, die hier diskutiert werden sollen. Der Erste betrifft das Projektionsprofil, das hier wie folgt

$$P_z(n,\phi) := \sum_{m \in \mathcal{K}_n^{(M)}} G_z(m, n + \lfloor m \cdot \tan\phi \rfloor), \quad n = 1, \ldots, N, \qquad (3.23)$$

in Spaltenrichtung berechnet wird. Dabei wird, analog zu Abschnitt 3.2, nicht über alle Grauwerte der Spalte n, sondern nur über die $K_z \in \mathbb{N} \setminus \{0\}$ kleinsten der M Grauwerte summiert. Dies ist durch die Indexmenge $\mathcal{K}_n^{(M)}$ angedeutet. Um den Neigungswinkel der Zeichen zu bestimmen, wird hier der Projektionswinkel ϕ im Intervall $[\phi_{\min}, \phi_{\max}]$ variiert. Im Gegensatz zur Schätzung der Zeilenausrichtung in Abschnitt 3.2 entspricht hier die Berechnung des Projektionsprofils keiner Näherung, denn wie schon in Abschnitt 3.1 angesprochen, kann der Neigungswinkel der Zeichen als eine Scherung der Textregion interpretiert werden, was der Berechnung gemäß Glg. (3.23) entspricht.

Anders als in Abschnitt 3.2 basiert hier die Winkelschätzung auf

$$\bar{P}_z(\phi) := \sum_{n=1}^{N} P_z(n,\phi)\,, \quad \phi \in \left[\phi_{\min},\phi_{\max}\right]\,, \tag{3.24}$$

was mit einer Normierung auf N dem Mittelwert des Projektionsprofils entspräche. Auf diese wird allerdings verzichtet, da diese keinen Einfluss auf die folgende Winkelschätzung hat. Gleichzeitig wird damit der Rechenaufwand reduziert. In diesem Fall hat sich die Summation für die Winkelschätzung als robuster erwiesen. Dies hat den Grund, dass die Indexmenge $\mathcal{K}_n^{(M)}$ sehr viel weniger Elemente[1] enthält als die Indexmenge in Glg. (3.3). Dies führt dazu, dass sich durch die wenigen Werte in der Indexmenge die empirische Varianz nicht zuverlässig schätzen lässt. Die Schätzung des Neigungswinkels erfolgt durch

$$\hat{\phi} := \arg\max_{\phi} \bar{P}_z(\phi)\,, \quad \phi \in \left[\phi_{\min},\phi_{\max}\right]\,. \tag{3.25}$$

Wie in Abschnitt 3.2, kann auch hier die iterative Methode aus Abschnitt 3.2.1 verwendet werden, um die Neigungswinkelschätzung zu beschleunigen. Allerdings sei angemerkt, dass in aller Regel der Neigungswinkel deutlich kleiner ist als der Winkel der Zeilenausrichtung und die Winkelauflösung durch die Bildauflösung und die Zeilenhöhe beschränkt ist. Dadurch wird diese Methode in den meisten Fällen zu keinem erheblichen Berechnungsvorteil[2] führen. Speziell bei Bildfolgen kann auch hier für die Neigungswinkelschätzung gemäß Abschnitt 3.2.2 vorgegangen werden, um einen weiteren Berechnungsvorteil zu erreichen.

---

[1] Anm.: In der Regel werden weniger als fünf Grauwerte pro Spaltenelement n berücksichtigt.
[2] vgl. Tab. B.1 im Anhang

3.4.2 Entscheidungsschwelle zur Zeichensegmentierung

Das Verfahren zur Schätzung der Entscheidungsschwelle entspricht dem der Zeilen, d. h. es kann ohne weitere Änderungen aus Abschnitt 3.3.1 übernommen werden. Das einzige, was berücksichtigt werden muss ist, dass in Glg. (3.11) bis (3.18) der Zeilenindex m durch den Spaltenindex n zu ersetzen ist. Somit ergibt sich die Segmentierungsfunktion der Zeichen zu

$$\hat{\sigma}_z(n) := \begin{cases} 0, & P_z(n, \hat{\phi}) \le T_z(n) \\ 1, & P_z(n, \hat{\phi}) > T_z(n) \end{cases}, \quad n = 1, \ldots, N, \tag{3.26}$$

mit der Schwelle $T_z(n)$. Der Wert »1« kennzeichnet den Bereich des Hintergrunds und der Wert »0« den der Zeichenregion.

Auch hier stellt sich die Frage nach der Wahl des freien Parameters K_z, da dieser das Ergebnis deutlich beeinflussen kann. In verschiedenen Experimenten hat sich gezeigt, dass sich die in Abschnitt 3.3.2 vorgestellte Methode zur Schätzung von K_t auch für die Schätzung von K_z eignet. Damit kann der Parameter K_z problemspezifisch gewählt werden, um eine zuverlässige und robuste Schätzung für den Neigungswinkel und die Segmentierung der Zeichen zu erreichen.

An dieser Stelle soll ein Beispiel zur Zeichensegmentierung betrachtet werden. Ausgegangen wird von der Zeilenregion in Abb. 3.5a auf Seite 62, für die zunächst der Neigungswinkel der Zeichen geschätzt wird. Die um den geschätzten Neigungswinkel $\hat{\phi} = 4°$ korrigierte Zeichenregion ist in Abb. 3.5b auf Seite 62 zu finden. Da die Schätzung des Neigungswinkels einer über der ganzen Zeile globalen Schätzung entspricht, ist die Schätzung nicht für alle Zeichen ganz korrekt. Es hat sich allerdings gezeigt, dass trotzdem eine zuverlässige Segmentierung möglich ist. Die Abb. 3.6 zeigt das Projektionsprofil $P_z(n, \hat{\phi})$ (—) mit $K_z = \lceil 0{,}01 \cdot M \rceil$, die Entscheidungsschwelle $T_z(n)$ (—) und die Segmentierungsfunktion $\hat{\sigma}_z(n)$ (—) der Zeilenregion aus Abb. 3.5b. Auch hier ist zu beachten, dass die Werte des Projektionsprofils und der Entschei-

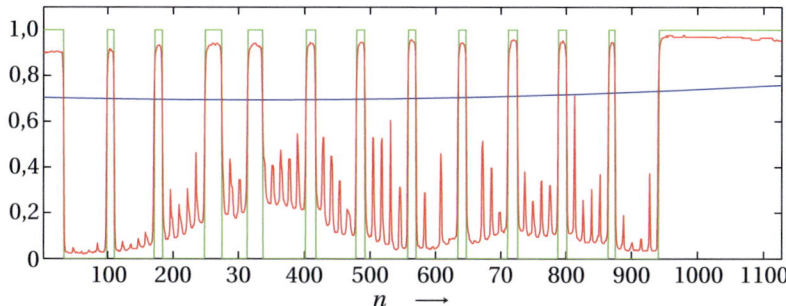

Abbildung 3.6: Projektionsprofil $P_z(n,\hat{\phi})$ (–), die Entscheidungsschwelle $T_z(n)$ (–) und die Segmentierungsfunktion $\hat{\sigma}_z(n)$ (–) der Zeilenregion in Abb. 3.5b. Die Funktionen wurden zur besseren Darstellung normiert.

dungsschwelle wie im Beispiel in Abschnitt 3.3.1 zur besseren Darstellung normiert wurden. Bei der Darstellung des Projektionsprofils ist auffällig, dass sich aufgrund nicht berührender Punkte innerhalb eines Zeichens sehr große Werte ergeben. Insbesondere ist der Punkt $n = 813$ zu beachten, da dieser Wert sehr nah an der Entscheidungsschwelle liegt. Im Fall, dass einzelne Werte die Entscheidungsschwelle überschreiten, führt dies in der Regel noch zu keiner falschen Segmentierung, da diese durch die Verwendung von zusätzlichem Wissen vermieden werden kann. Speziell auf diesen Punkt wird im nächsten Abschnitt etwas genauer eingegangen.

3.4.3 Zusatzwissen zur Zeichensegmentierung

Auch im Fall der Zeichen kann die Segmentierungsleistung durch Einbringen von Zusatzwissen deutlich gesteigert werden. Dazu ist es möglich, die minimale Zeichenbreite und das maximale Verhältnis ρ von Zeichenbreite zu Zeichenhöhe zu berücksichtigen. Letzteres stellt eine sehr wichtige Größe in Bezug auf zusammengewachsene Zeichen dar, denn in vielen Fällen kann damit eine zuverlässige Rückweisung erfolgen, um ggf. die hier beschriebene

Segmentierungsmethode erneut oder ein anderes Segmentierungsverfahren anzuwenden. Die Verwendung eines minimalen Zeichenabstands bringt an dieser Stelle keinen weiteren Vorteil, da es vorkommen kann, dass Zeichen zusammenwachsen. Würde man hier zusätzlich eine untere Grenze festlegen, würde dies nur zu noch mehr zusammengewachsenen Zeichen führen.

3.4.4 Segmentierung von Zeichen aus Bildfolgen mit vorhandenem Vorwissen

Wie schon in Abschnitt 3.2.2 angesprochen, kommt es in den Anwendungen sehr häufig vor, dass sich von Aufnahme zu Aufnahme bis auf die Zeichen selbst nur wenig ändert. Dies bedeutet auch, dass der Zeichenabstand immer gleich bleibt, was durch die verwendeten Schriftarten in den meisten Anwendungen gegeben ist. Dieses Wissen kann für die Segmentierung als Vorwissen gewinnbringend eingesetzt werden, um die Segmentierung mittels den Projektionsprofilen verlässlicher und schneller zu machen.

Der hier verwendete Ansatz basiert auf einer wahrscheinlichkeitstheoretischen Betrachtung nach Bayes[1]. Das Vorwissen wird aus der initialen Segmentierung gewonnen, was für die folgenden Entscheidungen mit berücksichtigt werden soll. Dazu wird das initial gewonnene Projektionsprofil als A-priori-Wahrscheinlichkeit $\mathcal{P}(n)$ aufgefasst und repräsentiert damit das Vorwissen. Diese Interpretation ist möglich, da große Werte des Projektionsprofils für den Hintergrund stehen und niedrige für die Region der Zeichen[2]. Somit ist ein Schnitt umso wahrscheinlicher, je größer die Werte im Projektionsprofil sind. Weiterhin ist sichergestellt, dass die sehr großen Werte auch tatsächlich einem Schnittpunkt entsprechen, da die initiale Segmentierung vom Benutzer als erfolgreich akzeptiert wurde, bzw. diese entsprechend korrigiert

---

1 vgl. bayessche Entscheidungstheorie [Dud01, Kro04, Kie08]
2 vgl. Abb. 3.6 auf Seite 65

hat. Weiterhin wird das Projektionsprofil $P_z{}^1$ auf dem aktuell betrachteten Bild als bedingte Wahrscheinlichkeit $\mathcal{P}(P_z|n)$ aufgefasst. Auch hier stehen große Werte im Projektionsprofil für einen wahrscheinlichen Schnitt an dieser Stelle. Mit dieser Interpretation gilt nach der Formel von Bayes für die A-posteriori-Wahrscheinlichkeit des Segmentierungsschnittpunkts gegeben dem Projektionsprofil die Proportionalität

$$\mathcal{P}(n|P_z) \propto \mathcal{P}(P_z|n) \cdot \mathcal{P}(n) \,. \tag{3.27}$$

Damit erfolgt die Segmentierung anhand einer Maximum-a-posteriori-Schätzung

$$\hat{n} = \arg\max_n \mathcal{P}(n|P_z) \,, \tag{3.28}$$

um die wahrscheinlichsten Schnittpunkte zwischen den Zeichen zu finden. Anzumerken ist an dieser Stelle, dass damit auf das in Abschnitt 3.4 beschriebene Verfahren, eine Entscheidungsschwelle zu schätzen, verzichtet werden kann. Da die durch die Maximum-a-posteriori-Schätzung gefundenen Schnitte in der Regel in der Mitte zwischen zwei Zeichen liegen, muss gegebenenfalls der verbleibende Hintergrund neben den Zeichen entfernt werden.

Weiterhin ist anzumerken, dass diese Vorgehensweise nicht nur auf die Zeichensegmentierung beschränkt ist. Diese kann auch auf die Segmentierung der Zeilen übertragen werden, um auch dort den Vorteil des A-priori-Wissens in die Segmentierung mit einzubeziehen. Für die Bewertung dieser Vorgehensweise auf einer Bildfolge sei auf Abschnitt 5.4 verwiesen.

---

1 Anm.: Zur einfacheren Schreibweise wurde an dieser Stelle auf die Argumente verzichtet.

3.5 Segmentierung von Zeichen durch nicht lineare Schnitte

In einigen Fällen ist es nicht möglich, Zeichen durch lineare Schnitte, wie diese bei den Projektionsprofilen erzeugt werden, ordentlich zu segmentieren. Dies hat meist die Ursache, dass sich die Zeichen berühren oder sich sogar überlappen. Beispiele dazu findet man in Abb. 3.7. Mehrfach zusammengewachsene Zeichen können verschiedene Ursachen haben, wie z. B. Druckfehler oder Kratzer in der Materialoberfläche. Um dem Abhilfe zu schaffen, wird in diesem Abschnitt ein Verfahren vorgestellt, das auf Graphenschnitten[1] basiert und sich auf die Arbeiten [Gra10a, Gra11] stützt. Eine Erweiterung dieses Verfahrens wurde in [Gra12a] vorgestellt. Mit diesem ist es möglich, mit Vorwissen alle Zeichen in einer Zeilenregion gleichzeitig zu segmentieren.

Um im Folgenden die Notation zu vereinfachen, gilt hier, abweichend zu Abschnitt 3.4, für das Grauwertbild der Zeilenregion

$$G_z(\mathbf{p}) : \mathcal{P} := \{1, \ldots, M\} \times \{1, \ldots, N\} \rightarrow \{0, \ldots, 255\} , \tag{3.29}$$

mit dem geordneten Paar $\mathbf{p} := (m, n) \in \mathcal{P}$, welches ein einzelnes Pixel im Bild indiziert. Zudem wird für die Zeilenregion vorausgesetzt, dass diese die Zeichen direkt umschließt, d. h. die Zeichen berühren den Bildrand sowohl oben und unten als auch links und rechts, siehe z. B. Abb. 3.7.

  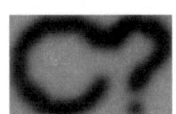 

Abbildung 3.7: Beispiele für Zeichen die nicht mittels linearen Schnitten getrennt werden können.

---

1   engl. Graph Cuts. Der Ausdruck wurde im Artikel [Boy01] eingeführt.

3.5.1 Segmentierung durch Graphenschnitte

Bei dem hier vorgestellten Verfahren werden die Regionen mit zusammengewachsenen oder nicht durch lineare Schnitte trennbare Zeichen durch
einen Graphen repräsentiert. Die Segmentierung der Zeichen erfolgt durch
die Berechnung des minimalen Schnitts durch den Graphen, der zur korrekten Segmentierung möglichst zwischen den beiden Zeichen verlaufen
sollte. Dabei wird der Graph in zwei disjunkte Teilgraphen zerschnitten wobei jeder Teilgraph einer Klasse[1] zugeordnet wird. Hierbei ist anzumerken,
dass sich dieses Verfahren von den üblicherweise mit dem Begriff Segmentierung assoziierten Verfahren unterscheidet. Bei diesen erfolgt üblicherweise
eine Segmentierung, bei der bspw. eine Binarisierung[2] eines Grauwertbildes
durchgeführt wird, vgl. [Boy01, Boy04, Lom05, Boy06a]. Bei der hier durchgeführten Zeichensegmentierung soll allerdings kein Schnitt bezüglich der
Grauwerte erfolgen, sondern möglichst zwischen zwei Zeichen. Allerdings
unterscheidet sich das zugrundeliegende Energiefunktional nicht von den
anderen Verfahren. Dieses ist

$$E(\mathbf{l}) := \sum_{\mathbf{p} \in \mathcal{P}} D_{\mathbf{p}}(l_{\mathbf{p}}) + \sum_{(\mathbf{p},\mathbf{q}) \in \mathcal{N}} V_{\mathbf{pq}}(l_{\mathbf{p}}, l_{\mathbf{q}}) \tag{3.30}$$

in Abhängigkeit vom Vektor $\mathbf{l}$, dessen Elemente $l_{\mathbf{p}} \in \mathcal{L}$ die Klassenzugehörigkeit der Pixel $\mathbf{p}$ bestimmt. Die Menge $\mathcal{L} := \{0, 1\}$ hat genau zwei Elemente,
welche den Klassen, in die der Graph zerschnitten wird, entsprechen. Das
Energiefunktional setzt sich aus zwei Summanden zusammen. Der erste
Summand wird im Folgenden mit Positionsstrafterm bezeichnet und bestraft
mit $D_{\mathbf{p}}(l_{\mathbf{p}})$ einzelne Pixel in Abhängigkeit derer Lage in der Zeilenregion. Der
zweite Summand ist der Intensitätsstrafterm, der durch $V_{\mathbf{pq}}(l_{\mathbf{p}}, l_{\mathbf{q}})$ die Zuordnung von Pixel $\mathbf{p}$ zur Klasse $l_{\mathbf{p}}$, wenn das benachbarte Pixel $\mathbf{q}$ der Klasse $l_{\mathbf{q}}$

---

1 Anm.: Das Problem wird auf eine Klassifikation, vgl. Abschnitt 4, zurückgeführt.
2 Anm.: Die Lösung muss kein Binärbild sein, sondern es können auch Zuordnungen zu
   mehreren Klassen erfolgen.

zugeordnet ist, abhängig von ihrem Intensitätswert bestraft. Die Nachbar-
schaftsregion ist dabei durch $\mathcal{N} \subseteq \mathcal{P} \times \mathcal{P}$ bestimmt, welche im Folgenden den
acht nächsten Nachbarn eines Pixels entspricht.

Der wesentliche Unterschied zu anderen Bildverarbeitungsanwendungen,
bei denen dieses Energiefunktional verwendet wird, liegt in der Definition
des Positions- und Intensitätsstrafterms. Beide werden in den folgenden
Abschnitten definiert und ausführlich diskutiert.

3.5.2 Positionsstrafterm

Durch den Positionsstrafterm wird, wie der Name schon sagt, die ungefähre
Position des Schnitts durch den Graphen bestimmt. Ziel ist es, das Zeichen,
das ganz links in der Zeile[1] steht, von den restlichen abzuschneiden, d. h. zu
segmentieren. Um mehrere Zeichen zu segmentieren, muss das Verfahren
iterativ angewandt werden, bis davon ausgegangen werden kann, dass in
jedem abgeschnittenen Teil der Zeilenregion nur noch ein Zeichen enthalten
ist. Dies kann bspw. über das Verhältnis von Zeichenbreite zu Zeichenhö-
he oder über einen Klassifikator geprüft werden. Mehr dazu findet man in
Abschnitt 3.6.

Die Bestrafung erfolgt in Abhängigkeit von der Position der Pixel in der Zeilenregion. Um eine Abtrennung der ersten Zeichenregion[2], d. h. die Segmentierung des Zeichens, das am Anfang der Zeile steht, zu erreichen, ist das Ziel,
diesem die Klasse »0« und dem restlichen Teil des Bildes die Klasse »1« zuzuordnen. Dementsprechend müssen die Kosten für die Klasse »0« weiter links
im Bild geringer sein, als weiter rechts im Bild, da dort in der Regel davon ausgegangen werden kann, dass dieser Bereich der Klasse »1« zugeordnet werden
kann. Umgekehrt gilt sinngemäß für die Kosten der Klasse »1«, dass diese auf
der linken Seite im Bild geringer sein müssen als auf der Rechten. Damit ist

---

1   Anm.: Dabei ist es egal, ob die Zeichen richtig herum oder auf dem Kopf stehen.
2   Region die ein Zeichen enthält.

noch nicht sichergestellt, dass der Schnitt durch den Graphen tatsächlich zwischen zwei Zeichen verläuft. Dafür ist zusätzlich der Intensitätsstrafterm notwendig, der in Abschnitt 3.5.3 ausführlich beschrieben wird.

Entsprechend der oben genannten Forderung werden die Kosten festgelegt, wobei diese heuristisch bestimmt wurden. Diese lassen sich aus der Beschaffenheit der Zeichen ableiten, was in der Fallunterscheidung zwischen den folgenden drei Fällen für die Kosten der Zuordnung $l_\mathbf{p} = 0$ resultiert. Die Kosten der drei Fälle sind zum einfacheren Verständnis zusätzlich in Abb. 3.8 als Graphen dargestellt.

1. Der erste Fall tritt ein, wenn die Bildbreite zweimal größer ist als die Bildhöhe ($2M < N$). Dies ist dadurch begründet, dass es kein Zeichen gibt, dessen Zeichenregion zweimal breiter ist als seine Höhe. Daraus lässt sich schließen, dass es sich um mindestens zwei Zeichen in der Zeilenregion handelt. Deshalb ergibt sich die Wahl der Kosten zu

$$D_\mathbf{p}\left(l_\mathbf{p} = 0\right) := \begin{cases} \dfrac{n-1}{M-2}, & 0 < n \le \dfrac{M}{2}, \\ \dfrac{n+M}{3M}, & \dfrac{M}{2} < n \le 2M, \\ 1, & 2M < n \le N, \end{cases} \tag{3.31}$$

welche in Abb. 3.8a graphisch dargestellt sind. Die Kosten steigen ausgehend vom linken Rand der Zeile zunächst linear an, wobei sich die Steigung nach Erreichen von $n = M/2$ ändert. Dies kann auch so interpretiert werden, dass mit diesem Anstieg die Wahrscheinlichkeit für ein Pixel, der Klasse »0« zugeordnet zu werden, abfällt. Ab $n = 2M$ sind dann die Kosten so hoch, d. h. die Wahrscheinlichkeit so gering, dass diese Pixel nicht der Klasse »0« sondern der Klasse »1« zugeordnet werden. Deshalb ist davon auszugehen, dass der Schnitt im Bereich von $n = 1$ bis $n = 2M$ liegen wird.

2. Die folgenden Kosten gelten, wenn die Bildbreite zweimal größer ist als eine angenommene minimale Zeichenbreite[1] B_{min} und kleiner gleich zweimal der Bildhöhe ($2B_{min} < N \leq 2M$). Vorausgesetzt, die angenommene minimale Zeichenbreite stimmt zumindest annähernd mit der tatsächlichen überein, kann man davon ausgehen, dass auch hier mindestens zwei Zeichen in der Zeilenregion enthalten sind. Somit werden die Kosten zu

$$D_{\mathbf{p}}\left(l_{\mathbf{p}} = 0\right) := \begin{cases} \dfrac{n-1}{2(B_{min}-1)}, & 0 < n \leq B_{min}, \\ \dfrac{1}{2}, & B_{min} < n \leq N - B_{min}, \\ \dfrac{n+2B_{min}-N}{2(B_{min}+1)}, & N - B_{min} < n \leq N, \end{cases}$$

(3.32)

festgelegt. Zur Veranschaulichung sind diese in Abb. 3.8b visualisiert und können folgendermaßen interpretiert werden. Die Kosten steigen im Bild von links her linear bis $n = B_{min}$. Dadurch wird in diesem Bereich die Zuordnung der Pixel zur Klasse »0« bevorzugt. Im nächsten Intervall bleiben die Kosten konstant 1/2, was eine Zuordnung zu einer der beiden Klassen gleich wahrscheinlich macht. Im nächsten Intervall erfolgt dann wieder ein linearer Anstieg bis ans Ende der Zeile. Hier gilt das Umgekehrte im Vergleich zum Zeilenanfang, d. h. hier sind die Kosten für die Zuordnung zur Klasse »0« hoch, was gemäß Glg. (3.34) geringe Kosten für die Zuordnung zur Klasse »1« impliziert.

3. Im dritten Fall gilt, dass die Bildbreite kleiner gleich zweimal der angenommenen minimalen Zeichenbreite ist ($N \leq 2B_{min}$). Das folgt aus der Annahme, dass die Zeilenregion mindestens ein Zeichen enthält. Die

---

1 Anm.: Die angenommene minimale Zeichenbreite ist durch die Schriftart gegeben oder kann anhand der bereits segmentierten Zeichen geschätzt werden.

Kosten werden in diesem Fall zu

$$
D_{\mathbf{p}}\left(l_{\mathbf{p}} = 0\right) := \begin{cases} \dfrac{n-1}{2(B_{\min} - 1)}, & 0 < n \leq B_{\min}, \\ \dfrac{1}{2}, & B_{\min} < n \leq N - 1, \\ 1, & N - 1 < n \leq N, \end{cases} \tag{3.33}
$$

gewählt, welche in Abb. 3.8c abgebildet sind. Die Kosten steigen auch hier wieder von links her linear an, bis die angenommene minimale Zeichenbreite erreicht ist. Dadurch erfolgt in diesem Bereich höchstwahrscheinlich die Zuordnung zur Klasse »0«. Dies ist sinnvoll, da in diesem Bereich von einem gültigen Zeichen ausgegangen werden kann. Da ungewiss ist, wo das Zeichen endet, bleibt die Gewichtung zunächst konstant, was eine Zuordnung zu einer der beiden Klassen gleich wahrscheinlich macht. Im letzten Bereich steigen dann die Kosten nochmals an, was dazu führt, dass dieser der Zeilenregion der Klasse »1« zugeordnet wird.

Durch Invertierung der Kosten für die Zuordnung eines Pixels zur Klasse »0« gemäß

$$
D_{\mathbf{p}}\left(l_{\mathbf{p}} = 1\right) := 1 - D_{\mathbf{p}}\left(l_{\mathbf{p}} = 0\right) \tag{3.34}
$$

erhält man die Kosten für jedes Pixel der Zeilenregion unter der Bedingung, dass diese der Klasse »1« zugeordnet werden.

3.5.3 Intensitätsstrafterm

Wie im vorhergehenden Abschnitt beschrieben wurde, wird mit dem Positionsstrafterm der ungefähre Bereich festgelegt, in dem der Schnitt verlaufen soll. Allerdings ist damit noch nicht sichergestellt, dass der Schnitt in einem

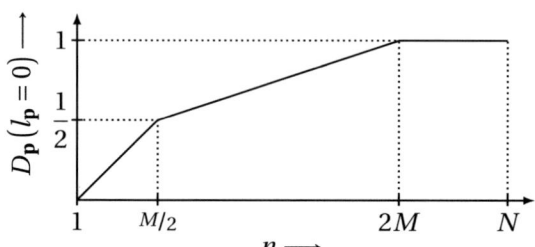

(a) Positionsstrafterm für den Fall $2M < N$.

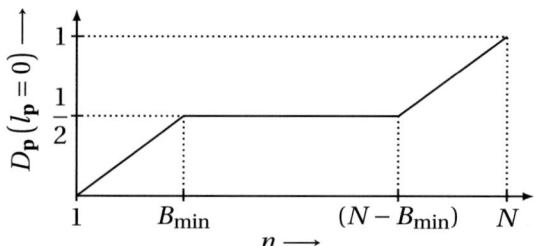

(b) Positionsstrafterm für den Fall $2B_{\min} < N \leq 2M$.

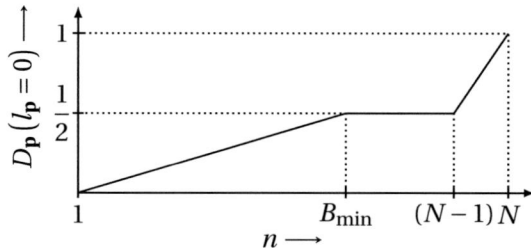

(c) Positionsstrafterm für den Fall $N \leq 2B_{\min}$.

Abbildung 3.8: Qualitative Darstellung der Positionsstrafterme für die drei Fälle.

hellen Bereich[1], der in der Regel zwischen zwei Zeichen liegt, verläuft. Dafür ist es notwendig, den Intensitätsstrafterm einzuführen, über den die Kosten der Zuordnung eines Pixels zur Klasse $l_\mathbf{p}$, wenn ein benachbartes Pixel der Klasse $l_\mathbf{q}$ zugeordnet wird, festgelegt werden. Die Kosten sind

$$V_{\mathbf{pq}}(l_\mathbf{p}, l_\mathbf{q}) := f_\mathrm{s}(W(\mathbf{p}, \mathbf{q})) \cdot \delta(l_\mathbf{p} \neq l_\mathbf{q}), \quad (\mathbf{p}, \mathbf{q}) \in \mathcal{N}, \tag{3.35}$$

mit dem Kronecker-Delta

$$\delta(l_\mathbf{p} \neq l_\mathbf{q}) := \begin{cases} 0, & l_\mathbf{p} = l_\mathbf{q}, \\ 1, & l_\mathbf{p} \neq l_\mathbf{q}, \end{cases} \tag{3.36}$$

und der Gewichtung in Abhängigkeit der Pixel $\mathbf{p}$ und $\mathbf{q}$

$$W(\mathbf{p}, \mathbf{q}) := \begin{cases} \dfrac{(\bar{G}_z(\mathbf{p}) + \bar{G}_z(\mathbf{q}))}{2}, & \mathbf{p} - \mathbf{q} \in \mathcal{H}, \\ (\bar{G}_z(\mathbf{p}) + \bar{G}_z(\mathbf{q})), & \mathbf{p} - \mathbf{q} \in \mathcal{I}, \\ 0, & \text{sonst} \end{cases} \tag{3.37}$$

mit der Menge

$$\mathcal{H} := \{(0, 1), (0, -1), (1, 1), (1, -1), (-1, 1), (-1, -1)\} \tag{3.38}$$

die die horizontale und diagonale Gewichtung bestimmt, und der Menge

$$\mathcal{I} := \{(1, 0), (-1, 0)\}, \tag{3.39}$$

durch welche die vertikale Gewichtung gegeben ist. Daraus ergibt sich, dass die Gewichtung in vertikaler Richtung zweimal größer ist als die in horizontaler und diagonaler Richtung. Dies führt dazu, dass Schnitte in vertikaler

---

1 Die Zeichen sind dunkler als der Hintergrund und somit die Grauwerte kleiner, vgl. Abschnitt 3.3

und diagonaler Richtung bevorzugt werden[1]. Die Größen $\bar{G}_z(\mathbf{p})$ und $\bar{G}_z(\mathbf{q})$ bezeichnen Intensitätswerte des auf den Mittelwert Null und Varianz Eins normalisierten und invertierten[2] Bildes der Zeilenregion. Die Normalisierung wird durchgeführt, um mögliche Beleuchtungsunterschiede zwischen verschiedenen Bildern auszugleichen, was annähernd zu einer einheitlichen Gewichtung führt. Die Invertierung wird benötigt, da die Schnitte in möglichst hellen Regionen verlaufen sollen, welche erst durch die Invertierung kleinen Intensitätswerten, d. h. kleinen Gewichten, entsprechen. Dies wiederum führt zu geringeren Kosten in den hellen Bereichen, was den Verlauf des minimalen Schnitts durch diese Bereiche begünstigen soll. Man beachte auch, dass hier im Gegensatz zu anderen Anwendungen[3] der Graphenschnitte nicht die Differenz der Intensitätswerte zweier benachbarter Pixel verwendet wird sondern die Summe. Dies hat den Grund, dass sich bei der Differenzbildung sowohl in hellen als auch in dunklen Bereichen eine kleine Gewichtung ergibt, wenn die benachbarten Pixel ähnliche Grauwerte haben. Durch die Summenbildung ist gesichert, dass in hellen Bereichen die Gewichtung im Vergleich zu Dunklen klein ist. Man beachte, dass damit der Intensitätsstrafterm von zwei Faktoren abhängig ist: Von der Zuordnung der Klassen und den Grauwerten der betrachteten Pixel. Weiterhin skaliert die Funktion $f_s(\cdot)$ die Kosten des Intensitätsstrafterms in das Intervall $[0, c_s]$ in Glg. (3.35). Damit kann durch die Konstante c_s Einfluss auf die Gewichtung des Intensitätsstrafterms gegenüber dem Positionsstrafterm genommen werden.

Der Intensitätsstrafterm entspricht dem Ising-Modell[4]. Gemäß Kolmogorov und Zabih [Kol04] können Funktionen wie die des Positionsstrafterms in

---

1   Anm.: Wenn die vertikale Gewichtung größer ist als die horizontale, werden vertikale Schnitte bevorzugt, da dafür die horizontalen Kanten des Graphen geschnitten werden.

2   vgl. Abschnitt 3.3 auf Seite 45

3   vgl. z. B. [Boy01]

4   Anm.: Das Ising-Modell ist ein Spezialfall des Potts-Modell, welches auf zwei Klassen beschränkt ist, vgl. [Boy01, Boy06a].

Glg. (3.30) immer durch einen Graphen repräsentiert werden, da dieser nur von einer binären Variablen abhängig ist. Im Fall des Intensitätsstrafterms sieht das etwas anders aus, da dieser von zwei binären Variablen abhängig ist. Diese Art von Funktionen können durch einen Graphen dargestellt werden, wenn er nach der Definition in [Kol04] regulär ist. Dies ist eine notwendige und hinreichende Bedingung, die erfüllt ist, wenn für jeden Term $V_{\mathbf{pq}}(l_{\mathbf{p}}, l_{\mathbf{q}})$ die Ungleichung

$$
\begin{aligned}
V_{\mathbf{pq}}\left(l_{\mathbf{p}} = 0, l_{\mathbf{q}} = 0\right) &+ V_{\mathbf{pq}}\left(l_{\mathbf{p}} = 1, l_{\mathbf{q}} = 1\right) \\
&\leq V_{\mathbf{pq}}\left(l_{\mathbf{p}} = 0, l_{\mathbf{q}} = 1\right) + V_{\mathbf{pq}}\left(l_{\mathbf{p}} = 1, l_{\mathbf{q}} = 0\right)
\end{aligned} \tag{3.40}
$$

erfüllt ist. Diese ist hier erfüllt, da die linke Seite der Ungleichung durch Glg. (3.36) immer gleich Null ist, wenn die beiden benachbarten Pixel **p** und **q** der gleichen Klasse zugeordnet werden. Für die rechte Seite gilt durch die Skalierungsfunktion, dass diese nur Werte größer oder gleich Null annehmen kann. Damit wurde gezeigt, dass diese Ungleichung für alle $V_{\mathbf{pq}}(l_{\mathbf{p}}, l_{\mathbf{q}})$ erfüllt ist und damit die Regularität gilt. Somit kann das in Glg. (3.30) gegebene Energiefunktional durch einen Graphen beschrieben werden. Dadurch wird es möglich, das gegebene Optimierungsproblem mit verschiedenen zur Verfügung stehenden Algorithmen effizient zu lösen. Da es sich um ein Zweiklassenproblem handelt, wird gemäß [Kol04, Fre05] sogar das globale Optimum gefunden. Auf die verschiedenen Algorithmen wird in Abschnitt 3.5.6 detaillierter eingegangen.

Damit ist das Energiefunktional in Glg. (3.30) vollständig definiert und es wurde gezeigt, dass es durch einen Graphen repräsentiert werden kann. Allerdings ist noch offen, wie die Repräsentation des Funktionals durch einen Graphen aussieht. Dies wird im nächsten Abschnitt ausführlich erläutert.

3.5.4 Graphenrepräsentation des Energiefunktionals

Der Aufbau des Graphen erfolgt analog zu anderen Bereichen der Bildverarbeitung [Gre89, Boy04] so, dass jedes Pixel im Bild $G_z(\mathbf{p})$ einen Knoten repräsentiert. Dieser Graph wird um zwei Terminalknoten erweitert, die den beiden Klassen »0« für Zeichenregion und »1« für die restliche Zeilenregion zugeordnet werden können. Durch die Einführung der beiden Terminalknoten entsteht ein Flussgraph[1] mit Flussrichtung von einem Terminalknoten zum anderen. Die Kanten, die die Knoten miteinander verbinden, und deren Gewichte ergeben sich aus dem Energiefunktional in Glg. (3.30).

Der Graph $\mathcal{G} := (\mathcal{V}, \mathcal{E})$ ist vollständig beschrieben durch eine Menge an Knoten $\mathcal{V}$, die über eine Menge von Kanten $\mathcal{E}$ mit nicht negativen Gewichten miteinander verbunden sind. Die Menge aller Knoten

$$\mathcal{V} := \left\{ v_{\mathbf{p}} | \mathbf{p} \in \mathcal{P} \right\} \cup \{s, t\} \tag{3.41}$$

beinhaltet für die Pixel in $G_z(\mathbf{p})$ die Knoten $v_{\mathbf{p}}$, im Weiteren mit Pixelknoten bezeichnet, und zwei zusätzlich eingeführte Terminalknoten. Die beiden Terminalknoten werden mit s und t bezeichnet, wobei der Knoten s der Quelle und der Knoten t der Senke des Flussgraphen entsprechen. Die Gesamtanzahl an Knoten ergibt sich aus

$$|\mathcal{V}| = |\mathcal{P}| + 2 = M \cdot N + 2 \,, \tag{3.42}$$

wobei $|\cdot|$ die Mächtigkeit einer Menge bezeichnet. Zwischen den Terminalknoten und jedem Pixelknoten besteht jeweils eine Verbindung durch eine Kante. Die Kanten zwischen der Quelle s und den Pixelknoten wird mit $e_{s\mathbf{p}}$ bezeichnet und im Folgenden s-Bindungen genannt. Mit $e_{\mathbf{p}t}$ sind die Verbindungen zwischen den Pixelknoten und der Senke indiziert, was den t-Bindungen entspricht. Als n-Bindungen werden die Kanten $e_{\mathbf{pq}}$ mit $(\mathbf{p}, \mathbf{q}) \in \mathcal{N}$ zwischen

---

1   vgl. Flussnetzwerke [Ahu93, Cor10]

benachbarten Pixeln bezeichnet, welche die Nachbarschaftsbeziehung zwischen diesen repräsentieren. Die Menge aller Kanten

$$\mathcal{E} := \left\{ \bigcup_{\mathbf{p} \in \mathcal{P}} \{e_{s\mathbf{p}}\} \right\} \cup \left\{ \bigcup_{\mathbf{p} \in \mathcal{P}} \{e_{\mathbf{p}t}\} \right\} \cup \left\{ \bigcup_{(\mathbf{p},\mathbf{q}) \in \mathcal{N}} \{e_{\mathbf{p}\mathbf{q}}\} \right\} \tag{3.43}$$

ist die Vereinigung aller s-Bindungen, t-Bindungen und n-Bindungen. Die Verknüpfung des Energiefunktionals mit dem Graphen erfolgt durch die Kantengewichte, die durch Positions- und Intensitätsstrafterm gegeben sind. Zunächst wird jedem Terminalknoten eine Klasse aus $\mathcal{L}$ zugeordnet. Hier erfolgt die Zuordnung zur Klasse »0« zum Knoten s und Klasse »1« zum Knoten t. Damit ergeben sich die Kantengewichte in Abhängigkeit ihrer Bindung wie folgt:

$$
\begin{array}{llll}
s\text{-Bindungen:} & w_{s\mathbf{p}} := D_{\mathbf{p}}(l_{\mathbf{p}} = 0) & \mathbf{p} \in \mathcal{P} & \\
t\text{-Bindungen:} & w_{\mathbf{p}t} := D_{\mathbf{p}}(l_{\mathbf{p}} = 1) & \mathbf{p} \in \mathcal{P} & \tag{3.44} \\
n\text{-Bindungen:} & w_{\mathbf{p}\mathbf{q}} := V_{\mathbf{p}\mathbf{q}}(l_{\mathbf{p}}, l_{\mathbf{q}}) & (\mathbf{p}, \mathbf{q}) \in \mathcal{N} \; .
\end{array}
$$

Die Kantengewichte zwischen den Terminal- und Pixelknoten sind durch den Positionsstrafterm gegeben. Dabei wird je nach Quelle oder Senke zwischen der Klasse »0« oder Klasse »1« unterschieden. Die Kantengewichte zwischen benachbarten Pixeln sind durch den Intensitätsstrafterm festgelegt. Somit ist der Zusammenhang zwischen dem Energiefunktional und dem s-t-Graphen vollständig beschrieben. Was noch aussteht, ist die Definition der Schnittkosten, die es zu minimieren gilt, um den Graphen in zwei disjunkte Teilgraphen zu zerschneiden. Dabei wird jeder Teilgraph einem Terminalknoten zugeordnet. Die Knotenmenge der Knoten, die dem Quellenknoten s zugeordnet werden, sei im Folgenden mit $\mathcal{S}$ bezeichnet. Analog dazu enthält die Menge $\mathcal{T}$ all diejenigen Knoten, die nach der Teilung des Graphen der Senke t

zugeordnet werden. Die Schnittkosten ergeben sich aus drei Teilen zu

$$C_{\mathcal{ST}} := \sum_{\substack{\mathbf{p} \in \mathcal{T}, \\ e_{s\mathbf{p}} \in \mathcal{E}}} w_{s\mathbf{p}} + \sum_{\substack{\mathbf{p} \in \mathcal{S}, \\ e_{\mathbf{p}t} \in \mathcal{E}}} w_{\mathbf{p}t} + \sum_{\substack{\mathbf{p} \in \mathcal{S}, \\ \mathbf{q} \in \mathcal{T}, \\ e_{\mathbf{pq}} \in \mathcal{E}}} w_{\mathbf{pq}} \, , \tag{3.45}$$

die jeweils der Summe der Schnittkosten zwischen den s-Bindungen, den t-Bindungen und den n-Bindungen entsprechen, wobei die Kosten durch die Kantengewichte bestimmt sind. Der minimale Schnitt und damit die Lösung des Energiefunktionals in Glg. (3.30) ist der Schnitt, der von allen möglichen Schnitten durch $\mathcal{G}$ die geringsten Kosten aufweist. Ein Beispiel für einen s-t-Graphen, wie er gemäß dieser Einführung zur Zeichensegmentierung verwendet werden kann, ist in Abb. 3.9 veranschaulicht. Um die Darstellung zu vereinfachen, sind die Kanten zwischen den Terminal- und den Pixelknoten nur angedeutet, und auf die n-Bindungen zwischen den Pixeln wurde vollständig verzichtet. Weiterhin gilt der Fluss von der Quelle s zur Senke t. Der minimale Schnitt durch den Graphen ist darin in blau hervorgehoben.

3.5.5 Diskussion des Modellparameters

Durch den Parameter c_s wird der Einfluss des Intensitätsstrafterms auf das Minimierungsergebnis des Energiefunktionals in Glg. (3.30) bestimmt. Für sehr kleine Werte von c_s trägt im Wesentlichen nur der Positionsstrafterm

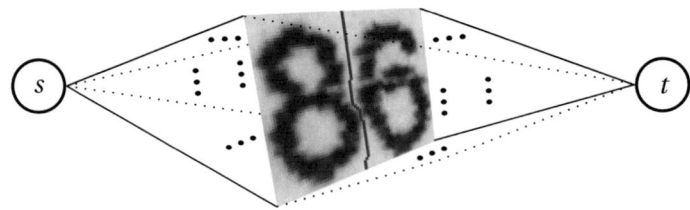

Abbildung 3.9: Beispiel eines s-t-Graphen zur Zeichensegmentierung. Der bestimmte minimale Schnitt zwischen den Zeichen ist in blau angedeutet.

zum Energiefunktional bei. Dadurch ist die Segmentierung lediglich durch die Position der einzelnen Pixel bestimmt, ohne Nachbarschaftsbeziehungen und Intensitäten zu berücksichtigen. Mit dem Anstieg von c_s gewinnt der Intensitätsstrafterm an Einfluss, wodurch auch Nachbarschaftsbeziehungen der Pixel mit einbezogen werden. Bei sehr großem c_s hat der Positionsstrafterm keinen Einfluss mehr, wodurch die Zuordnung der Klassen nur aufgrund benachbarter Intensitätswerte erfolgt. Das heißt, dass das Segmentierungsergebnis durch den Parameter c_s maßgeblich beeinflusst werden kann und dieser daher den Anforderungen anzupassen ist. Ein Verfahren zur automatischen Wahl von c_s bei der Bildsegmentierung allgemein wurde in [Pen08] vorgeschlagen.

3.5.6 Algorithmen zur Minimierung der Schnittkosten

Beeinflusst von der Bezeichnung der Terminalknoten spricht man bei diesem Optimierungsproblem auch von s-t-Fluss oder s-t-Schnitt, den es zu maximieren bzw. zu minimieren gilt. Dass dies äquivalente Probleme sind, wurde von Ford und Fulkerson [For62] gezeigt. Demnach gilt, dass der Wert des maximalen Flusses in einem s-t-Graphen mit den Kosten des minimalen Schnitts übereinstimmt. Daher wird in der Literatur oft von dem *Min-Cut- / Max-Flow*-Problem gesprochen. Für den hier gegebenen Fall von nur zwei Klassen ist dieses in polynomieller Zeit lösbar und es wird das globale Optimum gefunden [Gre89, Kol04, Li08]. Die Berechenbarkeit für den Fall mehrerer Klassen, soll hier nicht betrachtet werden. Der interessierte Leser sei für detailliertere Informationen diesbezüglich auf [Dah94] verwiesen.

Diese Art von Energieminimierung in der Bildverarbeitung geht auf die Arbeit von Greig et al. [Gre89] zurück, die in ihrer Arbeit ein Verfahren zur Restauration von mit Rauschen überlagerten Binärbildern vorgestellt haben. Darin wird das Energiefunktional zur Maximum-a-posteriori-Schätzung eines Markov-Netzwerks[1] verwendet und gezeigt, dass der maximale Fluss im Markov-Netzwerk eine exakte Lösung der Schätzung darstellt. Dieser Ansatz war der erste, der zur Lösung des kombinatorischen Optimierungsproblems eines Energiefunktionals, wie in Glg. (3.30) verwendet, auf die Maximierung des Flusses in einem Graphen zurückgeführt wurde. Weiterhin haben die Autoren gezeigt, dass die Lösungen dieses Optimierungsproblems mit den bis dahin verwendeten Methoden, wie z. B. Simulated Annealing[2], oft weit entfernt vom globalen Optimum liegen.

Es ist anzumerken, dass in einem besonderen Fall *Min-Cut* mit einem Algorithmus des kürzesten Pfads bestimmt werden kann. Dazu muss das Energiefunktional in Glg. (3.30) durch einen s-t-planaren[3] Graphen darstellbar sein [Ahu93]. In diesen Fällen kann das Optimierungsproblem in Glg. (3.30) effizient durch dynamische Programmierung[4] gelöst werden. Dazu muss allerdings der Intensitätsstrafterm so zerlegbar sein, dass horizontale und vertikale Abhängigkeiten zwischen benachbarten Pixeln gesondert betrachtet werden können [Ami90, Li09, Fel11]. Diese Betrachtung wäre hier zwar möglich, allerdings würde dies bezüglich des Energiefunktionals in Glg. (3.30) nur zu einer lokalen Optimierung führen. Da hier sowohl horizontale, vertikale als auch diagonale Abhängigkeiten zwischen den Pixeln betrachtet werden sollen, ist der sich ergebende Graph nicht mehr s-t-planar, was zur Folge hat, dass die Anwendung eines Algorithmus des kürzesten Pfads nicht direkt möglich ist. Für die globale Optimierung und damit zur Lösung des *Min-Cut-* / *Max-Flow*-Problems sind weitere Arten von Algorithmen bekannt, die sich in ihrer grundlegenden Herangehensweise etwas unterscheiden. Diese sind zu unterscheiden in *Push* / *Relabel*-Algorithmen wie z. B. der Algorithmus

---

1   engl. Markov Random Fields, werden in der Bildverarbeitung häufig verwendet, um Nachbarschaftsbeziehungen zwischen Pixeln zu modellieren, vgl. [Bis06].
2   dt. Simulierte Abkühlung; heuristisches Optimierungsverfahren vgl. [Dud01]
3   Anm.: Ein planarer Graph, dessen Quelle und Senke im äußeren Gebiet liegen.
4   Anm.: Zerlegung eines Problems in Teilprobleme, deren Lösungen kombiniert die Lösung des eigentlichen Problems ergibt, vgl. [Cor10].

von Goldberg und Tarjan [Gol88] und solche Algorithmen, die auf Erweiterungspfaden[1], wie z. B. der Ford-Fulkerson Algorithmus [For62] oder der Algorithmus von Dinic [Din70], basieren. Gemäß [Boy06b] sind die *Push / Relabel*-Algorithmen[2] auf üblichen Graphen die leistungsfähigeren Algorithmen als die der Erweiterungspfade. In der Bildverarbeitung entsprechen die Graphen meist einem zwei- oder mehrdimensionalen Rastergraphen. Für diese Art von Graphen wurde von Boykov und Kolmogorov in [Boy04] empirisch gezeigt, dass der von ihnen vorgestellte Algorithmus in verschiedenen Anwendungen die *Push / Relabel*-Algorithmen in seiner Leistungsfähigkeit maßgeblich übertrifft. Die obere Schranke der Rechenkomplexität des Algorithmus ist in [Boy04] mit $\mathcal{O}(|\mathcal{E}| \cdot |\mathcal{V}|^2 \cdot |C_{\mathcal{ST}}|)$ angegeben, welche im Vergleich zu den vorher erwähnten Algorithmen deutlich größer ist. In cincr Gegenüberstellung ihres Verfahrens mit den Verfahren von Dinic und Goldberg-Tarjan hat sich gezeigt, dass der Algorithmus von Boykov und Kolmogorov in praktischen Anwendungen der Bildverarbeitung deutlich schneller konvergiert. Diese Erkenntnis wurde auch in weiteren Versuchen in [Sze08] bestätigt, weshalb dieser Algorithmus auch in den in Abschnitt 5.1.3 folgenden Experimenten zum Einsatz kommt.

Einen detaillierten Überblick über die in der Bildverarbeitung verwendeten Algorithmen basierend auf den Graphenschnitten oder der dynamischen Programmierung findet man in [Fel11]. Für allgemeine Informationen zur kombinatorischen Optimierung sei auf [Cor10] verwiesen.

3.6 Rückweisung von Zeichen

Nach der Segmentierung der Zeichen soll geprüft werden, ob es sich tatsächlich um ein Zeichen handelt, denn es kann durchaus vorkommen, dass es sich um ein Zeichenfragment oder um zwei oder mehrere zusammengewachsene

---

1 engl. Augmenting Path Algorithms, vgl. Erweiterungspfade [Cor10]
2 vgl. [Cor10]

Zeichen handelt. Um die Zuverlässigkeit der Segmentierung zu erhöhen, ist daher eine Rückweisung notwendig, wenn einer der genannten Fälle aufgetreten ist. Schematisch ist diese Vorgehensweise im Blockschaltbild in Abb. 1.1 durch den zurückführenden Pfeil angedeutet.

Für den Fall, dass Zeichen zusammengewachsen sind, d. h. das Bild der Zeichenregion mehrere Zeichen enthält, kann die Rückweisung durch eine Plausibilitätsprüfung erfolgen. Das Verhältnis ρ der Breite zur Höhe der Zeichenregion ist ein sehr zuverlässiges und schnelles Kriterium, um diese Art von Segmentierungsfehler zu erkennen. Dieses Verhältnis wird bspw. auch in [Tho11] zur Plausibilitätsprüfung, d. h. zur Unterscheidung zwischen einem oder mehreren zusammengewachsenen Zeichen verwendet. Dabei ist ρ von der Schriftart der zu segmentierenden Zeichen abhängig und kann entweder per Eingabe vorgegeben werden oder für verschiedene Schriftarten im System bereits hinterlegt sein. Das Kriterium hat allerdings den wesentlichen Nachteil, dass zerfallene oder zusammengewachsene Zeichen aus Schriftarten, die keinen gleichbleibenden Zeichenabstand haben, damit nicht bzw. nicht zuverlässig erkannt und damit nicht zurückgewiesen werden können.

Abhilfe schafft hier der Einsatz eines Klassifikators, mit dem die segmentierten Zeichen geprüft werden. Damit erhält man entweder eine Klassenzuordnung des Zeichens oder eine Rückweisung. Wenn eine Rückweisung erfolgt, kann die Segmentierung wiederholt werden, um zu versuchen, den aufgetretenen Fehler durch eine andere Methode zu vermeiden oder ihn eventuell zu korrigieren. Besonders für den Fall, dass es sich um zusammengewachsene Zeichen handelt, bietet es sich an, ein Verfahren anzuwenden, mit dem nach der Rückweisung nicht lineare Schnitte zwischen den Zeichen erreicht werden können. Bei zerfallenen Zeichen ist die Entscheidung schwieriger, da man nicht weiß, wie die Zeichenfragmente wieder zusammenzusetzen sind, damit sich ein gültiges Zeichen ergibt. Experimentelle Ergebnisse und eine Bewertung der betrachteten Rückweisungsmethoden folgen in Abschnitt 5.1.3.

3.7 Zusammenfassung

In diesem Kapitel erfolgte die Betrachtung der notwendigen Schritte zur Zeichensegmentierung, wie in Abb. 1.1 angedeutet. Dafür ist es wichtig, den Winkel, um den die Zeilen um die Horizontale gedreht sind, zu schätzen. Zudem muss aber auch ein möglicher Neigungswinkel der Zeichen geschätzt werden, um die Zeichen durch eine affine Abbildung zu korrigieren. Zusätzlich zu den Winkeln muss auch die Zeilen- und die Zeichenregion bestimmt werden. Dafür wurde ein neues Verfahren vorgestellt, das auf der Verwendung von Projektionsprofilen basiert. Dieses eignet sich sowohl für die Zeilen- als auch für die Zeichensegmentierung. Wie gezeigt wurde, hat das Verfahren einen freien Parameter, der mithilfe der vorgestellten Methode geschätzt werden kann. Die für die Segmentierung notwendigen Entscheidungsschwellen werden anhand der vorliegenden Textregion adaptiv bestimmt, wodurch das Segmentierungsverfahren anpassungsfähig wird. Damit kann auf jegliche Vorverarbeitung der Textregion verzichtet werden. Speziell für die Segmentierung von Zeichen aus Bildfolgen wird für die Winkelschätzung eine iterative Vorgehensweise vorgeschlagen, wodurch der Rechenaufwand reduziert werden kann. Ähnliches gilt für die Zeichensegmentierung. Dafür wurde ein wahrscheinlichkeitstheoretischer Ansatz eingeführt, wodurch die Robustheit der Segmentierung anhand des Vorwissens erhöht wird. Weiterhin wurde ein Verfahren zur Zeichensegmentierung vorgestellt, mit dem es möglich ist, mithilfe von Graphenschnitten die Zeichen durch nicht lineare Schnitte zu trennen.

4

Merkmale und Klassifikation

Wie bereits in der Einleitung in Abb. 1.1 dargestellt, folgen nach der Segmentierung in der Regel die Merkmalsberechnung und schließlich die Klassifikation. Deshalb werden in diesem Kapitel die Grundlagen zur Merkmalsberechnung in Abschnitt 4.1 genauer betrachtet, bevor in den folgenden Unterabschnitten die für diese Arbeit wichtigen Merkmale eingeführt werden. Anschließend werden in Abschnitt 4.2 die Grundlagen der Klassifikation genauer beleuchtet, worauf die Einführung von vier sehr leistungsfähigen Klassifikatoren folgt. Danach wird in Abschnitt 4.3 ein Klassifikator vorgestellt, der durch geschickte Kombination zweier Klassifikatoren deren wesentlichen Vorteile ausnutzt und damit sehr leistungsfähig und schnell wird. Ein neuartiger Klassifikator wird in Abschnitt 4.4 vorgestellt, der auf der Idee eines Signaldetektors aus der Kommunikationstechnik basiert. In Abschnitt 4.5 erfolgt eine Zusammenfassung, in der die wesentlichen Neuheiten dieses Kapitels besonders hervorgehoben werden.

4.1 Grundlagen zur Merkmalsberechnung

Die Merkmalsberechnung stellt einen wesentlichen Schritt vor der Klassifikation dar. Hierbei ist das Ziel aus Stichproben des Musterraums $\mathbf{g} \in \mathbb{G}^D$ Merkmale so zu berechnen, dass für die Merkmalsvektoren $\mathbf{m} \in \mathbb{M}^d$ gilt, dass die Dimension d des Merkmalsraums $\mathbb{M}$ wesentlich kleiner ist als die Dimension D des Musterraums. Weiterhin ist wichtig, dass die Merkmale zu einer möglichst guten Trennbarkeit zwischen den Klassen führen, da ansonsten eine zuverlässige Klassifikation unmöglich wird.

Die Verwendung von Merkmalen wird durch zwei wesentliche Gründe gerechtfertigt. Einerseits sollen dadurch in den Bildern enthaltene mögliche redundante Information oder Störungen beseitigt werden. Der viel wichtigere Punkt ist aber, dass mit dem Anstieg der Dimension d des Merkmalsraums auch die Komplexität des Klassifikators ansteigt, wodurch gleichzeitig der Bedarf an Lernstichproben[1] exponentiell ansteigt [Dud01, Has09][2]. Der Anstieg des Bedarfs an Lernstichproben stellt gerade eine aus praktischer Sicht große Einschränkung dar, da es je nach Aufgabenstellung sehr schwierig sein kann, diese zu gewinnen. Für den Fall der Zeichenerkennung, wie er im Kontext dieser Arbeit betrachtet wird, wird dieses Problem in Abschnitt 4.2 etwas genauer beleuchtet.

Grundlage für die Merkmalsberechnung bilden Grauwertbilder

$$G_s(m,n) : \{1,\ldots,M\} \times \{1,\ldots,N\} \rightarrow \{0,\ldots,255\}\,, \qquad (4.1)$$

die genau ein Schriftzeichen enthalten. Im Rahmen dieser Arbeit sollen nur quadratische Bilder der Schriftzeichen mit $M = N$ betrachtet werden, um für die Merkmalsvektoren eine Berechnungsgrundlage einheitlicher Dimension D zu haben. Um dies zu erreichen, werden die Bilder entweder links und

---

1   … für den überwachten Lernvorgang eines Klassifikators, vgl. Abschnitt 4.2.
2   vgl. Fluch der Dimensionalität [Dud01, Bis06]

rechts oder oben und unten mit Hintergrund[1] aufgefüllt. Um die Darstellung von einigen Berechnungsvorschriften der Merkmale zu vereinfachen, wird definiert, dass **g** der vektoriellen Repräsentation des Grauwertbildes $G_s(m, n)$ entspricht. Dieser wird im Folgenden mit Schriftzeichenvektor bezeichnet und dessen Dimension ist bestimmt durch $D := M^2$, wobei die Werte in $\mathbb{G} :=$ $\{0, \ldots, 255\}$ liegen. Weiterhin sollten die Merkmale drei wichtige Eigenschaften erfüllen [Dud01, Bis06]: Sie müssen einfach zu berechnen sein; sie müssen für eine möglichst gute Trennbarkeit der Klassen sorgen; sie müssen möglichst unempfindlich gegen Störungen sein.

Die für die Untersuchungen verwendeten Merkmale werden in den folgenden Abschnitten genauer vorgestellt. Dabei wird zwischen linearen Transformationen in Abschnitt 4.1.1 und nicht linearen Transformationen in Abschnitt 4.1.2 unterschieden.

4.1.1 Lineare Transformationen

In diesem Abschnitt werden sechs verschiedene Merkmale vorgestellt, die auf linearen Transformationen basieren. Begonnen wird in den nächsten zwei Abschnitten mit linearen Transformationen, bei denen die Basisvektoren anhand einer repräsentativen Stichprobe bestimmt werden. Anschließend folgen Transformationen, bei denen die Basisvektoren unabhängig von den Daten sind.

Hauptkomponentenanalyse

Die Hauptkomponentenanalyse (engl. Principal Component Analysis) (PCA)[2] ist eine lineare orthogonale Transformation, die die Daten im Sinne der

---

1 Dies entspricht einem Grauwert, der den Hintergrund des Zeichens in diesem Bild repräsentiert.

2 engl. Principal Component Analysis (PCA); oder die diskrete Form der Karhunen-Loéve Transformation vgl. [Bis06, Kie08]

kleinsten Fehlerquadrate in einem d-dimensionalen Unterraum am besten repräsentiert. Daher ist es für die Transformation erforderlich, die Basisvektoren anhand einer Lernstichprobe $\mathbf{g}_i$ mit $i = 1,\ldots,Z$, wobei Z die Anzahl der Stichproben angibt, zu bestimmen. Allerdings ist die Klassenzugehörigkeit der einzelnen Stichproben dabei unwichtig. Die Transformation führt zu dem Merkmalsvektor

$$\mathbf{m}^{\mathrm{PCA}} := \mathbf{A}^{\mathsf{T}}\left(\mathbf{g} - \bar{\mathbf{g}}\right), \tag{4.2}$$

der sich durch die Differenz aus einem Schriftzeichenvektor und dem Vektor des empirischen Mittelwerts

$$\bar{\mathbf{g}} := \frac{1}{Z} \sum_{i=1}^{Z} \mathbf{g}_i \tag{4.3}$$

ergibt. Danach folgt die Multiplikation mit der Transformationsmatrix $\mathbf{A} \in \mathbb{R}^{D \times d}$. Diese enthält spaltenweise die Eigenvektoren zu den der Größe nach sortierten Eigenwerten der Streumatrix

$$\mathbf{S} := \sum_{i=1}^{Z} \left(\mathbf{g}_i - \bar{\mathbf{g}}\right)\left(\mathbf{g}_i - \bar{\mathbf{g}}\right)^{\mathsf{T}} \tag{4.4}$$

der Lernstichprobe. Um die Dimension D der Daten zu reduzieren, werden nur die Eigenvektoren zu den d größten Eigenwerten in der Matrix $\mathbf{A}$ verwendet. Das ist möglich, da sich nachweislich[1] die Signalenergie in Abhängigkeit der Größe der Eigenwerte ändert, d. h. bei der Vernachlässigung von kleinen Eigenwerten ändert sich die Signalenergie nur wenig.

Ausgehend von dieser Transformation liegt der Ursprung der transformierten Daten im Mittelwert der Lernstichprobe und die Achsen sind in Richtung der größten Streuung ausgerichtet. Weiterhin sind die Merkmale in $\mathbf{m}^{\mathrm{PCA}}$ paarweise unkorreliert und ihre Varianzen maximal ungleich verteilt [Bis06].

---

1   vgl. [Kie08]

Es sei hier angemerkt, dass durch die Transformation zum einen die An-
schaulichkeit der Daten verloren geht und zum anderen diese gemäß ihrer
Definition nicht für eine optimale Trennbarkeit der Daten sorgt. Allerdings
hat sich in der Praxis gezeigt, dass die Verwendung der PCA bei vielen Klassifikationsaufgaben trotzdem zu sehr guten Ergebnissen führt. Dies wird z. B.
in Abschnitt 2.4 deutlich, da die PCA bei sehr vielen Klassifikationsaufgaben
Anwendung findet. Das ist ein wichtiger Grund, weswegen die PCA auch für
detailliertere Untersuchungen in dieser Arbeit herangezogen wird.

Multi-Diskriminanzanalyse

Die Multi Diskriminanzanalyse (MDA)[1] ist ein statistisches Verfahren, bei
dem das Ziel ist, die Klassen durch eine lineare Transformation im Sinne
der kleinsten Fehlerquadrate bestmöglich zu trennen. Die MDA geht auf
die Arbeit von Fisher [Fis36] zurück, bei der zunächst nur der Zweiklassen-
fall betrachtet wurde. Dieser wurde dann auf den Mehrklassenfall erweitert,
was bedeutet, dass diese Transformation auch für die Merkmalsberechnung
von Zeichen[2] eingesetzt werden kann. Die Basisvektoren werden analog zur
PCA anhand einer Lernstichprobe bestimmt, allerdings ist es hier erforderlich
zusätzlich zu der Lernstichprobe $\mathbf{g}_i$, $i = 1, \ldots, Z$ auch die Klassenzugehörigkeit $\kappa_i \in \mathcal{C}$ der einzelnen Stichproben zu kennen.

Die MDA ist wie die PCA eine lineare orthogonale Transformation der Form

$$\mathbf{m}^{\mathrm{MDA}} := \mathbf{M}^{\mathsf{T}}\mathbf{g}, \tag{4.5}$$

---

1 engl. Multiple Discriminant Analysis
2 Anm.: Bei der Klassifikation von Zeichen werden i. Allg. mehr als zwei Klassen betrachtet.

mit der Transformationsmatrix $\mathbf{M}$. Um diese zu bestimmen, muss das Güte-kriterium

$$J(\mathbf{M}) := \frac{\det\left(\mathbf{M}^\mathsf{T} \mathbf{S}_z \mathbf{M}\right)}{\det\left(\mathbf{M}^\mathsf{T} \mathbf{S}_i \mathbf{M}\right)} \tag{4.6}$$

bezüglich $\mathbf{M}$ maximiert werden, wobei die Determinanten der Matrixproduk-te in Zähler und Nenner durch $\det(\cdot)$ gekennzeichnet sind. Im Zähler dieser Gleichung steht die Matrix

$$\mathbf{S}_z := \sum_{\kappa=1}^{N_K} Z_\kappa \left(\bar{\mathbf{g}}_\kappa - \bar{\mathbf{g}}\right)\left(\bar{\mathbf{g}}_\kappa - \bar{\mathbf{g}}\right)^\mathsf{T} \tag{4.7}$$

für die Streuung zwischen den Klassen, die aus dem Mittelwert über alle Stichproben, siehe Glg. (4.3), und den Vektoren

$$\bar{\mathbf{g}}_\kappa := \frac{1}{Z_\kappa} \sum_{\substack{i=1, \\ \kappa=\kappa_i}}^{Z} \mathbf{g}_i \tag{4.8}$$

der Mittelwerte aus den einzelnen Klassen bestimmt wird. Dabei bezeichnet N_K die Anzahl der Klassen und Z_κ die Anzahl an Stichproben der Klasse κ. Die Streuung innerhalb der Klassen steht im Nenner und ist durch

$$\mathbf{S}_i := \sum_{\kappa=1}^{N_K} \sum_{\substack{i=1, \\ \kappa=\kappa_i}}^{Z} \left(\mathbf{g}_i - \bar{\mathbf{g}}_\kappa\right)\left(\mathbf{g}_i - \bar{\mathbf{g}}_\kappa\right)^\mathsf{T} \tag{4.9}$$

beschrieben. Bei der Optimierung ist die grundlegende Idee, die Matrix $\mathbf{M}$ so zu wählen, dass nach der Transformation die Streuung zwischen den Klas-sen maximiert und gleichzeitig die Streuung innerhalb der Klasse minimiert wird. Die Matrix $\mathbf{M}$ ergibt sich daraus als Lösung eines Eigenwertproblems, wobei die Eigenvektoren als Basisvektoren spaltenweise in $\mathbf{M}$ angeordnet sind [Dud01]. Weiterhin ist zu erwähnen, dass bei dieser Transformation die Dimension des Merkmalsvektors in direkter Abhängigkeit zur Anzahl der Klassen N_K steht, welche $d = N_K - 1$ ist. Wenn sich die Verteilungen der verschiedenen Klassen sehr stark überlappen, kann diese Transformation die Trennbarkeit der Klassen jedoch nicht verbessern [Dud01]. Es ist anzumerken, dass diese Merkmale an sich schon als Klassifikator verwendet werden können. Zur Unterscheidung zwischen den Klassen müssen dafür entsprechende Schwellwerte gefunden werden.

Die MDA wurde für die folgenden Betrachtungen ausgewählt, da diese anhand der Klassenzugehörigkeit versucht, für eine bestmögliche Trennung zwischen den Merkmalen zu sorgen. Deshalb ist davon auszugehen, dass auch die Klassifikationsleistung davon profitieren wird. Weiterhin wurde diese bereits erfolgreich für Mustererkennungsaufgaben wie z. B. der Gesichtserkennung [Mar01, Vai10] eingesetzt.

Diskrete Kosinus-Transformation

Die Diskrete Kosinus-Transformation (DCT)[1] geht auf Ahmed et al. [Ahm74] zurück, die gezeigt haben, dass diese Transformation in Bezug auf die Repräsentation der Daten ähnlich leistungsfähig ist wie die PCA. D. h., beide Transformationen erzielen eine Kompaktheit der Energiedichte auf wenigen Koeffizienten [GA01]. Im Gegensatz zu der PCA und MDA werden hier die orthogonalen Basisvektoren nicht aus den Daten bestimmt, sondern sind durch Kosinus-Funktionen gegeben. Dies hat den Vorteil, dass nicht für jede neue Lernstichprobe die Basisvektoren neu bestimmt werden müssen. Die zweidimensionale Transformation lautet für das zu transformierende Bild $G_s(m, n)$

$$D(u, v) := c_u c_v \sum_{m=1}^{M} \sum_{n=1}^{N} G_s(m, n) \cos\left(\frac{(2m-1)\pi}{2M} u\right) \cos\left(\frac{(2n-1)\pi}{2N} v\right),$$

(4.10)

---

1 engl. Discrete Cosine Transform

mit $u = 0, \ldots, M - 1$ und $v = 0, \ldots, N - 1$ und den Koeffizienten

$$c_u := \begin{cases} \dfrac{1}{\sqrt{M}}, & u = 0 \\ \sqrt{\dfrac{2}{M}}, & \text{sonst} \end{cases} \quad \text{und} \quad c_v := \begin{cases} \dfrac{1}{\sqrt{N}}, & v = 0 \\ \sqrt{\dfrac{2}{N}}, & \text{sonst} \end{cases} . \tag{4.11}$$

Somit hat das Resultat der Transformation die gleiche Dimension wie das Bild $G_s(m, n)$. Um die Dimension zu verringern, werden die Komponenten der DCT, die hohen Frequenzen entsprechen, auf Null gesetzt, d. h. vernachlässigt. Dies führt aufgrund der Tatsache, dass die Energieverteilung bei niedrigeren Frequenzen viel größer ist als bei hohen, zu einer guten Repräsentation, vorausgesetzt die Anzahl der verwendeten Komponenten ist nicht zu gering [Kro04]. Dass Koeffizienten der höheren Frequenzen meist nur wenig Einfluss haben, zeigt sich auch an der betragsmäßigen Größe selbiger. Diese sind in aller Regel sehr viel kleiner als die der niedrigen Frequenzen und können deshalb vernachlässigt werden. Damit bleiben trotz geringer Dimension des Merkmalsvektors wichtige Informationen des Bildes erhalten.

Der Merkmalsvektor ist definiert durch

$$\mathbf{m}^{\text{DCT}} := \left[D(0, 1), D(1, 0), D(1, 1), \ldots, D\left(\sqrt{d + 1}, \sqrt{d + 1}\right) \right]^{\top}, \tag{4.12}$$

wobei zu beachten ist, dass die erste Komponente $D(0, 0)$ der DCT nicht in diesem Vektor enthalten ist, da diese dem Mittelwert der Grauwerte in $G_s(m, n)$ entspricht und damit durch Intensitätsänderungen zwischen den Bildern stark beeinflusst wird. Weiterhin wird vorausgesetzt, dass $\sqrt{d + 1}$ einer ganzen Zahl entspricht.

Wie in der Literatur gezeigt wurde, weist die DCT ähnliche Eigenschaften wie die PCA auf. So hat sie sich in vielen Anwendungsbereichen wie z. B. der Gesichtserkennung [Eke05, Dab10] als praxistauglich erwiesen und soll deshalb auch in der folgenden Bewertung genauer betrachtet werden. Zudem gibt es für die DCT Möglichkeiten für eine schnelle Implementierung. Einige findet man z. B. in [Che77, Bea84].

Walsh-Hadamard-Transformation

Bei der Walsh-Hadamard-Transformation (WHT) handelt es sich um eine *vereinfachte* DCT, bei der die orthogonalen Walsh-Funktionen die Basis bilden. Diese bestehen aus Werten, die im Wechsel »+1« und »−1« annehmen. Damit bilden die Walsh-Funktionen im zweidimensionalen Fall ein schachbrettartiges Muster [Bea84, Gon08]. Dadurch, dass bei dieser Transformation vereinfacht gesprochen lediglich ein Vorzeichenwechsel erfolgt, werden bei der praktischen Umsetzung nur *Integer*-Operationen benötigt, was diese Transformation im Vergleich zur DCT einfacher macht [Bee81, Gon08]. Dies ist vor allem dann interessant, wenn Prozessoren zum Einsatz kommen, auf denen *Integer*-Operationen effizienter durchgeführt werden können als Gleitkommaarithmetik. Im Gegensatz zur DCT weist die WHT dafür eine etwas geringere Energiedichte in den Koeffizienten auf [Ahm74, Bea84]. Weiterhin hat diese Transformation hinsichtlich der Größe des zu transformierenden Bildes eine Einschränkung. Es muss nämlich gelten, dass $M = N$ gilt und M eine ganzzahlige Potenz von zwei ist.

Bei der Walsh-Transformation sind die Basisfunktionen gemäß ihren Nulldurchgängen der Reihe nach angeordnet. Hierbei spricht man auch von einer *natürlichen* Reihenfolge der Basisfunktionen. Diese Ordnung entspricht der der DCT, wodurch die entsprechenden Walsh-Koeffizienten einen direkten Bezug zur Frequenzordnung haben [Bea84]. Die Basisfunktionen bzw. die Transformationsmatrix für die WHT kann sehr einfach anhand der Hadamard-Matrix bestimmt werden. Diese ist in Abhängigkeit der Skalierung 2^j gegeben durch

$$\mathbf{H}_{j+1} := \mathbf{H}_j \otimes \mathbf{H}_2 , \quad \text{mit der Matrix} \quad \mathbf{H}_2 = \begin{bmatrix} 1 & 1 \\ 1 & -1 \end{bmatrix} , \tag{4.13}$$

wobei $\otimes$ das Kronecker-Produkt[1] ist und $j > 1 \subset \mathbb{N}$ gilt. Diese Matrix enthält

---

1   vgl. [Bro00]

Walsh-Funktionen, jedoch ist deren Reihenfolge nicht nach steigender Frequenz geordnet. Daher bedarf es noch einer Umordnung der Zeilen durch eine Permutationsmatrix $\mathbf{P}$ [Bea84]. Die Transformation eines Bildes $G_s(m, n)$, welches hier in Form einer Matrix $\mathbf{G} \subset \mathbb{G}^{M \times M}$ verwendet wird, ergibt sich dann gemäß

$$\mathbf{W} := \frac{1}{M}\mathbf{H}_j\mathbf{P}^\mathsf{T}\mathbf{GPH}_j \, , \tag{4.14}$$

mit $j = \mathrm{ld}(M)$, wobei ld dem Logarithmus zur Basis 2 entspricht.

Wie oben schon angesprochen, entspricht die Ordnung der Koeffizienten analog zur DCT der Frequenzordnung der Basisfunktionen. Daher bildet sich das Merkmal

$$\mathbf{m}^{\mathsf{WHT}} := \left[\mathbf{W}_{0,1}, \mathbf{W}_{1,0}, \mathbf{W}_{1,1}, \ldots, \mathbf{W}_{\sqrt{d+1}, \sqrt{d+1}} \right]^\mathsf{T} \, , \tag{4.15}$$

aus den Koeffizienten der WHT, wobei die tiefgestellten Indizes die jeweiligen Komponenten der Matrix $\mathbf{W}$ indizieren. Weiterhin sei angemerkt, dass auch hier die erste Komponente unberücksichtigt bleibt. Der Grund dafür ist der gleiche wie bei der Berechnung von $\mathbf{m}^{\mathsf{DCT}}$. Zudem wird auch hier vorausgesetzt, dass $\sqrt{d+1}$ einer ganzen Zahl entspricht.

Der Grund für die genauere Untersuchung dieses Merkmals liegt darin, dass die WHT gemäß der Literatur [Ahm74, Raj89, Gon08] ähnlich leistungsfähig ist wie die DCT. Weiterhin hat die WHT gegenüber der DCT den Vorteil, dass nur *Integer*-Operationen zur Berechnung benötigt werden.

Haar-Wavelet-Transformation

Die Haar-Wavelet-Transformation (HWT) bezeichnet, so wie sie hier angewendet wird, die zweidimensionale diskrete Wavelet-Transformation, die die einfachste Form eines Wavelets, nämlich das Haar-Wavelet, verwendet. Dieses Wavelet bietet den Vorteil, dass die Transformation als Multiraten-

Filterbank dargestellt werden kann, was zu einer schnellen Berechnung der Wavelet-Koeffizienten führt [Kie08]. Diese Vorgehensweise wurde in [Mal89] vorgestellt und ist in der Bildverarbeitung weit verbreitet [Gon08]. Durch diese Darstellung wird die Wavelet-Transformation auf Filterbänke mit Tief- und Hochpassverhalten[1] mit anschließendem Downsampling [Gon08] zurückgeführt. Die Tiefpass- und Hochpassfilter, bzw. deren Impulsantworten, werden entsprechend dem Haar-Wavelet gewählt und im Folgenden mit h_{TP} und h_{HP} bezeichnet. Die Berechnung der Wavelet-Koeffizienten erfolgt anhand der Gleichungen

$$W_\chi(j,u,v) := h_{\text{TP}}(-u) * \left[h_{\text{TP}}(-v) * W_\xi(j+1,u,v)\big|_{v=2k} \right]\big|_{u=2l}, \quad (4.16)$$

$$W_\psi^{\text{H}}(j,u,v) := h_{\text{HP}}(-u) * \left[h_{\text{TP}}(-v) * W_\zeta(j+1,u,v)\big|_{v=2k} \right]\big|_{u=2l}, \quad (4.17)$$

$$W_\psi^{\text{V}}(j,u,v) := h_{\text{TP}}(-u) * \left[h_{\text{HP}}(-v) * W_\xi(j+1,u,v)\big|_{v=2k} \right]\big|_{u=2l}, \quad (4.18)$$

$$W_\psi^{\text{D}}(j,u,v) := h_{\text{HP}}(-u) * \left[h_{\text{HP}}(-v) * W_\xi(j+1,u,v)\big|_{v=2k} \right]\big|_{u=2l}, \quad (4.19)$$

wobei für $j < 0$ und $k, l \in \mathbb{N}$ gilt. Für ξ kann entweder χ oder ψ eingesetzt werden, was andeutet, welcher Koeffizient zur weiteren Filterung j verwendet wurde. Das Symbol $*$ deutet eine Faltung[2] an, welche hier einer Filterung mit anschließendem Downsampling um den Faktor 2 entspricht, da gilt, dass die Indizes $n = 2u$ mit $u \in \mathbb{N}$ gerade und nicht negativ sind [Gon03, Gon08]. Mit 2^j gibt j den Grad der Skalierung der Koeffizienten an, was letztendlich der Tiefe der Filterbank entspricht. Die Indizes H, V und D stehen dabei für das Filterergebnis, welches horizontale, vertikale und diagonale Details enthält[3]. Als Eingabe für die Filterbank wird in erster Instanz das Bild einer Zeichenregion gewählt, d. h. es gilt $W_\xi(0,u,v) := G_{\text{s}}(u+1,v+1)$.

---

1 vgl. Digitale Tief- und Hochpassfilter [Kam06, Gon08]
2 vgl. [Bro00, Jäh05]
3 Anm.: Ein anschauliches Beispiel findet man in [Gon08].

Das Merkmal entspricht nicht der typischen Wavelet-Transformation, sondern wird hier in etwas abgeänderter Form angewendet. Das Merkmal

$$\mathbf{m}^{\mathsf{HWT}} := \begin{bmatrix} \mathbf{w}_{\chi\chi} \\ \mathbf{w}_{\psi\chi}^{\mathsf{H}} \\ \mathbf{w}_{\psi\chi}^{\mathsf{V}} \end{bmatrix}, \tag{4.20}$$

besteht aus den Vektoren $\mathbf{w}_\chi(j)$, $\mathbf{w}_\psi^{\mathsf{H}}(j)$ und $\mathbf{w}_\psi^{\mathsf{V}}(j)$, die eine vektorielle Repräsentation der Wavelet-Koeffizienten sind. Dabei deutet der tiefgestellte Index an, in welcher Reihenfolge die Filterbank angewendet wurde. In Kombination mit dem hochgestellten Index wird auch ersichtlich, welche Details in Abhängigkeit von der Richtung durch die Filterung hervorgehoben wurden. Somit enthält bspw. $\mathbf{w}_{\psi\chi}^{\mathsf{H}}$ die Koeffizienten nach der Filterung des Bildes $G_{\mathsf{s}}(m,n)$ durch Glg. (4.17) und anschließender Filterung dieses Ergebnisses durch Glg. (4.16). Analoges gilt für die verbleibenden Vektoren in Glg. (4.20). Im Gegensatz zur typischen Wavelet-Transformation trägt nicht nur der tiefpassgefilterte Anteil des Bildes $G_{\mathsf{s}}(m,n)$ seinen Teil zum Merkmalsvektor bei, sondern auch die horizontale und vertikale Filterung, die die Kanten in entsprechende Richtung hervorheben. Es sei angemerkt, dass mit Glg. (4.20) die Dimension des Merkmalsvektors $d = {}^{3}/_{4} \cdot MN$ von der Dimension des Eingabebildes abhängig ist. Der Faktor 3 steht für die drei Vektoren, die in Glg. (4.20) in den Merkmalsvektor mit aufgenommen wurden, und die 4 im Nenner steht für das zweimalige Downsampling um den Faktor 2.

Die HWT wird für die Bewertung mit aufgenommen, da sie sich insbesondere bei der Datenkompression als vorteilhaft erwiesen [Gon08] hat. Allerdings weicht die verwendete WHT etwas von der üblicherweise verwendeten ab, da es sich in verschiedenen Versuchen gezeigt hat, dass dieses Verfahren bei der hier betrachteten Zeichenerkennung zu besseren Ergebnissen führt.

Zernike-Momente

Die Zernike-Momente, genauer gesagt werden hier die pseudo Zernike-Momente (ZM) betrachtet, werden durch eine lineare Transformation berechnet, deren Basisfunktionen die Zernike-Polynome sind [Bha54, Teh88]. Diese bilden ein orthogonales System auf der Einheitskreisscheibe und sind in kartesischen Koordinaten definiert durch

$$V_{u,v}(\mu,v) := R_{u,v}(\mu,v) \, e^{ju\arctan\left(\frac{v}{\mu}\right)} \,, \tag{4.21}$$

mit

$$\mu := \frac{2(m'-1)}{M'-1} - 1 \,, \quad m' = 1,\ldots,M' \tag{4.22}$$

und

$$v := \frac{2(n'-1)}{N'-1} - 1 \,, \quad n' = 1,\ldots,N' \tag{4.23}$$

wobei zusätzlich $\mu^2 + v^2 \leq 1$ gilt, welche die Bildkoordinaten m' und n' in den Einheitskreis skalieren und zudem den Mittelpunkt des Bildes in dessen Mitte verschieben.

Da die ZM auf dem Einheitskreis definiert sind, wird das Bild $G_s(m,n)$ so erweitert, dass das Bild einen Kreis ergibt. Dafür wurden die entsprechenden Stellen mit einem Grauwert des Hintergrunds aufgefüllt. Die Dimension des neuen Bildes $G'_s(m',n')$ ergibt sich zu

$$M' := N' := \left\lceil \sqrt{M^2 + N^2} \right\rceil . \tag{4.24}$$

Weiterhin gilt, dass $j^2 = -1$, $u, v \geq 0$, $u \leq v$ und

$$R_{u,v}(\mu,v) := \sum_{s=0}^{v-|u|} \frac{(-1)^s (2v+1-s)!}{s!(v+|u|+1-s)!(v-|u|-s)!} \left(\mu^2+v^2\right)^{\frac{v-s}{2}} . \tag{4.25}$$

Damit ergeben sich die pseudo Zernike-Momente für ein Bild $G'_s(m', n')$ zu

$$A_{u,v} := \frac{v+1}{\pi} \sum_{m'=1}^{M'} \sum_{\substack{n'=1 \\ \mu^2+v^2\leq 1}}^{N'} G'_s(m', n') \left[V_{u,v}(\mu, v) \right]^* , \qquad (4.26)$$

wobei der hochgestellte $*$ für die komplexe Konjugation der Zernike-Polynome steht. Bei genauerer Betrachtung kann man feststellen, dass die ZM in der eulerschen Darstellung in Betrag und Phase zerlegt werden können. Die Phase entspricht dabei dem Rotationswinkel eines Bildes [Bha54]. Aus diesem Grund werden hier nur die Beträge der ZM in den Merkmalsvektor mit aufgenommen, da dieser damit invariant gegenüber einer Rotation des Bildes $G'_s(m', n')$ um den Ursprung d. h. den Bildmittelpunkt wird [Bha54]. Der Merkmalsvektor sei im Folgenden definiert durch

$$\mathbf{m}^{\mathrm{ZM}} := \left[\left| A_{0,0} \right|, \left| A_{0,1} \right|, \left| A_{1,1} \right|, \ldots, \left| A_{u_{\max}, v_{\max}} \right| \right]^{\mathsf{T}} , \qquad (4.27)$$

wobei $u_{\max}$ gemäß $d = (u+1)(u+2)$ von d abhängig ist und für $v_{\max} = u_{\max}$ gilt.

Wie bereits in Abschnitt 2.4 deutlich wurde, finden die Zernike-Momente in vielen Anwendungen Verwendung. Insbesondere werden in dieser Arbeit die pseudo Zernike-Momente genauer betrachtet, da diese gemäß [Teh88] im Vergleich zu anderen, auf Momenten basierenden Merkmalen, sehr robust gegenüber Rauschen sind. Zur schnellen Berechnung der Zernike-Momente werden in [Cho03] verschiedene Untersuchungen durchgeführt.

4.1.2 Nicht lineare Merkmalsberechnung

Die bisher betrachteten Merkmale basieren alle auf linearen Transformationen. Abgesehen von diesen sollen aber auch nicht lineare Verfahren zur Merkmalsberechnung genauer betrachtet werden. Dabei liegt der Schwerpunkt auf Merkmalen, die sich anhand von Gradientenbildung bestimmen lassen und auf einem weiteren Verfahren, welches auf einem unüberwachten Lernverfahren [1] basiert.

Gradientenmerkmale

Die hier als Gradientenmerkmale bezeichneten Merkmale findet man in der Literatur als *Histogram of Oriented Gradients (HOG)* und gehen auf die Arbeit von Dalal und Triggs [Dal05] zurück. Dabei werden Histogramme der Gradientenbeträge entsprechend ihrer quantisierten[2] Richtungen gebildet. Dazu erfolgt zunächst eine Filterung von $G_s(m, n)$ mittels der Sobel[3]-Filter in horizontaler wie auch vertikaler Richtung. Aus den Filterergebnissen lassen sich der Betrag $B(m, n)$ und die Phase $\Phi(m, n)$ bestimmen. Da anhand der Phase die Histogrammbildung erfolgt, wird diese in $\Phi_q^{(1)}$ bis $\Phi_q^{(Q)}$ und damit in Q Stufen quantisiert. Bei der Histogrammbildung werden allerdings zwei Fälle unterschieden, die im Folgenden genauer erläutert werden sollen.

1. Hier erfolgt die Quantisierung gemäß der Vorschrift

$$\mathcal{Q}(m, n) := \underset{q \in \{1,\dots,Q\}}{\arg\min} \left(\Phi_q^{(q)} - \Phi(m, n) \right), \quad \forall m, n, \tag{4.28}$$

bei der die Phase jeweils der Quantisierungstufe q, die am nächsten liegt, zugeordnet wird. Die Histogrammbildung erfolgt in Abhängigkeit von q durch

$$H^{(Q)}(q) := \frac{\sum\limits_{q=\mathcal{Q}(m,n)} B(m, n)}{\sum\limits_{m,n} B(m, n)}, \quad \forall m, n, \tag{4.29}$$

---

1 vgl. überwachte und unüberwachte Klassifizierung [Jäh05]
2 vgl. Quantisierung [Jäh05]
3 vgl. Sobel-Kantendetektoren [Jäh05]

wobei das hochgestellte Q die Art der Histogrammbildung, nämlich anhand der quantisierten Richtungen, angibt.

2. Bei diesem Ansatz erfolgt eine Zerlegung der Phase gemäß den beiden nächstgelegenen Quantisierungsstufen [Liu03]. Somit erhält man die Quantisierungsstufen

$$Q_1(m,n) := \underset{q \in \{1,\ldots,Q\}}{\arg\min} \left(\Phi_{\mathsf{q}}^{(q)} - \Phi(m,n) \right), \quad \forall m,n \tag{4.30}$$

und

$$Q_2(m,n) := \underset{q \in \{1,\ldots,Q\}\backslash Q_1(m,n)}{\arg\min} \left(\Phi_{\mathsf{q}}^{(q)} - \Phi(m,n) \right), \quad \forall m,n. \tag{4.31}$$

Damit kann dann eine Zerlegung des Betrags in zwei Komponenten gemäß der Vorschrift

$$B_1(m,n) := \frac{B(m,n) \cdot \sin\left(\Phi(m,n) - \Phi_{\mathsf{q}}^{(Q_2(m,n))} \right)}{\sin\left(\Phi_{\mathsf{q}}^{(Q_1(m,n))} - \Phi_{\mathsf{q}}^{(Q_2(m,n))} \right)}, \quad \forall m,n \tag{4.32}$$

und

$$B_2(m,n) := \frac{B(m,n) \cdot \sin\left(\Phi(m,n) - \Phi_{\mathsf{q}}^{(Q_1(m,n))} \right)}{\sin\left(\Phi_{\mathsf{q}}^{(Q_1(m,n))} - \Phi_{\mathsf{q}}^{(Q_2(m,n))} \right)}, \quad \forall m,n \tag{4.33}$$

erfolgen. Diese hat den Vorteil, dass anders als bei einer einfachen Quantisierung der Phase, die tatsächlichen Betragsanteile bei der Histogrammbildung berücksichtigt werden, ohne dass ein Fehler durch die Quantisierung entsteht. Damit ergibt sich das Histogramm aus

$$H^{(Z)}(q) := \frac{\sum\limits_{q=Q_1(m,n)} B_1(m,n) + \sum\limits_{q=Q_2(m,n)} B_2(m,n)}{\sum\limits_{m,n} B(m,n)}, \quad \forall m,n,$$

(4.34)

wobei hier das hochgestellte Z für die Zerlegung steht und damit wiederum die Art der Histogrammbildung angibt.

Somit ist klar, wie die Histogramme gebildet werden. Allerdings haben diese den Nachteil, dass die Information über die räumliche Verteilung[1] der Gradienten verloren geht. Um dem entgegenzuwirken, wird das Bild $G_s(m,n)$ in R gleichgroße Teilbilder zerlegt, auf denen die Histogrammbildung erfolgt. Somit ergibt sich für die Berechnung gemäß Glg. (4.29) das Gradientenmerkmal durch einfache Quantisierung (GMQ)

$$\mathbf{m}^{GMQ} := \left[H_1^{(Q)}(1), \dots, H_1^{(Q)}(Q), \dots, H_R^{(Q)}(1), \dots, H_R^{(Q)}(Q) \right]^{\mathsf{T}},$$

(4.35)

bestehend aus den Histogrammen der einzelnen Teilbilder, die durch den tiefgestellten Index angedeutet sind. Analoges gilt für das zweite Gradientenmerkmal (GMD), wobei hier nach der Quantisierung die Gradienten entsprechend der nächstgelegenen quantisierten Phasen zerlegt werden. Damit ergibt sich der Merkmalsvektor

$$\mathbf{m}^{GMZ} := \left[H_1^{(Z)}(1), \dots, H_1^{(Z)}(Q), \dots, H_R^{(Z)}(1), \dots, H_R^{(Z)}(Q) \right]^{\mathsf{T}}.$$

(4.36)

Die Dimension $d = QR$ der Gradientenmerkmale ist damit von der Anzahl an Quantisierungsstufen und der Anzahl an Teilbilder, in die $G_s(m,n)$ zerlegt wird, abhängig.

---

1 vgl. Statistik erster Ordnung [Jäh05]

Für die in dieser Arbeit betrachteten Untersuchungen wurden die Gradientenmerkmale ausgewählt, da diese insbesondere in der Gesichtserkennung bereits sehr erfolgreich Anwendung finden [Dal05, Shu11]. Weiterhin haben sich diese Merkmale in der Handschriftenerkennung als sehr geeignet erwiesen [Liu03].

k-Means-Merkmal

Das Merkmal basiert auf einer Cluster- oder Ballungsanalyse, welche mit k-Means-Clusterung [Bis06] durchgeführt wird. Dabei wird versucht, die vorliegenden Stichproben in k Cluster einzuteilen, wobei der Abstand[1] zwischen den Stichproben innerhalb des selben Clusters möglichst klein und gegenüber den Stichproben in den anderen Clustern möglichst groß sein muss. Zur Vereinfachung der Schreibweise wird dieses Merkmal im Folgenden mit k-Means-Merkmal (kM) abgekürzt. Das Merkmal wurde in der hier beschriebenen Weise in [Coa11] eingeführt. Die Autoren haben gezeigt, dass sich dieses Verfahren hervorragend zum Auffinden von Merkmalen in Bildern eignet. Daher folgende Überlegung: Wenn sich diese Merkmale sehr gut eignen, um Objekte in Bildern wiederzufinden, dann sollten sie sich doch auch hervorragend zur Klassifikation an sich eignen. Daher wurde diese Art der Merkmalsberechnung mit aufgenommen und untersucht, ob diese sich tatsächlich zur Klassifikation von Zeichen eignet und welche Ergebnisse damit erzielt werden können.

Die Berechnungsvorschrift ist eine nicht lineare Abbildung, die folgendermaßen bestimmt wird. Zunächst erfolgt eine k-Means-Clusterung der Stichproben. Dabei muss k vorgegeben werden und entspricht der Dimension des Merkmalsraums. Zur Berechnung des Merkmals sind die durch die Clusterung bestimmten Zentren $\mathbf{z}_k$ der einzelnen Cluster von Bedeutung. Damit wird zunächst der euklidische Abstand $d_k := \left\| \mathbf{g} - \mathbf{z}_k \right\|$ zwischen den Zentren

---

1   vgl. Metrik [Dud01]

und der Stichprobe **g** bestimmt. Das k-te Element des Merkmalsvektors $\mathbf{m}^{kM}$ ergibt sich gemäß

$$\mathbf{m}^{kM}_{(k)}(\mathbf{g}) := \max\{0, \mu_z - d_k\} \, , \tag{4.37}$$

wobei μ_z den Mittelwert über alle d_k beschreibt. Damit wird das Merkmal zu Null, wenn der Mittelwert über alle Abstände kleiner ist als d_k selbst.

4.1.3 Invariante Merkmale

Bei vielen Klassifikationsaufgaben ist es von Vorteil, wenn die Merkmale gegenüber affinen Transformationen[1] invariant sind. Deshalb wurden auch im Rahmen dieser Arbeit einige invariante Merkmale genauer untersucht. Darunter waren die Fourier-Wavelet-Transformation [Che99] auf Polarkoordinaten, die Zernike-Momente und die orthogonalen Fourier-Mellin-Momente [She94, Kan02].

Es hat sich gezeigt, dass aufgrund der verwendeten Segmentierung die Lage und Ausrichtung der Zeichen für die folgende Merkmalsberechnung und Klassifikation hinreichend gut bekannt ist. Diese Tatsache macht den Bedarf an invarianten Merkmalen bezüglich Translation und Rotation überflüssig. Die einzige affine Transformation, die somit interessant ist, ist die Skalierung. Allerdings wurde bei den vorher genannten invarianten Merkmalen die Skalierungsinvarianz in den meisten Fällen durch eine Darstellung der Bilder in Polarkoordinaten[2] erreicht, deren Radius auf den Wert Eins normiert wurde. Dadurch kommt erschwerend hinzu, dass die Zeichenregionen, die in der Regel als Rechteck vorliegen, auf einen Kreis abgebildet werden müssen. Zudem verhält sich eine Abbildung in den Einheitskreis analog zu einer Skalierung der Bilder im kartesischen Koordinatensystem. Somit ist auch

---

1 vgl. Affine Abbildungen [Jäh05]
2 vgl. Koordinatentransformation [Bro00]

dadurch die Verwendung invarianter Merkmale nicht notwendigerweise gerechtfertigt, da der Skalierungsschritt auch in Kombination mit allen anderen betrachteten Merkmalen angewendet werden kann. Aus diesem Grund wird auf allgemeinere Betrachtungen von invarianten Merkmalen verzichtet und bei den Vergleichen in Abschnitt 5.2 nur die ZM berücksichtigt.

4.2 Grundlagen der Klassifikation

Im folgenden Abschnitt werden vier Klassifikatoren näher betrachtet, die in Abschnitt 5.2 für die Bewertung in Kombination mit den in Abschnitt 4.1 diskutierten Merkmalen verwendet werden sollen. Vereinfacht gesagt werden Objekte in Äquivalenzklassen[1] eingeteilt. Aus den Objekten wird durch Beobachtung ein Muster gewonnen, aus denen Merkmale extrahiert werden. Der Klassifikator entspricht einer Partition des Merkmalsraums in Entscheidungsgebiete, wobei jedes Entscheidungsgebiet einer Klasse zugeordnet ist. Im Fall der Zeichenerkennung entspricht diese Zuordnung gerade dem Zeichen selbst. Um eine zuverlässige Klassifikation zu ermöglichen, d. h. um den Merkmalsraum in verschiedene Entscheidungsgebiete einzuteilen, ist es notwendig die betrachteten Klassifikatoren anhand einer Lernstichprobe $\mathfrak{L}$ an das gegebene Problem anzupassen. Da dieser Lernvorgang überwacht[2] abläuft, muss auch die Klassenzugehörigkeit $\kappa_i \in \mathcal{C}$ der Stichproben $\mathbf{m}_i \in \mathbb{M}^d$ $i = 1, \ldots, Z$ bekannt sein. Die Kardinalität[3] von $\mathcal{C}$ entspricht dabei gerade der Anzahl N_K der Klassen, d. h. der Anzahl an verschiedenen Zeichen. Damit gilt allgemein für die Entscheidung eines Klassifikators, dass diese als $\kappa(\mathbf{m})$ in Abhängigkeit eines Merkmals dargestellt werden kann. Im Folgenden wird die Art des Klassifikators im tiefgestellten Index angezeigt. Wichtig ist weiterhin, dass es sich bei der Zuordnung durch den Klassifikator nicht zwangsläufig

1   vgl. [Bro00]
2   vgl. überwachte und unüberwachte Klassifizierung [Jäh05]
3   vgl. Mächtigkeit einer Menge [Bro00]

um die richtige Zuordnung handeln muss, da durchaus Fehler bei der Bestimmung der Entscheidungsgebiete, d. h. beim Lernen des Klassifikators, auftreten können [Dud01, Has09]. Um dem entgegenzuwirken, muss darauf geachtet werden, dass die Anzahl der Lernstichproben ausreichend groß ist und diese zudem die Vielseitigkeit der einzelnen Klassen repräsentieren. Da diese Bedingungen in aller Regel nicht ausreichend erfüllt werden können, ist es angebracht, bei der Klassifikation von einer Schätzung zu sprechen, was durch ein *Dach* in $\hat{\kappa}(\mathbf{m})$ angedeutet wird.

Eine weitere wichtige Eigenschaft eines Klassifikators ist die Generalisierungsfähigkeit [Dud01, Has09]. Diese trifft eine Aussage darüber, wie gut die Erkennungsleistung eines Klassifikators auf vorher *ungesehenen* Stichproben ist. Im Gegensatz dazu kann es vorkommen, dass ein Klassifikator auf der Lernstichprobe keinen oder nur wenige Fehler macht, jedoch auf ungesehenen Stichproben schlechte Ergebnisse liefert. In diesem Fall spricht man von Überanpassung [Dud01, Has09] des Klassifikators an die Lernstichprobe.

In den folgenden Abschnitten werden die Grundlagen der verwendeten Klassifikatoren genauer betrachtet. Dazu werden zunächst die Entscheidungsbäume in Abschnitt 4.2.1 eingeführt, auf denen Boosting in Abschnitt 4.2.2 und die Random Forests in Abschnitt 4.2.3 aufbauen. In Abschnitt 4.2.4 werden die Künstlichen Neuronalen Netze und in Abschnitt 4.2.5 die Support-Vektor-Maschinen vorgestellt.

4.2.1 Entscheidungsbaum

Ein Entscheidungsbaum ist ein schleifenfreier Graph mit Knoten, die durch gerichtete Kanten verbunden sind. Von der Wurzel[1] aus, werden in jedem Knoten Entscheidungen getroffen, durch die der jeweilige Folgeknoten bestimmt wird. Die endgültige Entscheidung wird schließlich in den Blättern[2]

---

1 Der Knoten in einem Baum, bei dem die Entscheidung beginnt.
2 Die Knoten in einem Baum, auf die kein weiterer Knoten mehr folgt.

der Entscheidungsbäume getroffen, d. h. dort erfolgt die Zuordnung zu einer
Klasse. Jeder beliebige Entscheidungsbaum lässt sich durch einen Entscheidungsbaum darstellen, bei dem pro Knoten nur eine Entscheidung getroffen
wird [Mit97, Has09]. Diese Entscheidungen werden als einfache *Wenn-Dann*-
Regeln umgesetzt, was einen Entscheidungsbaum für den Menschen sehr
gut interpretierbar macht. In der Praxis sind diese Regeln meist durch einen
Schwellwert realisiert, bei dessen Über- oder Unterschreitung der entsprechende Folgeknoten festgelegt wird. Aus diesem Grund ist der Entscheidungsbaum allerdings eher für diskrete Probleme geeignet, was dazu führt, dass die
Entscheidungsbäume im Vergleich zu anderen Klassifikatoren auf reellwer-
tigen Daten eher schlechte Ergebnisse zeigen [Bis06]. Der Lernvorgang der
Entscheidungsbäume erfolgt durch eine *gierige* Suche[1] von der Wurzel bis zu
den Blättern, weshalb auch keine optimale Lösung bezüglich der Entscheidungen garantiert werden kann [Mur98]. Einer der am weitesten verbreiteten
Algorithmen ist CART[2] [Bre84, Bis06, Has09], der auch im Rahmen von später
vorgestellten Klassifikatoren verwendet wird.

Entscheidungsbäume sind sehr anfällig gegen Überanpassung, da diese in
direktem Zusammenhang mit der Tiefe eines Entscheidungsbaums steht.
Um dem entgegenzuwirken, wurden verschiedenste Methoden vorgeschlagen [Mit97]. Weiterhin weisen die Entscheidungen von Entscheidungsbäumen auch eine sehr große Varianz auf, da eine kleine Änderung eines Merkmals einen erheblichen Einfluss auf die Klassifikation haben kann. Zwei weit
verbreitete Methoden, um die genannten Nachteile zu minimieren, werden
in den folgenden Abschnitten noch etwas genauer betrachtet. Beide basieren
auf der Idee, mehrere Entscheidungsbäume zu kombinieren, um dadurch
einen Klassifikator mit einer hohen Generalisierungsfähigkeit zu erhalten.

Weiterhin ist es möglich, für jeden Knoten nicht nur eine Entscheidung mit
einem Schwellwert zu treffen, sondern einen anderen Klassifikator zu ver-

---

1   vgl. Greedy-Algorithmen [Cor10]
2   engl. Classification and Regression Trees

wenden, dessen Entscheidung den Folgeknoten festlegt. Wie sich das in der Praxis umsetzen lässt und welche Vorteile dies bringt, wird detailliert in Abschnitt 4.3 beschrieben.

4.2.2 Boosting

Bei Klassifikation mittels Boosting (BK) handelt es sich um einen Klassifikator, der durch Kombination von vielen *schwachen* Klassifikatoren zu einem sehr leistungsfähigen wird. Dabei müssen die *schwachen* Klassifikatoren nur etwas besser sein als eine zufällige Auswahl der Klasse. Für Boosting werden in der Regel Entscheidungsstümpfe[1] verwendet, die einem Entscheidungsbaum mit nur einem Knoten entsprechen. Allgemein gilt für Boosting, dass sich die Entscheidung aus den gewichteten Entscheidungen der einzelnen *schwachen* Klassifikatoren zusammensetzt. Somit ist

$$\hat{\kappa}^B(\mathbf{m}) := \text{sign}\left\{ \sum_{i=1}^{\Psi} \beta_i \hat{\kappa}_i^S(\mathbf{m}) \right\} , \qquad (4.38)$$

wobei hier als *schwacher* Klassifikator direkt ein Entscheidungsstumpf $\hat{\kappa}_i^S(\mathbf{m})$ angenommen wurde. Die Gewichte β_i werden während des Trainings der Lernstichprobe $\mathfrak{L}$ angepasst. Der dafür am weitesten verbreitete Ansatz kommt von Freund und Schapire [Fre97], der AdaBoost[2] genannt wird. Die Funktion sign ist die Signumfunktion[3], die als Werte »+1« oder »-1« annehmen kann. Daraus wird deutlich, dass Boosting in dieser Form nur einen binären Klassifikator darstellt, der für die Klassifikation von Schriftzeichen nicht ausreichend ist, da in der Regel mehr als zwei Klassen vorkommen. Ein häufig verwendeter Mehrklassenansatz ist der von Schapire und Singer [Sch99], der AdaBoost.MH genannt wird. Dieser bricht das Mehrklassenproblem in N_K

---

1 engl. Decision Stump, vgl. [Has09]
2 engl. Adaptive Boosting
3 vgl. Vorzeichenfunktion [Bro00]

Zweiklassenprobleme herunter, indem jede Klasse gegen den Rest[1] ausgewertet wird.

Als einzig freier Parameter bleibt Ψ, durch den die Anzahl der in der gewichteten Summe betrachteten Klassifikatoren bestimmt ist. Gemäß [Has09] ist BK einer der leistungsfähigsten Klassifikatoren überhaupt. Daher wird das Verfahren für den Vergleich in Abschnitt 5.2 mit aufgenommen.

4.2.3 Random Forests

Ähnlich wie bei Boosting bestehen auch die Random Forests (RF) aus mehreren Klassifikatoren. Allerdings werden hier keine schwachen Klassifikatoren über unterschiedliche Gewichte hintereinander geschaltet, sondern parallel, deren Entscheidungen nach dem Mehrheitsprinzip die Entscheidung des RF ergeben. Die Idee der RF geht auf Breiman [Bre01] zurück, der damit eine modifizierte Art von Bagging[2] vorstellte. Jedoch sind die RF leistungsfähiger als Bagging und liefern in vielen Fällen ähnlich gute Ergebnisse wie Boosting. Weiterhin wurde in [Bre01] gezeigt, dass Überanpassung nicht auftritt. Als Basisklassifikator[3] werden bei den RF, wie auch der Name schon andeutet, Entscheidungsbäume verwendet, die in ihrer Gesamtheit einen *Wald* bilden. Durch das Verfahren wird die Varianz der Entscheidungen minimiert, die bei Entscheidungsbäumen sehr groß sein kann [Has09]. Die Zufälligkeit der *Wälder* entsteht im Training. Dazu wird der Lernstichprobe zufällig eine Teilmenge an Stichproben entnommen, die die Grundlage für das Training eines Entscheidungsbaumes bilden. Ausgehend von dieser Stichprobe werden für den Aufbau des Entscheidungsbaums nicht alle Merkmale verwendet, sondern es erfolgt eine zufällige Entnahme von N_m Merkmalen, die sich von Knoten zu Knoten im Entscheidungsbaum ändert. Diese Vorgehensweise

---

1 Anm.: Diese Klasse enthält alle anderen Klassen.
2 engl. von Bootstrap Aggregation [Bre96, Dud01, Bis06, Has09]
3 Die Art der Klassifikatoren, die parallel geschaltet werden.

wird wiederholt, bis alle N_{baum} Entscheidungsbäume gelernt wurden. Damit hat ein RF genau zwei freie Parameter, was einen deutlichen Vorteil gegenüber anderen Klassifikatoren, wie z. B. den Künstlichen Neuronalen Netzen, darstellt. Ein weiterer Vorteil von RF ist, dass nach dem Training eine Aussage über die Wichtigkeit der Merkmale getroffen werden kann [Bis06]. Daher werden die RF auch häufig für die Merkmalsauswahl[1] verwendet.

Einen Vergleich der Leistungsfähigkeit von RF in Bezug auf andere Methoden, die Entscheidungsbäume kombinieren, findet man in [Ban07]. Darin hat sich gezeigt, dass die RF zu sehr guten Klassifikationsergebnissen führen. In [Has09] wird bestätigt, dass RF ähnlich leistungsfähig sind wie BK.

4.2.4 Künstliche Neuronale Netze

Die Künstlichen Neuronalen Netze (KNN) gelten als universelle Approximatoren, welche im Verhalten und Aufbau dem Gehirn nachempfunden sind. Die Idee geht auf McCulloch und Pitts [McC43] zurück, die als erste das Verhalten von Neuronalen Netzen mathematisch formulierten. Gemäß [Dud01] ist es mit einem KNN mit mindestens einer versteckten Schicht möglich, beliebige Entscheidungsgebietsgrenzen[2] mit jeder gewünschten Genauigkeit zu approximieren, unabhängig von der Dimension des Merkmalsraums und dessen Komplexität. Allerdings gilt die Voraussetzung, dass die Anzahl η der Neuronen in dieser Schicht ausreichend groß gewählt sein muss. Das hat wiederum eine direkte Auswirkung[3] auf die Anzahl an Lernstichproben, die ebenfalls entsprechend groß sein muss.

Im Folgenden wird das mehrschichtige Perzeptron[4] mit einer versteckten Schicht genauer betrachtet und später in Abschnitt 5.2 für die Bewertung

---

1 vgl. z. B. [Sae07]
2 Anm.: Die Grenzen zwischen den unterschiedlichen Entscheidungsgebieten.
3 vgl. Fluch der Dimensionalität in Abschnitt 4.1
4 engl. Multilayer Perceptron oder Multilayer Neural Networks vgl. [Mit97, Dud01]

verwendet. Ein KNN mit η Neuronen in der versteckten Schicht und N_K Neuronen in der Ausgabeschicht kann durch

$$f_j(\mathbf{m}) := \varphi \left(\tilde{\mathbf{w}}_j^\mathsf{T} \begin{pmatrix} \varphi\left(\mathbf{w}_1^\mathsf{T}\mathbf{m} + b_1\right) \\ \vdots \\ \varphi\left(\mathbf{w}_\eta^\mathsf{T}\mathbf{m} + b_\eta\right) \end{pmatrix} + \tilde{b}_j \right) , \quad j = 1, \ldots, N_K \qquad (4.39)$$

dargestellt werden. In Glg. (4.39) sind $\tilde{\mathbf{w}}$ und $\mathbf{w}$ die Gewichte der Verbindungen zwischen den einzelnen Neuronen und $\tilde{b}$ und b die entsprechenden Bias-Werte. Durch die Wahl dieser Parameter kann das KNN während des Lernens an die gegebene Klassifikationsaufgabe angepasst werden. Ein weiterer freier Parameter ist die Aktivierungsfunktion, die hier folgendermaßen gewählt wurde

$$\varphi(y) := \frac{2}{(1 + \mathrm{e}^{-2y})} - 1 . \qquad (4.40)$$

Damit hat die Funktion einen s-förmigen Verlauf, weswegen sie auch häufig Sigmoidfunktion genannt wird. Durch die Nichtlinearität von $\varphi(\cdot)$ wird das KNN soweit verallgemeinert, dass damit auch nicht lineare Funktionen approximiert werden können [Has09]. Die endgültige Entscheidung des KNN wird durch

$$\hat{\kappa}^{\mathrm{KNN}}(\mathbf{m}) := \arg\max_j \{f_j(\mathbf{m})\} , \quad j = 1, \ldots, N_K \qquad (4.41)$$

getroffen.

Das Training, d. h. das Bestimmen der Gewichte in $\tilde{\mathbf{w}}$ und $\mathbf{w}$, erfolgt mit dem *Resilient Propagation* Algorithmus [Rie93], der den Autoren nach schneller konvergiert als andere Algorithmen und zudem robuster ist bezüglich der Werte, mit denen das Netz initialisiert wurde. Allerdings ist auch damit nicht gewährleistet, dass das globale Optimum gefunden wird.

Die KNN haben zwei wesentliche Vorteile, die in einem Zusammenhang
stehen. Zum einen sind sie sehr schnell auszuwerten [Raj89], d. h. die Klassifikation ist sehr schnell. Dies kommt vor allem daher, dass nicht die Lernstichprobe im Netz gespeichert wird, sondern die Gewichte im Netz der Lernstichprobe angepasst werden. Dabei kann die Anzahl der Gewichte unabhängig
von der Größe der Lernstichprobe gewählt werden. Dies führt auch zu einem
Nachteil der KNN, da die Anzahl der Neuronen in der versteckten Schicht
ein freier Parameter ist, der geeignet zu wählen ist. Insbesondere wenn die
Anzahl der Neuronen zu groß gewählt wird, besteht die Gefahr, dass die
KNN sehr schnell zur Überanpassung neigen. Obwohl bei KNN vermeintlich
die Nachteile überwiegen, führen sie in der Regel zu sehr guten Ergebnissen. Dies dürfte durch die häufige Verwendung der KNN, vgl. Abschnitt 2.5,
bestätigt werden.

4.2.5 Support-Vektor-Maschine

Die Support-Vektor-Maschine (SVM)[1] gilt als einer der leistungsfähigsten binären Klassifikatoren mit einer sehr guten Generalisierungsfähigkeit [Cri00].
Die Idee der SVM geht auf Vapnik [Vap00] zurück, der mit seiner Lerntheorie
den Grundstein für die SVM legte. Ziel ist es, anhand der Lernstichprobe eine
Entscheidungsgrenze zu finden, die mit maximalem Abstand[2] zwei Klassen
voneinander trennt. Voraussetzung dafür ist allerdings, dass beide Klassen
durch eine lineare Entscheidungsgrenze trennbar sind. Ist das nicht der Fall,
kann eine Abbildung in einen hochdimensionalen Raum Abhilfe schaffen
unter der Annahme, dass dort die beiden Klassen linear trennbar sind [Cri00].
Dies erfolgt implizit durch den sogenannten Kernel-Trick[3]. Reicht dieser
nicht aus, kann man die geforderte Bedingung, dass alle Stichproben linear

---

1   engl. Support Vector Machine, direkte Übersetzung: Stützvektormaschine
2   engl. Maximal Margin; der Abstand der Entscheidungsgrenze zu beiden Klassen wird
    maximiert
3   vgl. [Vap00, Cri00]

getrennt werden müssen, etwas abschwächen. Dies wird durch die Einführung von Schlupfvariablen erreicht, die über einen freien Parameter C mehr oder weniger Ausreißer[1] erlauben.

Die Entscheidungsgebietsgrenzen werden von den Support-Vektoren gestützt, die durch die Lernstichproben bestimmt sind, die den geringsten Abstand[2] zur Entscheidungsgrenze aufweisen.

Formal wird die SVM beschrieben durch

$$\hat{\kappa}^{\text{SVM}}(\mathbf{m}) := \text{sign}\left\{ \sum_{i \in Z} \alpha_i \bar{c}_i K(\mathbf{m},\mathbf{m}_i) + b \right\}, \tag{4.42}$$

mit der in dieser Arbeit verwendeten Kernfunktion

$$K(\mathbf{m},\mathbf{m}_i) := \exp\left\{ -\gamma \left(\mathbf{m} - \mathbf{m}_i\right)^{\top} \left(\mathbf{m} - \mathbf{m}_i\right) \right\}, \quad \gamma > 0. \tag{4.43}$$

Diese stellt eine Radiale Basisfunktion (RBF)[3] dar, deren Exponent vom quadratischen euklidischen Abstand von zwei Vektoren und dem Parameter γ abhängt. Die Wahl fiel auf diese Kernfunktion, da damit nicht lineare Abhängigkeiten zwischen den beiden Klassen berücksichtigt werden und sich die RBF in verschiedenen Versuchen für diese Aufgabe als die beste Wahl erwiesen hat [Pla00, Hsu02]. Die Koeffizienten α_i werden im Lernvorgang bestimmt und sind nur für Support-Vektoren von Null verschieden. Damit muss für die Klassifikation letztendlich nicht über alle Z Stichproben summiert werden, sondern nur über den Teil, der die Stützvektoren stellt. Da die SVM wie in Glg. (4.42) einen binären Klassifikator darstellt, gilt für $\bar{c}_i \in \{-1, 1\}$. Die Verallgemeinerung der SVM zur Klassifikation von mehr als zwei Klassen basiert ähnlich wie bei BK auf der geschickten Kombination mehrerer. Am meisten verbreitet sind zwei Vorgehensweisen. Man verfolgt zum einen den

---

1 Im engl. mit Soft Margin SVM bezeichnet, vgl. [Vap00, Cri00].
2 Anm.: Ausgenommen sind hier mögliche Ausreißer.
3 engl. Radial Basis Function

Ansatz, dass jede Klasse gegen jede (*jeder gegen jeden*) andere Klasse ausgewertet wird, wobei die endgültige Entscheidung gemäß einer Abstimmung über alle Entscheidungen[1] fällt. Ein anderer Ansatz ist der, dass jede Klasse gegen den Rest (*einer gegen alle*), der jetzt eine Klasse bildet, ausgewertet wird. Ein Vergleich der sonst noch verwendeten Mehrklassenansätze bei SVM findet man in [Hsu02]. Darin wurde auch gezeigt, dass *jeder gegen jeden* in vielen Fällen zu besseren Ergebnissen führt, was der Grund für dessen Verwendung in dieser Arbeit ist.

4.3 Kombination von Neuronalen Netzen und Support-Vektor-Maschinen in einem Entscheidungsbaum

In diesem Abschnitt der Arbeit wird die Kombination von mehreren Klassifikatoren untersucht. Dazu werden KNN und SVM in einem Entscheidungsbaum kombiniert. Im Folgenden soll dieser Klassifikator der Einfachheit halber mit Entscheidungsbaumklassifikator (EBK) bezeichnet werden.

Durch die Kombination soll im Wesentlichen die gute Generalisierungsfähigkeit der SVM mit der Schnelligkeit der KNN kombiniert werden, sodass ein schnellerer Klassifikator entsteht der ähnlich leistungsfähig ist wie die SVM. Die Baumstruktur bietet noch einen weiteren Vorteil: Je nach Anwendung ist im Voraus bekannt, ob z. B. nur Großbuchstaben oder nur Zahlen in den Bildern auftreten. Wenn das der Fall ist, dann kann durch Überspringen der entsprechenden Knoten im Baum ein weiterer Geschwindigkeitsvorteil erzielt werden. Dies macht die Klassifikation nicht nur schneller, sondern auch zuverlässiger. Das ist dadurch begründet, dass die Möglichkeit für eventuelle Fehlentscheidungen verringert wird, da nicht benötigte Klassen überhaupt nicht betrachtet werden.

---

1 Anm.: Im englischen oft mit Voting bezeichnet.

Die im nächsten Abschnitt beschriebene Struktur des Entscheidungsbaumes und deren Untersuchung basiert auf der Arbeit [Gra10e]. Die Evaluation und die Bewertung des Vorgehens erfolgt dann in Abschnitt 5.2.5.

4.3.1 Aufbau des Entscheidungsbaumes

Für den Aufbau des Entscheidungsbaumes wird von hundert Klassen ausgegangen, die nahezu alle Zeichen einer deutschen Tastatur enthalten. Grund dafür ist, dass es zunächst bezüglich der Klassen keine Einschränkungen geben soll, um je nach Anwendung entsprechend den Bedürfnissen eingerichtet zu sein. Die Diskussion der Stichproben für den Lernvorgang soll an dieser Stelle nicht weiter ausgeführt werden, da diese in Abschnitt 5.2.1 erfolgt.

Die Struktur des Entscheidungsbaumes, der das gesamte Klassifikationsproblem in mehrere Teilprobleme zerlegt, ist in Abb. 4.1 dargestellt. Darin steht jeder Knoten für einen Klassifikator. So wird in der Wurzel des Entscheidungsbaumes eine SVM, im Folgenden mit $\hat{\kappa}^{SVM1}$ bezeichnet, verwendet, um die Klasse der Buchstaben von den restlichen Zeichen zu trennen. Die Klasse der Buchstaben wird dann mittels $\hat{\kappa}^{SVM2}$ weiter unterteilt in die Klassen der Groß- und Kleinbuchstaben. Mit $\hat{\kappa}^{SVM3}$ erfolgt die Trennung in die Klasse der Zahlen und Rechenzeichen und die Klasse der sonstigen Zeichen. Damit enthalten die ersten drei Knoten einen binären Klassifikator, analog zu dem Vorgehen beim Aufbau eines Entscheidungsbaumes. Anders sieht es bei den Blättern des Baumes aus, da dort in jedem Knoten ein KNN angeordnet ist, welches zwischen mehreren Klassen unterscheiden kann. So unterscheidet $\hat{\kappa}^{KNN1}$ zwischen den Großbuchstaben, also 26 weiteren Klassen. Analoges gilt für $\hat{\kappa}^{KNN2}$, welches für die Klassifikation der Kleinbuchstaben sorgt. Das Netz $\hat{\kappa}^{KNN3}$ wird dafür eingesetzt, die Zahlen und Rechenzeichen, insgesamt 20 Klassen, zu klassifizieren. Die noch verbleibenden 28 Klassen enthalten sonstige Zeichen, die eher selten in den Anwendungen vorkommen und von $\hat{\kappa}^{KNN4}$ klassifiziert werden.

Es sei angemerkt, dass nicht sichergestellt ist, dass die Aufteilung der Klassen in den einzelnen Knoten optimal ist, d. h. für eine bestmögliche Trennung aller Klassen sorgt. Dazu wäre es vermutlich auch besser, wenn die Klassenanzahlen der KNN in den Blättern alle gleich wären. Allerdings ist diese Aufteilung sehr stark auf die Anwendungen zugeschnitten. Mit ihr erhält man einen Klassifikator, mit dem es ohne Weiteres möglich ist auf Vorwissen der Art zu reagieren, dass nur eine bestimmte Teilmenge der Klassen benötigt wird. Auf den ersten Blick mag es so aussehen, als ob durch die Zerlegung der Klassifikation in mehrere Teilklassifikationen ein Mehraufwand in Bezug auf das Training der Klassifikatoren entsteht. Allerdings ist zu berücksichtigen, dass, wenn man entsprechend der Anwendungsanforderung jeweils einen einzelnen Klassifikator für jedes Teilproblem zur Verfügung haben will, man erstens genau so viele Klassifikatoren benötigt und zweitens deren Trainingsaufwand[1] in aller Regel deutlich größer ist.

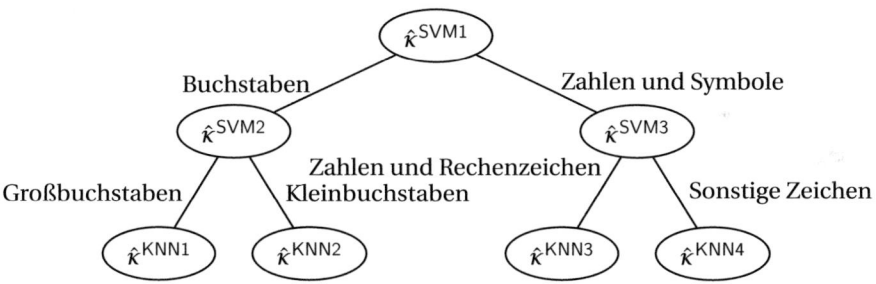

Abbildung 4.1: Aufbau des EBK der KNN und SVM kombiniert.

---

1 Anm.: Gerade in Bezug auf die SVM, da dort bei Mehrklassenansätzen der Aufwand deutlich steigt.

4.4 Trellis-Klassifikator

In diesem Abschnitt wird ein neuer Klassifikator eingeführt, der im Wesentlichen auf der Idee der Maximum-Likelihood-Detektion [Kro04, Kam11] von linear verzerrten Empfangssignalen in Nachrichtensystemen basiert. Dafür werden Trellis[1]-Diagramme eingesetzt. In ähnlicher Weise werden diese auch in der Spracherkennung angewandt, um aus einzelnen Phonemen[2] die wahrscheinlichsten Abfolgen zu erkennen und damit auf gesprochene Worte zu schließen [Rab89, Jel97, Sch06]. Weitere Ähnlichkeiten gibt es auch in einigen Bereichen der OCR, dort werden aus Buchstabensequenzen die wahrscheinlichsten Worte bestimmt [Bun00]. Die Anwendung von Trellis-Diagrammen wird hier auf die Klassifikation von einzelnen Schriftzeichen übertragen. Dazu wird im folgenden Abschnitt zunächst das Signalmodell und die grundlegende Idee vorgestellt. Der Lernvorgang und die Klassifikation werden ausführlich in Abschnitt 4.4.2 und Abschnitt 4.4.3 diskutiert. Weiterhin erfolgt noch eine theoretische Betrachtung des Rechenaufwands in Abschnitt 4.4.4.

4.4.1 Signalmodell und konzeptioneller Entwurf

Da es sich bei der Signaldetektion in der Nachrichtentechnik in aller Regel um eindimensionale Signale handelt, wird hier ein Bild, ähnlich wie bei der Merkmalsberechnung, als Schriftzeichenvektor $\mathbf{g} \in \mathbb{G}^D$ aufgefasst. Dessen Elemente können damit als Werte eines abgetasteten Zeitsignals interpretiert werden. Genau genommen ist diese Auffassung der Zeichenbilder nicht ganz richtig, da bei der Auswertung, wie später noch klarer wird, nicht alle Nachbarschaftsbeziehungen der Pixel berücksichtigt werden. Allerdings ist es

---

1   vgl. [Kam11]; Anm.: Das Wort kommt aus dem englischen und bedeutet Flechtwerk, Netz
     oder Gitter.
2   Anm.: Kleinste unterscheidbare Laute einer Sprache [Sch06].

eine Frage des Rechenaufwands, der in Abschnitt 4.4.4 noch genauer betrachtet werden soll. Dort soll verdeutlicht werden, dass eine zweidimensionale Betrachtung der Klassifikationsaufgabe den Rechenaufwand sehr stark anwachsen lassen würde. Unter dieser Annahme wird von dem Signalmodell

$$\mathbf{g} = \mathbf{s}_j + \mathbf{n} \tag{4.44}$$

ausgegangen. Dies bedeutet, dass sich der Schriftzeichenvektor aus einem optimalen Vektor $\mathbf{s}_j$ und additivem Rauschen zusammensetzt. Geht man bei dem Rauschen davon aus, dass sich dieses durch die Bildaufnahme ergibt und somit durch die Aufnahmeelektronik bestimmt ist, trifft annähernd die Annahme zu, dass es sich um weißes Rauschen handelt[1], dessen Signalamplitude einer Normalverteilung[2] unterliegt. Unter Berücksichtigung der weiteren Bedingung, dass $\mathbf{s}_j$ und das überlagerte Rauschen voneinander statistisch unabhängig sind, gilt gemäß [Kro04], dass die Maximum-Likelihood-Schätzung den Abstand

$$\Lambda_{\text{min}} = \min_j \left((\mathbf{g} - \mathbf{s}_j)^\mathsf{T} (\mathbf{g} - \mathbf{s}_j) \right), \tag{4.45}$$

minimiert. Damit ergibt sich ein kombinatorisches Optimierungsproblem, bei dem die Sequenz $\mathbf{s}_j$ permutiert werden muss. Aus der Literatur ist bekannt, dass sich diese Problemstellung sehr effizient mittels dynamischer Programmierung lösen lässt [Kam11]. Bei der praktischen Umsetzung greift man dabei auf Trellis-Diagramme zurück. Ein Trellis-Diagramm ist ein gerichteter mehrstufiger Graph, dessen Stufen eine ähnliche Knotenstruktur aufweisen. Dabei werden die Knoten in den Stufen häufig als Zustände bezeichnet. Die Zustände repräsentieren die Merkmale, wobei im Fall der Klassifikation von Zeichen in Bildern zunächst davon ausgegangen wird, dass diese den Grauwerten der Pixel entsprechen sollen. Ein Beispiel für ein Trellis-Diagramm findet man in Abb. 4.2.

---

1   vgl. Rauschmodell für Bildsensoren [Jäh05]
2   vgl. [Bro00]

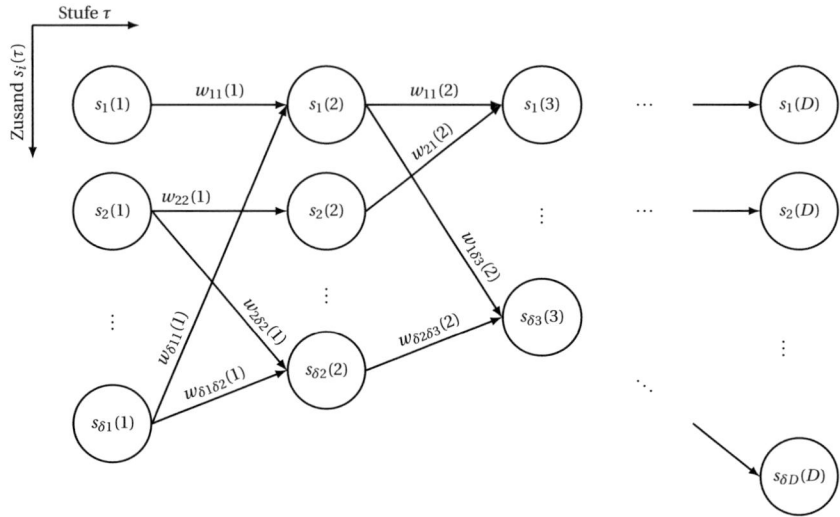

Abbildung 4.2: Beispiel eines Trellis-Diagramms, welches ein Modell einer Klasse darstellt.

Es sei an dieser Stelle angemerkt, dass dieser Klassifikator nicht auf die Klassifikation von Zeichen beschränkt ist, sondern er kann i. Allg. für jegliche Klassifikationsaufgabe verwendet werden, vorausgesetzt, dass der Wertebereich der verwendeten Merkmale endlich ist, damit die Anzahl an Zuständen in einem vernünftigen Rahmen bleibt. Die Länge des Trellis entspricht somit der Dimension D des Schriftzeichenvektors. Zur Klassifikation wird für jede Klasse anhand einer Lernstichprobe ein Modell gebildet, anhand dessen die mögliche Permutation von $\mathbf{s}_j$ bestimmt wird. Für die Klassifikation wird anhand des Modells, d. h. des Trellis-Diagramms, für jede Klasse der kürzeste Pfad durch das Diagramm bestimmt, wobei die Entscheidung für die Klasse fällt, die über allen Modellen den kürzesten Pfad aufweist. Daher kommt auch der Name Trellis-Klassifikator (TK).

Der Grundstein für den TK wurde in [Gra09] gelegt. Die Idee wurde weiter ausgearbeitet und ihre Ergebnisse sind in [Gra10d] zu finden. Im Folgenden wird detailliert auf den Ablauf des Lernvorgangs eingegangen, worauf eine ausführliche Diskussion der Klassifikation mit dem TK erfolgt. Weiterhin soll in Abschnitt 4.4.4 auch noch eine theoretische Abschätzung des Rechenaufwands erfolgen.

4.4.2 Lernvorgang

Der Aufbau eines Modells einer Klasse wird hier beispielhaft für eine Klasse mit Z Stichproben durchgeführt. Daher werden der Einfachheit halber auf Indizes, die auf die Klassen verweisen, verzichtet. Wie schon gesagt, besteht das Trellis-Diagramm aus Zuständen $s_j(\tau)$ und Zustandsübergängen $e_{ij}(\tau)$ von $s_i(\tau-1)$ nach $s_j(\tau)$ denen jeweils die Gewichte $w_{ij}(\tau)$ zugeordnet sind. Dabei indiziert $\tau = 1,\ldots,D$ die Stufe des Trellis-Diagramms, was vereinfacht gesagt dem entsprechenden Element in $\mathbf{g}$ entspricht. Die Lernstichproben werden in einer Zustandsmatrix

$$\mathbf{S} := [\mathbf{g}_1, \mathbf{g}_2, \ldots, \mathbf{g}_Z]^\mathsf{T} = \begin{bmatrix} s_1(1) & \ldots & s_1(D) \\ \vdots & \ddots & \vdots \\ s_Z(1) & \ldots & s_Z(D) \end{bmatrix} \tag{4.46}$$

zusammengefasst. Somit ist es möglich, dass pro Stufe des Trellis-Diagramms, die gerade einer Spalte der Matrix $\mathbf{S}$ entspricht, mehrfach die gleichen Grauwerte, d. h. Zustände, auftreten können. Zunächst existieren nur Übergangsmöglichkeiten innerhalb der gleichen Zeile der Matrix, d. h. es sind nur Kanten $e_{ii}(\tau)$ vorhanden. Durch das Zusammenfassen von mehrfach vorkommenden Zuständen dürfen keine durch die Lernstichprobe gegebenen Zustandsübergänge verloren gehen. Daher müssen entsprechend neue Kanten $e_{ij}(\tau)$ eingefügt werden. Somit sind Übergänge innerhalb der Matrix von Spalte zu Spalte möglich, wobei sich die Zeile ändern kann. Dabei gelten die

Gewichte

$$w_{ij}(\tau) := \begin{cases} 1, & \left|e_{ij}(\tau)\right| > 0 \\ \infty, & \text{sonst} \end{cases}, \tag{4.47}$$

wobei $\left|e_{ij}(\tau)\right|$ die Anzahl der Zustandsübergänge bezeichnet und für $i, j = 1, \ldots, Z$ gilt. Dadurch wird erreicht, dass nicht vorhandene Zustandsübergänge, d. h. nicht vorhandene Kanten, ein unendliches Gewicht haben. Weiterhin existiert nur eine Kante für ein- oder mehrfach vorkommende Übergänge, die zusammengefasst werden. Dadurch werden insbesondere redundante Mehrfachberechnungen bei der Klassifikation vermieden, vgl. Abschnitt 4.4.3. Bei genauerer Betrachtung stellt man fest, dass nicht mehr zu allen Zuständen bzw. Elementen in **S** eine Verbindung besteht und diese somit überflüssig geworden sind. Um Speicherplatz zu sparen, bietet es sich daher an, die Matrix **S** umzuordnen und überflüssige Zustände zu entfernen. In aller Regel sind dies pro Spalte weniger als Z Elemente. Zudem hängen sie von der Spalte der Matrix **S**, bzw. von der Stufe im Trellis, ab. Daher wird für die Anzahl der Zustände in jeder Stufe die Größe δ_τ eingeführt.

Durch die Einfachheit des Modells des TK ist es ohne Weiteres möglich den Modellen neue Stichproben hinzuzufügen. Dabei müssen nur bisher nicht vorhandene Zustände oder Kanten in die Modelle mit aufgenommen werden. In ähnlicher Weise verhält es sich mit der Hinzunahme einer neuen Klasse: Dafür muss der gesamte TK lediglich um ein neues Modell erweitert werden. Für die Klassifikation müssen die Modelle ausgewertet werden, was im nächsten Abschnitt genauer betrachtet wird.

4.4.3 Klassifikation

Zur Klassifikation müssen die anhand einer Stichprobe gelernten Modelle ausgewertet werden. Dazu wird, wie auch in der Signalverarbeitung, der

Viterbi-Algorithmus[1] verwendet, der nach dem Prinzip der dynamischen Programmierung[2] arbeitet. Dadurch kann der Rechenaufwand bei der Auswertung deutlich reduziert werden, mehr dazu in Abschnitt 4.4.4.

Anders als in Kommunikationssystemen steht hier nicht die Rekonstruktion bzw. Detektion des Empfangssignals im Vordergrund, sondern die Klassifikation der Bildinhalte. Daher werden ausschließlich die minimalen Kosten durch das Trellis-Diagramm benötigt, d. h. eine Rückverfolgung des kürzesten Pfades zur Rekonstruktion des Sendesignals ist nicht notwendig. Zur Auswertung der Trellis-Diagramme, wie eines in Abb. 4.2 beispielhaft angegeben ist, wird rekursiv durch den Trellis durchgegangen und die einzelnen Zustände mit den entsprechenden Grauwerte des zu klassifizierenden Musters verglichen. Dazu wird der quadratische Euklidische-Abstand[3] gemäß

$$\lambda_j(\tau) = \left(\mathbf{g}_{(\tau)} - s_j(\tau)\right)^2 , \quad \tau = 1, \ldots, D \tag{4.48}$$

verwendet, der häufig als inkrementelle Pfadkosten bezeichnet wird. Genauer gesagt erfolgt der Vergleich des Elements τ des Eingabevektors $\mathbf{g}$ mit allen Zuständen in der Stufe τ des Trellis-Diagramms. Dieser Abstand wird im Folgenden als Kosten aufgefasst, aus dem sich am Ende die Gesamtkosten zusammensetzen. Für $\tau = 0$ gilt für die Kosten

$$\Lambda_j(0) = \lambda_j(0) , \tag{4.49}$$

da es hier noch keine Übergänge von einer vorherigen Stufe gibt. Ist $\tau > 0$, berechnen sich die Kosten an der Stelle τ aus dem aktuellen Abstand und den Summenpfadkosten an der Stelle $\tau - 1$. Dies lässt sich formal ausdrücken als

$$\Lambda_j(\tau) = \min_i \left\{ \Lambda_i(\tau - 1) + w_{ij}(\tau)\lambda_j(\tau) \right\} , \tag{4.50}$$

---

1   Dieser Algorithmus geht auf A. Viterbi [Vit67] zurück.
2   vgl. [Ber05]
3   vgl. [Bro00]

mit $\tau = 1, \ldots, D$. Die Rekursion endet, wenn das letzte Element, bzw. das letzte Pixel, von **g** erreicht wird. Ist das Ende erreicht, erfolgt die Bestimmung des kürzesten Pfads aller Pfade durch das Trellis-Diagramm mit

$$\Lambda_{\min}(D) = \min_{j} \Lambda_j(D) \; . \tag{4.51}$$

Damit wäre der kürzeste Pfad für ein Modell, bzw. für eine Klasse bestimmt. Allgemein gilt, dass die hier beschriebene Vorgehensweise N_K-mal durchgeführt werden muss, um eine Klassifikation durchführen zu können. Dazu ist dann über alle Modelle der insgesamt kürzeste Pfad gemäß

$$\hat{\kappa} = \arg\min_{\kappa} \Lambda_{\min}^{(\kappa)}(D) \tag{4.52}$$

zu bestimmen. Dabei gibt der hochgestellte Index κ die Klasse, d. h. das Modell der Klasse, an. Der gesamte TK ist schematisch in Abb. 4.3 dargestellt.

4.4.4 Abschätzung des Rechenaufwands für die Klassifikation

Durch die Verwendung des Viterbi-Algorithmus kann der Rechenaufwand deutlich reduziert werden, da nicht alle möglichen Kombinationen zur Berechnung der minimalen Kosten durch das Trellis-Diagramm betrachtet werden müssen. Dies ist vor allem dem Optimalitätsprinzip von Bellman[1] geschuldet, wodurch das gegebene Optimierungsproblem durch Berechnung von mehreren Teillösungen gelöst werden kann. Der Aufwand für den gesamten Klassifikator

$$\mathcal{O}(N_K \sum_{\tau=2}^{D} \delta_{\tau-1} \delta_\tau) \tag{4.53}$$

---

1   engl. Principle of Optimality, vgl. [Ber05]

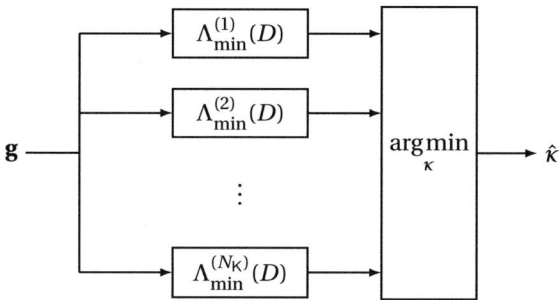

Abbildung 4.3: Blockschaltbild eines TK für N_K.

ist somit abhängig von der Anzahl der Modelle, die der Anzahl der Klassen N_K entsprechen und der Anzahl der Zustände δ_τ für die jeweilige Stufe des Trellis-Diagramms. Geht man davon aus, dass im schlechtesten Fall in jeder Stufe δ_worst Zustände vorhanden sind und jeder Zustand eine Verbindung zu jedem Folgezustand hat, dann ergibt sich die Abschätzung für den schlechtesten Fall der Laufzeit zu

$$\mathcal{O}(N_\text{K} D \delta_\text{worst}^2)\,. \tag{4.54}$$

Um den Rechenaufwand noch weiter zu reduzieren, wäre es möglich, die Auswertung der Modelle abzubrechen, sobald die Kosten eines schon ausgewerteten Modells überschritten werden.

Damit ist der Rechenaufwand für den eindimensionalen Fall, d. h. wenn die Zeichenregionen als Vektoren aufgefasst werden, bestimmt. Im zweidimensionalen Fall ist der Aufwand deutlich größer, da nicht mehr nach einem kürzesten Pfad durch ein Trellis-Diagramm gesucht wird, da selbiges um eine Dimension erweitert werden muss. Dabei entspricht die Lösung des Optimierungsproblems den minimalen Kosten einer Ebene. Dieses Problem kann nicht mit dynamischer Programmierung gelöst werden, da sich damit nur Pfade und keine Ebenen bestimmen lassen. Eine Möglichkeit zur Lösung dieses Optimierungsproblems bietet der Algorithmus von Boykov und Kolmogorov [Boy04] in Abschnitt 3.5.6. Vergleicht man den Rechenaufwand aus Glg. (4.54) mit dem in Abschnitt 3.5.6, wird klar, dass mit der Betrachtung der Zeichenregionen als Vektoren der Aufwand drastisch reduziert werden kann.

4.5 Zusammenfassung

In diesem Kapitel wurden die Grundlagen für die Merkmalsberechnung und die Klassifikation gelegt. Es wurden Merkmale wie auch Klassifikatoren eingeführt, die in Abschnitt 5.2 bezüglich ihrer Robustheit gegenüber mit Rauschen überlagerten Zeichen gegeneinander verglichen und bewertet werden sollen.

Weiterhin wurde ein Klassifikator vorgestellt, der die Vorteile der SVM und KNN kombiniert. Dabei erfolgt die Anordnung in einem Entscheidungsbaum, um nach Möglichkeit gegebene Randbedingungen der Anwendung auszunutzen. Wie sich diese Kombination im EBK auswirkt, soll in Abschnitt 5.2.5 genauer betrachtet und bewertet werden.

Zum Abschluss dieses Kapitels wurde der Trellis-Klassifikator vorgestellt, welcher einen neuen Ansatz zur Klassifikation bietet. Dieser lehnt sich sehr stark an die Signaldetektion in Nachrichtensystemen an. Im Fall, dass die geforderten Bedingungen erfüllt sind, führt er zu einer Maximum-Likelihood-Detektion der Zeichenregion, wobei für die Klassifikation an sich nur die Pfadkosten der Detektion von Interesse sind.

5

Experimente und Bewertung der Verfahren

Um die Leistungsfähigkeit der vorgestellten Verfahren zu bewerten, wurden etliche Versuche durchgeführt. Diese werden in diesem Kapitel genauer betrachtet. Dabei erfolgt sowohl eine Bewertung der einzelnen Komponenten des Systems, als auch eines Gesamtsystems auf einer Bildfolge. Dazu werden in Abschnitt 5.1 die vorgestellten Segmentierungsverfahren mit anderen verglichen und bewertet. In Abschnitt 5.2 folgen die Experimente zur Beurteilung der Leistungsfähigkeit verschiedener Kombinationen aus Merkmalen und Klassifikatoren, insbesondere unter dem Einfluss von Rauschen. Dies dient hauptsächlich zur Auswahl von Merkmalen und Klassifikatoren für die weiteren Versuche. Dies führt zu einer Kombination der zwei aussichtsreichsten Klassifikatoren in einer Baumstruktur, die in Abschnitt 5.2.5 genauer untersucht und bewertet wird. In Abschnitt 5.3 erfolgt die Beurteilung des vorgestellten Trellis-Klassifikators. Nach der Bewertung der einzelnen Komponenten erfolgt in Abschnitt 5.4 die Betrachtung eines möglichen Gesamtsystems gemäß dem Blockschaltbild in Abb. 1.1 auf einer Bildfolge, das vor allem bezüglich der Erkennungsleistung und der Echtzeitfähigkeit bewertet werden soll. Zudem wird der Einfluss der Segmentierung unter Berücksichtigung von Vorwissen untersucht. Das Kapitel wird mit einer Zusammenfassung in Abschnitt 5.5 abgeschlossen.

5.1 Experimente zur Bewertung der Segmentierungsverfahren

In diesem Abschnitt werden die in Kap. 3 vorgestellten Segmentierungsverfahren bewertet. Dazu werden in Abschnitt 5.1.1 die verwendeten Datensätze kurz beschrieben. In Abschnitt 5.1.2 folgen die Ergebnisse der Zeilensegmentierung. Anschließend folgt in Abschnitt 5.1.3 der Vergleich verschiedener Verfahren zur Zeichensegmentierung. Zum Schluss erfolgt eine Laufzeitbetrachtung der Verfahren in Abschnitt 5.1.4 und eine Bewertung dieser in Abschnitt 5.1.5.

5.1.1 Verwendete Datensätze zur Bewertung der Segmentierung

Für die Bewertung der vorgestellten Segmentierungsverfahren und den Vergleich mit anderen wurden mit einer Smart-Kamera 126 Bilder von Medikamentenverpackungen aufgenommen. Die Verpackungen bestehen aus Karton, allerdings mit unterschiedlichen Oberflächen. Einige davon sind glänzend und andere matt, wobei alle mit einem Tintenstrahldrucker bedruckt sind. Weiterhin variieren die Schriftarten, die Anzahl der Zeilen und die Größe der Zeichen von Verpackung zu Verpackung. Bei den Aufnahmen wurde zudem darauf geachtet, dass die Zeilenausrichtung stets etwas von der Horizontalen abweicht, um eine zuverlässige Aussage über die Schätzung dieser zu ermöglichen.

Weiterhin wurden fünf Testbilder dafür verwendet die benötigte Laufzeit der Segmentierungsverfahren zu bewerten. Die in den Testbildern enthaltenen Textregionen sind in unterschiedlichen Winkeln um die Horizontale gedreht. Darin enthalten sind vier Zeilen mit insgesamt 42 Zeichen. Genauere Angaben zu diesen Bildern findet man in Tab. 5.1.

5.1.2 Ergebnisse der Zeilensegmentierung

Die Zeilensegmentierung und die Schätzung der Zeilenausrichtung erfolgt ausschließlich mit dem Verfahren wie in Abschnitt 3.3 beschrieben. Dazu wurde $\theta_{min} = -12°$ und $\theta_{max} = 12°$ gewählt, wobei der Bereich in jeweils 1°-Schritten durchsucht wurde. Weiterhin wurde zusätzlich angenommen, dass der minimale Zeilenabstand ein Pixel und die minimale Zeilenhöhe zehn Pixel beträgt. Die Anzahl der K_t kleinsten Grauwerte, über die summiert werden soll, ist dabei als freier Parameter anzusehen, der in den Versuchen variiert wurde. Die Ergebnisse der Versuche sind in Abb. 5.1 zu finden, wobei das Segmentierungsergebnis auf 458 bezogen ist, da dieser Wert der Gesamtanzahl an Zeilen in allen Bildern entspricht. Man sieht, dass das Segmentierungsergebnis je nach Wahl des Parameters K_t sehr stark variiert. Allerdings bleibt das Ergebnis für $K_t = \lceil 0,1 \cdot N \rceil$ bis $K_t = \lceil 0,4 \cdot N \rceil$ annähernd konstant, woraus folgt, dass K_t in diesem Intervall liegen sollte. Das beste

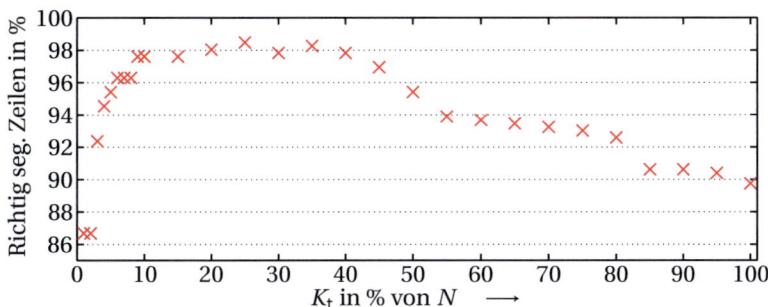

Abbildung 5.1: Ergebnisse der richtig segmentierten Zeilen in Abhängigkeit des Parameters K_t, der festlegt, über wie viele Grauwerte summiert wird.

Ergebnis mit 451 richtig segmentierten Zeilen wurde für $K_t = \lceil 0{,}25 \cdot N \rceil$ erzielt. Bei den falsch segmentierten Zeilen handelte es sich einmal um drei und zweimal um zwei zusammengewachsene Zeilen.

Das Problem bei diesen Zeilen ist, dass die Zeichen nicht exakt auf einer Geraden angeordnet sind und diese zudem sehr nahe beieinander liegen. Ein Beispiel ist in Abb. 5.2 zu finden. Dort ist zusätzlich noch eine Gerade eingezeichnet die eine horizontale Projektion andeutet, was verdeutlicht, dass eine Segmentierung damit nur schwer möglich ist.

Als Problem für die starke Abhängigkeit von K_t hat sich herausgestellt, dass die Winkelschätzung für zu kleine bzw. zu große Werte von K_t an Genauigkeit verliert. Dies schlägt sich dann auch auf die Zeilensegmentierung nieder, welche unter diesen Umständen nicht mehr zuverlässig durchgeführt werden kann, insbesondere dann, wenn der Rand um die Zeilenregionen im Vergleich zu den Zeilenregionen selbst sehr groß ist. Obwohl selbst bei $K_t = \lceil 0{,}25 \cdot N \rceil$ nicht alle Zeilen korrekt segmentiert wurden, ist zu erwähnen, dass die Winkelschätzung der Zeilenausrichtung zuverlässig funktioniert hat und immer eine angemessene Lösung für den Winkel gefunden wurde. Abgeleitet aus den Ergebnissen und den gewonnenen Erfahrungen empfiehlt es sich, den Parameter K_t zwischen $\lceil 0{,}1 \cdot N \rceil$ und $\lceil 0{,}3 \cdot N \rceil$ zu wählen, was sich auch in weiteren Versuchen bestätigt hat. Damit deckt sich dieses Ergebnis auch sehr gut mit dem Ergebnis aus Abschnitt 3.3.2, in dem der Parameter K_t anhand einer Gütefunktion bestimmt wurde. Dies bestätigt, dass das vorgeschlagene Schätzverfahren für K_t ein zuverlässiges Ergebnis liefert. Deshalb die Empfeh-

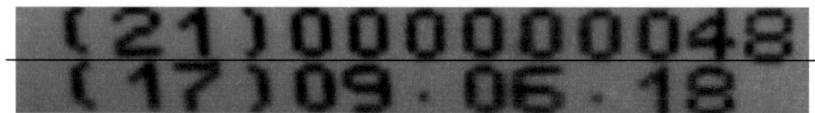

Abbildung 5.2: Beispiel zweier zusammengewachsener Zeilen. Zusätzlich wurde eine Gerade eingezeichnet, um zu verdeutlichen, dass die Segmentierung hier mit einer horizontalen Projektion nur schwer möglich ist.

lung, das in Abschnitt 3.3.2 beschriebene Verfahren zu verwenden, wenn alle Voraussetzungen dafür erfüllt sind. Damit kann sichergestellt werden, dass das Segmentierungsergebnis bezüglich K_t optimal ist. Aus diesem Grund sind die hier angegebenen Werte für K_t hervorragend als Richtwerte für eine zuverlässige Zeilensegmentierung geeignet oder dienen als Ausgangswerte für das in Abschnitt 3.3.2 vorgestellte Verfahren zur Schätzung des Parameters K_t. Jedoch sieht man deutlich, dass es sich empfiehlt, die Anzahl an zu summierenden kleinsten Grauwerten entsprechend der Anwendung geeignet zu wählen, da damit das Segmentierungsergebnis deutlich verbessert werden kann.

5.1.3 Ergebnisse der Zeichensegmentierung

Für die hier angegebenen Experimente wurde das beste Ergebnis der Zeilensegmentierung aus Abschnitt 5.1.2 verwendet. Somit standen 451 Zeilenregionen zur Verfügung, die insgesamt 5 506 Zeichen enthalten. Die zusammengewachsenen Zeilen wurden aus dem Datensatz entfernt, da auf diesen keine korrekte Segmentierung der Zeichen möglich ist. Der Ablauf der Experimente soll im Folgenden für die in der Arbeit vorgestellten Verfahren etwas genauer beschrieben werden. Die Darstellung der Ergebnisse erfolgt in Prozent und bezieht sich immer auf die Gesamtzahl der Zeichen im Datensatz.

Projektionsprofile

Für die Experimente mit dem hier vorgestellten Verfahren, das auf Projektionsprofilen basiert, wurde der Parameter K_z, der die Anzahl der zu summierenden kleinsten Grauwerte bestimmt, variiert. Dadurch soll eine mögliche Aussage über den Einfluss dieses Parameters auf die Zeichensegmentierung getroffen werden.

Der Bereich in dem die Schätzung des Neigungswinkels erfolgt, wurde auf $\phi_{min} = -10°$ und $\phi_{max} = 10°$ festgelegt und in $2°$-Schritte diskretisiert. Zudem wurde angenommen, dass die minimale Zeichenbreite drei Pixel beträgt und das Verhältnis von Breite zu Höhe eines Zeichens nicht größer als $\rho = 1{,}1$ ist. Falls dieses Verhältnis überschritten wird, wird das Zeichen zurückgewiesen, da angenommen wird, dass es sich dann um mindestens zwei Zeichen handelt. Auf die zurückgewiesenen Zeichen wird das Segmentierungsverfahren ein weiteres Mal mit gleichen Parametern angewendet, um zu versuchen die möglichen zusammengewachsenen Zeichen zu trennen. Da die Entscheidungsschwelle im zweiten Schritt nur auf den zurückgewiesenen Zeilen geschätzt wird, ändert sich die Entscheidungsschwelle ohne, dass die Parameter geändert werden müssen.

Die Ergebnisse der richtig segmentierten Zeichen sind in Abb. 5.3 durch (+) gekennzeichnet und in Abhängigkeit der Anzahl K_z der kleinsten Grauwerte aufgetragen. Dabei ist zu erkennen, dass mit steigendem K_z die Anzahl der richtig segmentierten Zeichen zurückgeht. Das ist darauf zurückzufüh-

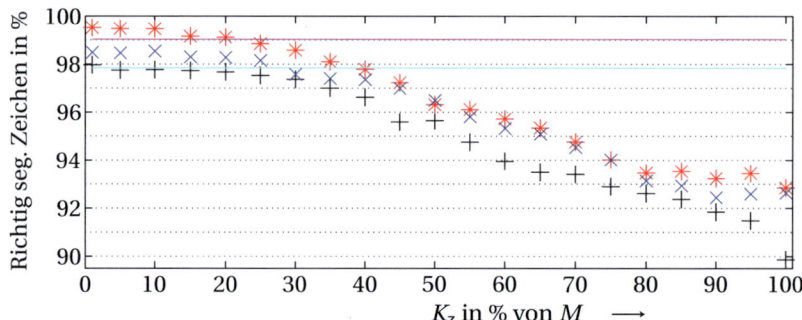

Abbildung 5.3: Vergleich verschiedener Verfahren zur Zeichensegmentierung. Der vorgestellte Projektionsprofilansatz (+), in Kombination mit einem Ansatz des kürzesten Pfads (×) und in Kombination mit dem Graphenschnittverfahren (∗). Ergebnis der Segmentierung durch die Analyse zusammenhängender Komponenten in Kombination mit einem Algorithmus des kürzesten Pfads (—) nach [Tse07]. Der erkennungsbasierte Ansatz, der Projektionsprofile und den Ansatz auf Basis des kürzesten Pfads kombiniert, ist mit (—) gekennzeichnet.

ren, dass mit steigendem K_z die Schätzung des Neigungswinkels schlechter wird, was sich dann auch auf die Segmentierung negativ auswirkt. Dies ist ein analoges Verhalten zur Zeilensegmentierung, vgl. Abschnitt 5.1.2. Wie zu erkennen ist, bleibt das Segmentierungsergebnis für den Fall $K_z \leq \lceil 0{,}2 \cdot M \rceil$ annähernd konstant. Das beste Ergebnis erhält man für $K_z = \lceil 0{,}01 \cdot M \rceil$, womit 5394 Zeichen, was 98,0 % aller Zeichen entspricht, richtig segmentiert werden. Der Großteil der Fehler ergibt sich aus zusammengewachsenen Zeichen, die aufgrund der Tatsache, dass sie nicht durch einen linearen Schnitt getrennt werden können, nicht richtig segmentiert werden. Einige Beispiele dazu findet man in Abb. 3.7 auf Seite 68. Hier stoßen die Projektionsprofile an ihre Grenzen. Daher ist es auf jeden Fall empfehlenswert, diesen Ansatz mit anderen Ansätzen zu kombinieren, um auch nicht lineare Schnitte zwischen den Zeichen zu erreichen. In einigen Fällen kam es allerdings vor, dass gültige Zeichen zerschnitten wurden. Dies an sich stellt in der Regel noch kein Problem dar, wenn der minimale Zeichenabstand angemessen gewählt wird. Jedoch stellte es sich als schwierig heraus, einen allgemeingültigen Wert zu finden. Daher die Empfehlung, diesen immer gemäß der Schriftart der zu segmentierenden Zeichen einzustellen.

Projektionsprofile kombiniert mit dem Graphenschnittverfahren

Aufgrund des höheren Rechenaufwands des Graphenschnittverfahrens wird dieses nur angewendet, wenn Zeichen nicht durch einen linearen Schnitt getrennt werden können. Somit erfolgt in erster Instanz die Segmentierung mit den Projektionsprofilen. Danach wird das Ergebnis geprüft und ggf. zurückgewiesen. Erfolgt eine Rückweisung, wird auf die entsprechenden Zeichen das Graphenschnittverfahren angewendet. Ein Zeichen wird zurückgewiesen, wenn die Zeichenregion das Verhältnis $\rho = 1{,}1$ überschreitet. Weiterhin gilt die wie im vorhergehenden Abschnitt gemachte Annahme der minimalen Zeichenbreite.

Der einzige freie Parameter des Graphenschnittverfahrens c_s, dient zur Gewichtung des Intensitätsstrafterms in Bezug auf den Positionsstrafterm. Der

Intensitätsstrafterm wurde mit $c_s = 10$ zehnmal stärker gewichtet als der Positionsstrafterm. Dadurch ergibt sich eine stärkere Berücksichtigung der Nachbarschaftsbeziehungen zwischen den Pixeln. Es stellte sich heraus, dass das Verfahren kaum auf die Wahl von c_s reagiert. Beachtet werden muss jedoch, dass im Fall, dass c_s zu klein gewählt wird, der Positionsstrafterm maßgeblich ist und bei einem zu großen c_s der Intensitätsstrafterm überwiegt.

Da zunächst die Projektionsprofile gemäß Abschnitt 3.4 angewendet werden, besteht bei diesem Ansatz nach wie vor die Abhängigkeit vom Parameter K_z. Die relative Anzahl an richtig segmentierten Zeichen ist ebenfalls in Abhängigkeit von K_z in Abb. 5.3 (∗) aufgetragen. Auch hier bezieht sich die Prozentangabe auf die Gesamtzahl (5506) der Zeichen. Analog zum Ergebnis aus dem vorhergehenden Abschnitt ist in Abb. 5.3 zu sehen, dass durch den Anstieg von K_z die Anzahl der richtig segmentierten Zeichen zurückgeht. Dies ist wiederum auf die schlechter werdende Schätzung der Neigungswinkel zurückzuführen. Allerdings ergibt sich durch die Kombination beider Verfahren ein signifikanter Zugewinn an richtig segmentierten Zeichen. Das beste Ergebnis ergibt sich für $K_z = \lceil 0,01 \cdot M \rceil$ mit 99,5 %. Dem ersten Anschein nach mag diese Verbesserung nicht wesentlich erscheinen, in Anbetracht dessen, dass das Ergebnis schon sehr nahe bei 100 % liegt, ist jedoch jeder Prozentpunkt eine deutliche Steigerung.

Zusätzlich wurde auch noch ein Vergleich durchgeführt, bei dem im Graphen nur ein Zusammenhang zwischen den jeweils vier benachbarten Pixeln berücksichtigt wurde. Für $K_z = \lceil 0,01 \cdot M \rceil$ führte das Segmentierungsergebnis zu 99,1 % richtig segmentierter Zeichen. Damit liegt das Ergebnis etwas unter dem, was unter Berücksichtigung einer 8-Nachbarschaft erzielt wurde. Dazu sei angemerkt, dass die Berücksichtigung von mehr oder weniger Nachbarschaftsbeziehungen einen Einfluss auf die Laufzeit des Verfahrens hat, die deshalb in Abschnitt 5.1.4 auf Seite 143 gesonderte betrachtet wird.

Erkennungsbasierter Ansatz zur Zeichensegmentierung

Weiterhin wurde ein erkennungsbasierter Ansatz zur Zeichensegmentierung untersucht und zum Vergleich mit aufgenommen. Jedoch soll auf diesen hier nicht näher eingegangen werden, da er im Wesentlichen dem Stand der Forschung entspricht. Es soll hier lediglich das ungefähre Vorgehen skizziert werden, um dann einige Aspekte hervorzuheben, die positiv oder negativ aufgefallen sind.

Ähnlich dem im vorhergehenden Abschnitt vorgestellten Ansatz werden auch beim erkennungsbasierten Ansatz zwei Segmentierungsverfahren kombiniert. Zunächst erfolgt die Segmentierung mit einem Projektionsprofil das sich nach Glg. (3.23) berechnet. Der Unterschied besteht darin, dass die Entscheidungsschwelle nicht gemäß Abschnitt 3.4 geschätzt wird, sondern das Projektionsprofil abgeleitet und geglättet wird. Aus dieser Funktion werden die Minima und Maxima bestimmt, woraus sich unter Berücksichtigung der ungefähren Zeichenbreite auf die Segmentierungspunkte schließen lässt. Danach werden die segmentierten Zeichen quadratisch aufgefüllt, skaliert, normalisiert und DCT-Merkmale berechnet, worauf die Klassifikation mittels SVM folgt. Anhand des Klassifikationsergebnisses wird entschieden, ob es sich dabei um ein gültiges Zeichen handelt oder nicht. Im zweiten Fall wird das Zeichen zurückgewiesen, worauf durch Anwendung von einfachen Regeln geprüft wird, ob es sich um ein zerschnittenes, mehrere zusammengewachsene Zeichen oder um Hintergrund handelt. Hintergrund wird direkt zurückgewiesen. Bei zerfallenen Zeichen werden die Segmentierungsschnitte wieder rückgängig gemacht. Danach folgt, wie auch im Fall der zusammengewachsenen Zeichen die Verwendung eines Segmentierungsverfahrens, welches anhand der Grauwerte mittels dynamischer Programmierung den kürzesten Pfad durch das Bild bestimmt. Auch hier erfolgt im Anschluss die Merkmalsberechnung und Klassifikation. Zum Vergleich ist das Ergebnis dieses Ansatzes ebenfalls in Abb. 5.3 (—) dargestellt. Bei diesem Versuch wurde der freie Parameter des Projektionsprofils $K_z = \lceil 0,1 \cdot M \rceil$ fest gewählt, deshalb ist das Ergebnis konstant und als Gerade eingezeichnet. Zusätzlich zu K_z hat dieses Verfahren zwei freie Parameter, nämlich einen für die Glättung der Ableitung des Projektionsprofils und ein weiterer der die ungefähre Zeichenbreite angibt. Das Verfahren wurde im Rahmen einer Diplomarbeit [Zie11] umgesetzt, in der die freien Parameter empirisch bestimmt wurden. Zusätzlich findet man in der Arbeit weitere Ergebnisse und Details zur Umsetzung.

Im Vergleich zu den anderen Verfahren schneidet dieser Ansatz mit 99,0 % richtig segmentierten Zeichen sehr gut ab, allerdings ist die Kombination aus Projektionsprofilen und Graphenschnitten trotz der einfacheren Rückweisung deutlich besser. Betrachtet man das Rückweisungsergebnis etwas genauer, wird klar, dass die Rückweisung bei den durchgeführten Experimenten sehr zuverlässig funktioniert hat, wenn es sich um zusammengewachsene Zeichen handelte. Bei falsch getrennten Zeichen war der Fehler etwas höher, allerdings in einem annehmbaren Rahmen. Somit stellt sich die Frage, wo die Fehler aufgetreten sind, wenn nicht bei der Klassifikation bzw. Rückweisung. Es hat sich gezeigt, dass sich nach erfolgreicher Rückweisung eine weitere Frage stellt, nämlich, wie mit den zurückgewiesenen Zeichen weiter umgegangen wird. Bei zusammengewachsenen Zeichen ist das etwas einfacher, da man im zweiten Segmentierungsschritt ein Verfahren verwenden kann, das nicht lineare Schnitte zwischen den Zeichen erzielt. Bei zerfallenen Zeichen ist dies deutlich schwieriger, da unbekannt ist, in wie viele Teile ein Zeichen zerfallen ist. Weiterhin kann es durchaus vorkommen, dass einzelne Teile eines Zeichens wieder ein Zeichen ergeben, welches vom Klassifikator akzeptiert wird. In einigen Fällen kam es vor, dass gültige Zeichen zurückgewiesen wurden, die dann durch die Anwendung des zweiten Segmentierungsverfahrens so zerschnitten wurden, dass sich wieder ein gültiges Zeichen ergab. Es trat z. B. auf, dass ein »M« so zerschnitten wurde, dass daraus ein »N« wurde. Das birgt nicht nur das Risiko, ein zuvor richtig segmentiertes Zeichen zu zerschneiden, sondern erzeugt auch einen Mehraufwand, da die Merkmalsberechnung und Klassifikation ein weiteres Mal durchgeführt werden muss. Der unvorhergesehene steigende Rechenaufwand ist allgemein ein Problem, da es sich um ein iteratives Verfahren handelt, bei dem für jede weitere Segmentierung wieder die Zeichenregionen quadratisch aufgefüllt, skaliert, normalisiert, das Merkmal berechnet und die anschließende Klassifikation durchgeführt werden muss.

Andere Verfahren zum Vergleich

Weiterhin wurde ein aktuelles Verfahren aus der Literatur von Tse et al. [Tse07] aufgegriffen, da dieses laut Autoren sehr zuverlässig anwendbar ist, um zusammengewachsene Zeichen zu trennen. Das Verfahren basiert auf der Analyse von zusammenhängenden Komponenten, wofür die Bilder zunächst binarisiert werden. Im Anschluss wird über heuristisch bestimmte Regeln entschieden, ob es sich um zusammengewachsene Zeichen handelt. Ist das der Fall, folgt die Segmentierung auf diesen Zeichen mit einem Algorithmus des kürzesten Pfads, der versucht, anhand der Grauwerte den »besten« Schnitt zwischen den Zeichen zu finden. Die Autoren heben besonders hervor, dass aufgrund der festgelegten Regeln kein Klassifikator zur Beurteilung, ob es sich um zusammengewachsene Zeichen handelt, benötigt wird. Dadurch wird die Segmentierung deutlich beschleunigt.

Das Ergebnis dieses Verfahrens ist ebenfalls in Abb. 5.3 (—) dargestellt. Es wurden damit 97,8 % der Zeichen richtig segmentiert, somit liegt der Wert etwa bei dem, was mit dem hier vorgestellten Verfahren nur mit den Projektionsprofilen erreicht wurde. Nach genauerer Untersuchung wurde festgestellt, dass es zwei wesentliche Schwachstellen gibt. Eine davon ist die Binarisierung zur Durchführung der Zusammenhangsanalyse, da damit viele Zeichen zerfallen. Um dem entgegenzuwirken, schlagen die Autoren in [Tse07] vor, den Schwellwert zur Binarisierung eher größer zu wählen, damit mehr zusammengewachsene Zeichen entstehen. Dies erwies sich aber als schwierig, da dadurch bei anderen als aus Punkt-Matrix-Zeichen bestehenden Schriften vermehrt Fehler auftraten. Damit wurde die zweite Schwierigkeit schon angedeutet: Die Analyse zusammenhängender Komponenten ist nicht besonders gut geeignet, um Punkt-Matrix-Zeichen zu segmentieren, da diese oft in einzelne Punkte zerfallen und dann die in [Tse07] angeführten Regeln nicht mehr greifen. Um das Verfahren zu verbessern, wurde daher zusätzlich eine Vorverarbeitung der Bilder mittels Erosion[1]-Operator durchgeführt. Dadurch hat sich das Ergebnis zwar deutlich verbessert, allerdings ergaben sich ähnliche Probleme wie bei der Wahl eines größeren Schwellwertes zur Binarisierung – Zeichen anderer Schriftarten wuchsen vermehrt zusammen.

Daraus ergibt sich die Frage, ob durch die Kombination von einem auf Projektionsprofilen basierenden Verfahren mit einem Algorithmus des kürzesten Pfads eine Verbesserung erzielt werden kann. Daher wurde das Verfahren aus Abschnitt 3.4 mit einem Verfahren zur Bestimmung des kürzesten Pfads kombiniert. Dieses basiert auf dynamischer Programmierung in Anlehnung an das Energiefunktional in Glg. (3.30), wobei nur Beziehungen zwischen den Pixeln in vertikaler Richtung berücksichtigt wurden. Dies führt tatsächlich zu einer deutlichen Verbesserung des Ergebnisses auf 98,5 % für $K_z = \lceil 0,01 \cdot M \rceil$. Da dieses Ergebnis auch in Abhängigkeit zu K_z steht, ist es in Abb. 5.3 ($\times$) eingetragen. Wie zu erwarten war, verhält sich hier das Ergebnis analog zu den bereits diskutierten: Mit steigendem K_z nimmt die Leistung des Verfahrens ab. Allerdings bleibt das beste Ergebnis um etwa einen Prozentpunkt unter dem Besten zurück. Es sei angemerkt, dass diese Kombination in Bezug auf die Rechenzeit deutliche Vorteile bietet. Diese werden in Abschnitt 5.1.4 noch genauer betrachtet.

Ebenfalls durchgeführt wurde ein Experiment mit Projektionsprofilen auf Binärbildern wie es üblicherweise in der Literatur verwendet wird. Dabei erfolgte die Binarisierung und auch die Schwellwertschätzung auf den Projektionsprofilen mit dem Verfahren von Otsu [Ots79], wie in [Bun00] vorgeschlagen. Aufgrund der Punkt-Matrix-Zeichen führte dies jedoch zu sehr vielen zerfallenen Zeichen und ist damit für die hier betrachteten Aufnahmen

---

1   vgl. Morphologie [Jäh05]. Anm.: Hier wird eine Erosion verwendet, da die interessanten Regionen, d. h. die Zeichen, schwarz dargestellt sind.

unbrauchbar. Daher wurde versucht, den optimalen Schwellwert empirisch zu ermitteln, was dann zu einem Ergebnis von 97,8 % korrekt segmentierter Zeichen führte und damit sehr nahe bei dem Ergebnis der adaptiven Schwellenschätzung aus Abschnitt 3.3.1 liegt. Dieses Ergebnis ist aus Gründen der Übersichtlichkeit nicht in Abb. 5.3 eingetragen. Mit diesem Ergebnis wird die adaptive Schwellenschätzung, wie in Abschnitt 3.3.1 vorgeschlagen, bestätigt und zeigt, wie leistungsfähig diese ist.

5.1.4 Laufzeitbetrachtungen der vorgestellten Segmentierungsverfahren

In diesem Abschnitt werden die benötigten Rechenzeiten der in Kap. 3 vorgestellten Verfahren genauer betrachtet und bewertet. Zunächst folgen die Untersuchungen der Projektionsprofile und die vorgeschlagenen Möglichkeiten zur Beschleunigung. Im Anschluss wird das Graphenschnittverfahren gesondert betrachtet, da dieses nur im Fall einer Rückweisung von Zeichen angewendet wird.

Projektionsprofile mit adaptiver Schwellenschätzung

Die hier angestrebte Betrachtung der Rechenzeiten des in Kap. 3 vorgestellten Segmentierungsverfahrens soll als Ganzes, d. h. sowohl für die Zeilen- als auch die Zeichensegmentierung, durchgeführt werden. Die Durchführung der Experimente erfolgte auf einem Rechner mit 1,86 GHz Intel Core Duo T2350 Prozessor und 1 GB Hauptspeicher in einer Simulationsumgebung, die in C++ implementiert wurde. Dabei wurden fünf Testbilder verwendet, bei denen die Zeilen jeweils um unterschiedliche Winkel um die Horizontale gedreht sind. Diese wurden bereits in Abschnitt 5.1.1 beschrieben, wobei die wichtigsten Details zur Zeilensegmentierung in Tab. 5.1 aufgeführt sind. Die Versuche wurden für jedes Verfahren tausendmal durchgeführt und die

Zeiten darüber gemittelt. Ein Beispiel für eine Textregion ist in Abb. 5.4 dargestellt.

Bei diesem Versuch wurde der Parameter K_t für die Berechnung des Projektionsprofils für die Zeilen mit $\lceil 0,2 \cdot N \rceil$ und der Parameter K_z für die Zeichen mit $\lceil 0,01 \cdot M \rceil$ gewählt. Für die Zeichensegmentierung wurde das Winkelintervall mit $\phi_{min} = -3°$ und $\phi_{max} = 3°$ festgelegt. Das erste Experiment bestand darin, zunächst das Verfahren ohne die Vorschläge zur Optimierung zu bewerten. Dabei wird für die Winkelschätzung naiv vorgegangen, was bedeutet, dass für alle Winkel im vorgegebenen Intervall die Projektionsprofile berechnet werden müssen. Zur Auswahl der K_t und K_z kleinsten Werte wurden der COUNTINGSORT-Algorithmus, wie in Abschnitt 3.2 schon angedeutet, verwendet. Die Ergebnisse sind in Abb. 5.5 in blau dargestellt und mit NAIV gekennzeichnet.

Für die beiden folgenden Experimente wurde das in Abschnitt 3.2.1 vorgestellte Verfahren zur iterativen Winkelschätzung verwendet, um eine Beschleu-

	Testbilder				
	1	2	3	4	5
Größe:					
$[M \times N]$	$[152 \times 295]$	$[173 \times 300]$	$[210 \times 310]$	$[240 \times 313]$	$[267 \times 306]$
Winkelbereich:					
θ_{min}	$-28,3°$	$-18,9°$	$-35,2°$	$-0,7°$	$11,4°$
θ_{max}	$25,1°$	$34,7°$	$35,2°$	$55,8°$	$67,4°$
Δ_{Ziel}	$0,5°$	$0,5°$	$0,5°$	$0,5°$	$0,5°$
Winkel: θ^*	$-1,4°$	$8,5°$	$18,5°$	$28,7°$	$38,7°$

Tabelle 5.1: Eigenschaften der Testbilder und die verwendeten Einstellungen für den Vergleich der Laufzeiten der Segmentierung mittels Projektionsprofilen.

Abbildung 5.4: Ein Beispiel für die verwendete Textregion mit $\theta^* = 8{,}5°$ zur Laufzeitbetrachtung der vorgestellten Segmentierungsverfahren.

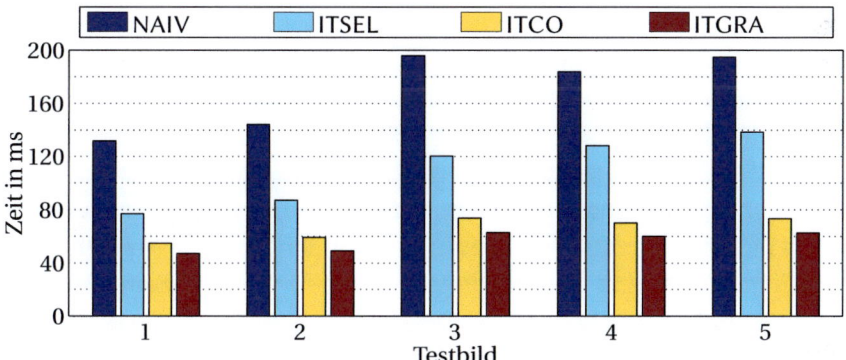

Abbildung 5.5: Vergleich der Laufzeiten von unterschiedlichen Herangehensweisen zur Segmentierung mittels Projektionsprofilen.

nigung zu erzielen. Unterschieden wird lediglich zwischen den Verfahren zur Bestimmung der K_t und K_z kleinsten Grauwerte. Dazu wurde bei ITSEL der SELECT-Algorithmus und bei ITCO der COUNTINGSORT-Algorithmus verwendet. Beide haben gemäß der theoretischen Abschätzung eine lineare Laufzeit. Vergleicht man allerdings die Rechenzeiten in Abb. 5.5, so ist festzustellen, dass das Verfahren mit dem COUNTINGSORT-Algorithmus auf allen fünf Testbildern deutlich besser abgeschnitten hat. Jedoch ist hervorzuheben, dass beide Ansätze wesentlich schneller sind, als der zuvor beschriebene naive Ansatz, insbesondere ITCO, mit dem die Rechenzeit um einen Faktor größer als zwei verringert werden konnte. Auffällig ist auch, dass unter der Verwendung von COUNTINGSORT und der iterativen Winkelbestimmung die Laufzeit auf allen fünf Testbildern annähernd konstant ist. Demnach scheint die Größe der Textregion und damit die Anzahl K_t auf die Laufzeit des COUNTINGSORT-Algorithmus nur einen geringeren Einfluss zu haben als auf den SELECT-Algorithmus.

Eine weitere Beschleunigung des Segmentierungsverfahrens kann durch die Verwendung des in Abschnitt 3.2.2 Verfahrens zur Schätzung des Winkels anhand eines Gradientenabstiegs erreicht werden. Hierbei handelt es sich allerdings nicht um Bildfolgen, daher wird diese Vorgehensweise nur für die Bestimmung der Zeichenneigung verwendet. Das bedeutet, dass auf der ersten Zeile der Neigungswinkel der Zeichen mit der iterativen Methode geschätzt wird. Für die folgenden Zeilen erfolgt eine Schätzung ausgehend von diesem Winkel. Das Ergebnis ist ebenfalls in Abb. 5.5 unter der Bezeichnung ITGRA zu finden. Wie man dort sieht, konnte dadurch nochmals eine Verkürzung der Rechenzeit um etwa 10 ms erzielt werden. Da die vier verglichenen Ansätze nicht alle zum gleichen Ergebnis der Winkelschätzung führen, ist anzumerken, dass dies keinen wesentlichen Einfluss auf die Rechenzeit und das Segmentierungsergebnis hat, da bei allen vier Ansätzen alle Zeichen richtig segmentiert wurden. Da diese Vorgehensweise bereits so klare Vorteile bei der Bestimmung der Neigungswinkel der Zeichen gezeigt hat, ist davon auszugehen, dass diese Methode auf Bildfolgen die Rechenzeit deutlich verkürzen wird. Genauere Betrachtungen dazu finden sich in Abschnitt 5.4.4, bei dem das Gesamtsystem auf einer Bildfolge bewertet wird.

Zusammenfassend kann man sagen, dass das vorgeschlagene Segmentierungsverfahren insbesondere unter der Ausnutzung der iterativen Winkelschätzung Laufzeiten von deutlich unter 80 ms erreicht. Gerade in Bezug auf Bildfolgen, wie sie in vielen Anwendungen vorkommen, ist, wie bereits angedeutet, eine weitere Beschleunigung zu erwarten.

Gesonderte Betrachtung der Graphenschnitte

Da die Verwendung des Graphenschnittverfahrens bedingt ist durch die Anzahl der zurückgewiesenen Zeichen, stellte sich eine Bewertung in Kombination mit den Projektionsprofilen als schwierig heraus. Daher soll dies auf ausgewählten zurückgewiesenen Zeichenregionen gesondert betrachtet werden. Verglichen wird das Verfahren mit einem Verfahren unter Verwendung von dynamischer Programmierung zur Bestimmung des kürzesten Pfads, welches an das Energiefunktional in Glg. (3.30) angelehnt ist und bereits in Abschnitt 5.1.3 auf Seite 137 Anwendung fand. Jedoch sind die Schnittmöglichkeiten in waagerechter Richtung und entgegengesetzt der Startrichtung untersagt. Damit ist es möglich, analog dem Ansatz von [Tse07], einen kürzesten Pfad mittels dynamischer Programmierung durch ein Bild zu bestimmen, ohne einen Graphen zu erzeugen.

Das Experiment wurde auf einem Rechner mit 2,26 GHz Intel Core 2 Duo P8400 Prozessor und 4 GB Hauptspeicher durchgeführt. Als Versuchsplattform diente MATLAB R2011a [Mat11], allerdings sind die Algorithmen zur Optimierung der Energiefunktionale in C++ implementiert, um eine realitätsnahe Abschätzung der Laufzeit zu erhalten. Zur Optimierung des in Abschnitt 3.5 vorgeschlagenen Verfahrens wurde auf die Software von [CVR11] zurückgegriffen, da diese in verschiedenen Bildverarbeitungsaufgaben bereits zum Einsatz kam und sich gemäß Literatur [Boy04] als sehr schnelle Implementierung erwiesen hat.

Die Ergebnisse sind in Tab. 5.2 zusammengestellt. Dort angegeben ist jeweils die Größe der zurückgewiesenen Zeichenregion und die benötigten Zeiten der verschiedenen Verfahren. Zusätzlich wurde auch die Rechenzeit gemessen, wenn für die Graphenschnitte jeweils nur eine Beziehung zwischen den vier nächstgelegenen Pixeln besteht. Klar zu erkennen ist, dass die dynamische Programmierung mit Zeiten um 1 ms deutlich am schnellsten ist. Hingegen sind die Graphenschnitte je nach Berücksichtigung der Pixelnachbarschaften um mehr als einen Faktor 10 langsamer. Das hängt unter

	Zurückgewiesene Zeichenregion			
	1	2	3	4
Größe:				
$[M \times N]$	$[67 \times 85]$	$[71 \times 106]$	$[36 \times 52]$	$[49 \times 79]$
Verfahren:				
GC8	44 ms	70 ms	13 ms	25 ms
GC4	17 ms	25 ms	5 ms	10 ms
DP	1 ms	1 ms	0,5 ms	0,7 ms

Tabelle 5.2: Vergleich der Laufzeiten der Segmentierungsverfahren auf verschiedenen Zeichenregionen mittels Graphenschnitten (GC) und einem Verfahren mit dem der kürzeste Pfad direkt auf dem Bild mittels dynamischer Programmierung (DP) berechnet wird. Die Zahlen hinter GC geben hier die Anzahl der berücksichtigten Nachbarschaftsbeziehungen eines Pixels an.

anderem damit zusammen, dass für das Graphenschnittverfahren zunächst eine Adjazenzmatrix [Bro00] erstellt werden muss, in der die Beziehungen der Knoten im Graphen gespeichert sind. Die Größe der Adjazenzmatrix ist von der Größe der Zeichenregion abhängig und wächst quadratisch mit $[M \times N]$. Deshalb sind die Zeiten für größere Zeichenregionen auch deutlich langsamer. Hinzu kommt, dass die Optimierung des Energiefunktionals in Glg. (3.30) wesentlich aufwändiger ist, als die entkoppelte Betrachtung von horizontalen und vertikalen Nachbarschaftsbeziehungen wie bei der dynamischen Programmierung [Ahu93]. Damit ist die dynamische Programmierung den Graphenschnitten in der Laufzeit klar überlegen. Allerdings hat sich bei den Segmentierungsergebnissen in Abschnitt 5.1.2 die Überlegenheit der Graphenschnitte klar gezeigt, was durchaus ermutigend ist. Weiterhin ist davon auszugehen, dass in Anbetracht immer schneller werdender Hardware auch der klare Nachteil im Vergleich der Rechenzeiten überwunden und die Echtzeitfähigkeit in einigen Jahren erfüllt werden kann.

5.1.5 Bewertung und Schlussfolgerung

In diesem Abschnitt werden verschiedene Segmentierungsverfahren betrachtet und bewertet. Bei den Versuchen hat sich bestätigt, dass das vorgestellte Segmentierungsverfahren mit adaptiver Schwellenschätzung sehr robust und zuverlässig für die Zeilen- als auch für die Zeichensegmentierung eingesetzt werden kann. Dies gilt insbesondere für den Einsatz auf Punkt-Matrix-Zeichen. In der Regel ist es möglich das Verfahren ohne weitere Vorverarbeitung direkt auf die Grauwertbilder anzuwenden. Zudem hat es nur einen freien Parameter, für den ein zuverlässiges Schätzverfahren vorgestellt wurde. Weiterhin wurde gezeigt, dass durch eine iterative Vorgehensweise die Winkelschätzung der Zeilenausrichtung und Zeichenneigung deutlich beschleunigt werden kann, wodurch die geforderte Echtzeitbedingung erfüllt wird.

Um die Zuverlässigkeit der Segmentierung noch weiter zu erhöhen, bietet es sich an, mehrere Verfahren zu kombinieren, da die Projektionsprofile nur zuverlässig arbeiten, wenn Zeichen durch lineare Schnitte getrennt werden können. Die Versuche haben gezeigt, dass durch das vorgestellte Verfahren zur nicht linearen Segmentierung mit Graphenschnitten die Leistungsfähigkeit noch weiter gesteigert werden kann.

5.2 Bewertung der Kombinationen von Merkmalen und Klassifikatoren

In diesem Abschnitt werden Merkmale in Kombination mit verschiedenen Klassifikatoren, die in Abschnitt 4.1 und Abschnitt 4.2 vorgestellt wurden, bezüglich ihrer Robustheit gegenüber Rauschen bewertet. Dabei soll herausgefunden werden, welches Merkmal und welcher Klassifikator besonders gut für die Zeichenerkennung im Kontext dieser Arbeit eingesetzt werden kann. Wichtig ist dabei die Kombination anhand der Erkennungsleistung, auch unter dem Einfluss von Rauschen, und der Laufzeit auszuwählen, die sich besonders für den Einsatz in einer Smart-Kamera eignet. Diese werden dann in Abschnitt 5.4 für einen weiteren Vergleich unter realitätsnahen Bedingungen auf einer Bildfolge herangezogen.

Die Versuche wurden in einer Simulationsumgebung unter MATLAB R2011a durchgeführt. Für die Versuche mit KNN wurde die in MATLAB mitgelieferte Toolbox verwendet. Da die Anzahl an Neuronen in der versteckten Schicht des KNN als freier Parameter gilt, wurden verschiedene Netze trainiert. Allerdings sind hier nur die Ergebnisse für ein KNN mit $\eta = 200$ Neuronen in der versteckten Schicht angegeben, da diese größtenteils die besten Ergebnisse lieferten. Um bei den KNN Überanpassung zu vermeiden, wurde der Lernvorgang abgebrochen, sobald die Summe der quadratischen Abweichungen auf den Validierungsdaten anstieg [Dud01]. Bei der SVM und den RF wurde auf die Implementierungen von [Cha11] und [Bre11] zurückgegriffen. Für den BK basiert die Implementierung auf AdaBoost.MH. Die freien Parameter der Klassifikatoren wurden bei der SVM und den RF über eine Rastersuche[1] mittels einer Lern- und Validierungsstichprobe bestimmt, um anhand der Teststichprobe eine unabhängige Aussage über die Generalisierungsfähigkeit der Klassifikatoren treffen zu können. Mehr zu den verwendeten Datensätzen findet man im nächsten Abschnitt. Auch beim BK kamen die Validierungsstichproben zum Einsatz, hier wurde damit die Anzahl an zu kaskadierenden Klassifikatoren bestimmt.

Um die Merkmale vernünftig vergleichen zu können, wurde versucht, die Dimension der Merkmalsvektoren gleich zu wählen. So haben die Merkmalsvektoren zur PCA, MDA, DCT, WHT und kM die Dimension $d = 99$. Das Merkmal der HWT hat die Dimension $d = 108$ und das der ZM $d = 105$. Die Dimension des Gradientenmerkmalsvektors ist für beide $d = 128$. Dabei wurden die Merkmale so verwendet, wie sie in Abschnitt 4.1 eingeführt wurden,

---

1   vgl. Grid Search [Rao09]

was heißt, dass keine zusätzliche Merkmalsauswahl[1] stattfand. Die für die Bewertung verwendete Datenbasis soll im Folgenden genauer betrachtet werden.

5.2.1 Datensätze

Der für die Bewertung verwendete Datensatz besteht aus mehr als 65 000 Zeichen und wurde durch Aufnahme mit einer Smart-Kamera erstellt. Er enthält zwölf verschiedene Schriftarten mit 100 verschiedenen Klassen, welche in etwa allen auf einer deutschen Tastatur vorkommenden Zeichen entsprechen. Um eine einheitliche Größe der Zeichen zu erhalten, wurde nach der Segmentierung die Zeichenregion vergrößert, sodass diese quadratisch ist. Dabei wurde entweder oben und unten oder rechts und links der Rand entsprechend erweitert und mit einem geeigneten Grauwert, der den Hintergrund repräsentiert, aufgefüllt. Danach folgt eine Skalierung der Zeichenregion auf $[24 \times 24]$ Pixel, was für alle Zeichen zu einer einheitlichen Größe führt. Ein Beispiel für ein Zeichen ist in Abb. 5.6 dargestellt.

Für den Lernvorgang der Klassifikatoren wurde der bestehende Datensatz zufällig in eine Lern-, Validierungs- und Teststichprobe aufgeteilt. Dabei enthalten die Validierungs- und die Teststichprobe jeweils knapp 9 000 Zeichen. Weiterhin ist wichtig, dass sowohl Validierungs- als auch die Teststichproben zur Lernstichprobe disjunkt sind. Zudem ist die Anzahl der Stichproben in Bezug auf die Klassen in etwa gleich verteilt, d. h. alle Klassen sind mit ungefähr der gleichen Anzahl an Stichproben in allen drei Datensätzen enthalten. Für die Bewertung der Verfahren wurde die Teststichprobe mit Rauschen überlagert, was im Folgenden etwas detaillierter betrachtet wird.

---

1   engl. Feature Selection vgl. [Has09]

Rauschen

Durch die Kamera bedingtes Rauschen kann durch eine Normalverteilung[1] approximiert werden. Darin inbegriffen ist das Rauschen des Bildsensors und der nachfolgenden Kameraelektronik [Jäh05]. Was allerdings nicht mit diesem Rauschen erfasst werden kann, sind Fehler, die durch das Beschriftungsverfahren, die Materialoberfläche oder andere äußere Einflüsse verursacht werden. Wird bspw. ein Druckverfahren verwendet, kann es vorkommen, dass Tinte verläuft oder durch verstopfte Düsen Unterbrechungen in den Zeichen entstehen. Für diese Art von Verfälschungen der Schrift gibt es in der Dokumentenanalyse spezielle Modelle[2], durch die diese Einflüsse erfasst bzw. modelliert werden. Diese sind aber meist sehr vereinfacht und das Modell gilt nur für Binärbilder. Da hier ausschließlich Grauwertbilder betrachtet werden sollen, wurde von einer speziellen Betrachtung und Anwendung spezieller Rauschmodelle abgesehen und nur auf eine Bewertung bezüglich des durch die Kamera verursachten Rauschens eingegangen. Deshalb wurde zur Synthese der mit Rauschen überlagerten Teststichproben davon ausgegangen, dass es sich um mittelwertfreies Rauschen handelt, welches einer Normalverteilung unterliegt. Der Rauscheinfluss wurde lediglich über die Standardabweichung bestimmt.

Zur Bewertung des Rauschanteils in den Bildern wurde ein Signal-zu-Rausch-

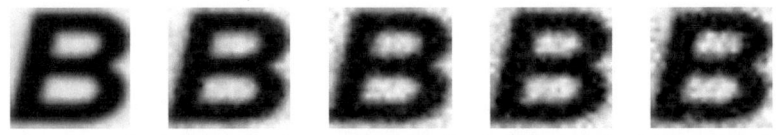

SNR = 10,13 dB SNR = 9,26 dB SNR = 8,62 dB SNR = 8,35 dB SNR = 7,64 dB

Abbildung 5.6: Beispiele für verschiedene SNR.

---

1   vgl. Normal- oder Gaußverteilung [Bro00] von Zufallsvariablen
2   vgl. Document Image Degradation Models [Bai07]

verhältnis (SNR)[1] definiert. Auf die Definition des SNR, insbesondere wie dieses für die Teststichprobe bestimmt wurde, soll hier im Detail nicht eingegangen werden, dafür wird auf Anhang C verwiesen. In Abb. 5.6 sind fünf Zeichen mit verschiedenem SNR dargestellt, um die Stärke und den Einfluss des Rauschens zu visualisieren. Darin wird deutlich, dass mit steigendem Rauschanteil das SNR kleiner und damit die Unterscheidung zwischen Zeichen und Hintergrund schwieriger wird.

Um diese Experimente noch aussagekräftiger zu machen, wurde anhand vieler Aufnahmen versucht, das schlechteste SNR zu bestimmen, das in der Praxis vorkommt. Dieses lag in etwa bei SNR = 7,0 dB und ist auf jeden Fall in dem Bereich, den die beschriebenen Experimente abdecken, wodurch eine praxistaugliche Aussage über die Robustheit der verschiedenen Kombinationen aus Merkmalen und Klassifikatoren durchaus sinnvoll erscheint.

5.2.2 Ergebnisse der Kombination von Merkmalen und Klassifikatoren

In diesem Abschnitt werden die Klassifikationsergebnisse in Kombination mit verschiedenen Merkmalen verglichen. Dazu sei angemerkt, dass die Ergebnisse der Künstlichen Neuronalen Netze (KNN) und der Random Forests (RF) jeweils den über fünf Klassifikatoren gemittelten Werten entsprechen, da nach dem Lernvorgang beider Klassifikatoren nicht sichergestellt ist, dass immer der gleiche Klassifikator entsteht bzw. das gleiche Klassifikationsergebnis erzielt wird. Durch die Mittelung soll unabhängig von den Parametern eine möglichst allgemeingültige Aussage über die Klassifikationsleistung der beiden Klassifikatoren getroffen werden. Zusätzlich zum mittleren Testfehler ist für die KNN und die RF die Standardabweichung mit angegeben, um die Varianz dieser Klassifikatoren beurteilen zu können.

---

1 engl. Singal-to-Noise Ratio

Aufgrund der Vielzahl der durchgeführten Experimente, bei denen die Kombination aus den in Abschnitt 4.1 vorgestellten Merkmalen und den in Abschnitt 4.2 eingeführten Klassifikatoren in Bezug auf Rauschen untersucht wurde, sollen hier nur einige im Detail diskutiert werden. Die restlichen Ergebnisse finden sich in den Tabellen in Anhang D. Betrachtet werden hier jeweils die Testfehler, d. h. die falsch klassifizierten Zeichen im Verhältnis zur Gesamtanzahl der Teststichproben. Da die Anzahl an Stichproben pro Klasse über alle Klassen etwa gleichverteilt ist, ist die Bewertung der Leistungsfähigkeit anhand des Testfehlers durchaus gerechtfertigt, da alle Klassen gleichermaßen in die Bewertung eingehen.

Zunächst werden alle Kombinationen aus Merkmalen und Klassifikatoren anhand der Teststichproben ohne künstliches Rauschen verglichen. Dazu sind die Ergebnisse in Abb. 5.7 zusammengestellt. Man sieht deutlich, dass unabhängig vom Merkmal insbesondere die Support-Vektor-Maschine (SVM) sehr gut abschneidet. Damit werden Testfehler erreicht, die etwas über 1 % liegen. Für alle Merkmale im Vergleich, schneidet Boosting (BK) deutlich am schlechtesten ab. Dazwischen liegen die RF und die KNN, deren Ergebnis stark von der Wahl des Merkmals abhängig ist. Weiterhin sieht man, dass die Ergebnisse der KNN teilweise eine sehr große Standardabweichung aufwei-

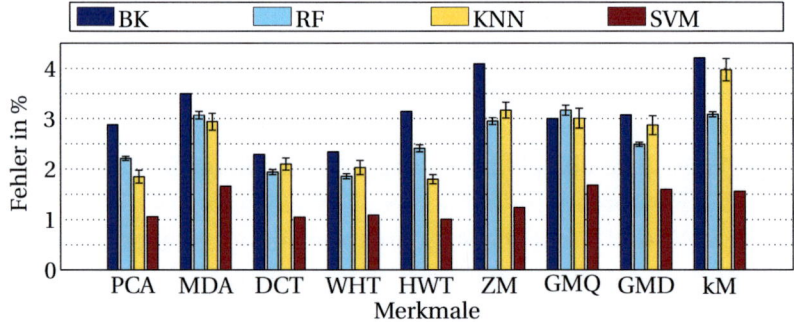

Abbildung 5.7: Vergleich der vier Klassifikatoren mit neun unterschiedlichen Merkmalen. Die Teststichprobe ist das Original mit einem SNR = 9,55 dB.

sen, was bedeutet, dass die zufällige Initialisierung einen großen Einfluss auf das resultierende KNN hat. Im Gegensatz dazu ist bei den RF die Standardabweichung eher klein, was heißt, dass die zufällige Auswahl der Merkmale in jedem Knoten die RF nur schwach beeinflusst. An dieser Stelle ist auch noch zu erwähnen, dass bis auf BK alle Klassifikatoren mit dem Gradientenmerkmal GMD, bei dem die Gradienten in die jeweils nächstgelegenen quantisierten Phasen zerlegt werden, etwas besser abschneiden, als mit dem Gradientenmerkmal GMQ, bei dem die Gradienten entsprechend der Quantisierung der Phase berücksichtigt werden. Dies ist darauf zurückzuführen, dass bei GMD kein Fehler durch die Quantisierung entsteht, da durch die Zerlegung der Beträge in zwei Komponenten keine Information verloren geht.

Einige Ergebnisse sollen im Folgenden in Abhängigkeit von Rauschen etwas genauer betrachtet werden. Das erste Merkmal ist die Hauptkomponentenanalyse (PCA), die im Vergleich zu den anderen Merkmalen sehr gut abgeschnitten hat. Dazu sind einige Ergebnisse in Abb. 5.8 dargestellt, weitere finden sich in Tab. D.1 in Anhang D. Man sieht, dass mit sinkendem SNR der Testfehler für alle Klassifikatoren etwas ansteigt. Auch hier wird deutlich, dass

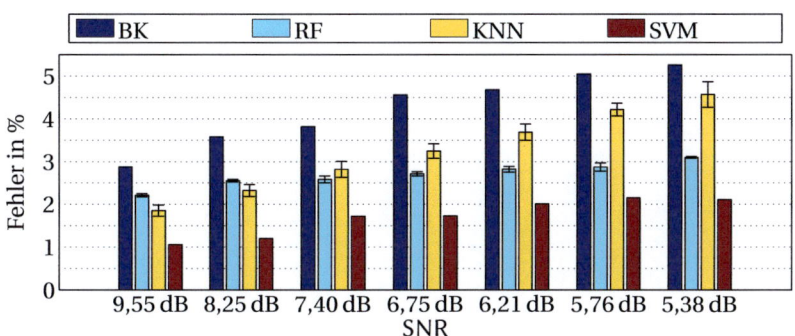

Abbildung 5.8: Vergleich der vier Klassifikatoren unter Verwendung der PCA als Merkmal bei unterschiedlichem SNR.

die SVM sehr robust in Bezug auf Rauschen ist, da der Fehler im Vergleich zu den anderen Klassifikatoren nur leicht ansteigt. Das spricht für die sehr gute Generalisierungsfähigkeit der SVM. Ähnlich zum Vergleich oben zeigt sich BK wieder als schlechteste Wahl. Zu sehen ist auch, dass bis zu SNR = 8,25 dB die KNN besser abschneiden, als die RF. Jedoch zeigen sich die RF mit einem weiteren Anstieg des Rauschens als die robustere Wahl. Betrachtet man auch hier wieder die Standardabweichung der Testfehler, sieht man, dass diese für die RF deutlich kleiner ist.

Als weiteres Merkmal soll die Walsh-Hadamard-Transformation (WHT) genauer betrachtet werden. Erstaunlich ist, dass dieses Merkmal ähnlich gut abgeschnitten hat wie die Diskrete Kosinus-Transformation (DCT), obwohl die verwendeten Basisvektoren eine sehr grobe Näherung zu denen der DCT darstellen und daher im Vergleich eine etwas geringere Energiedichte in den Koeffizienten aufweisen. Auffällig ist, dass mit sinkendem SNR die WHT in Bezug auf die DCT eher besser abschneidet. In Abb. 5.9 sind einige Ergebnisse für verschiedene SNR dargestellt, die restlichen finden sich in Tab. D.4 in Anhang D. Die erzielten Ergebnisse verhalten sich auch hier ähnlich wie unter der Verwendung der PCA. Die SVM schneidet ebenfalls am besten ab,

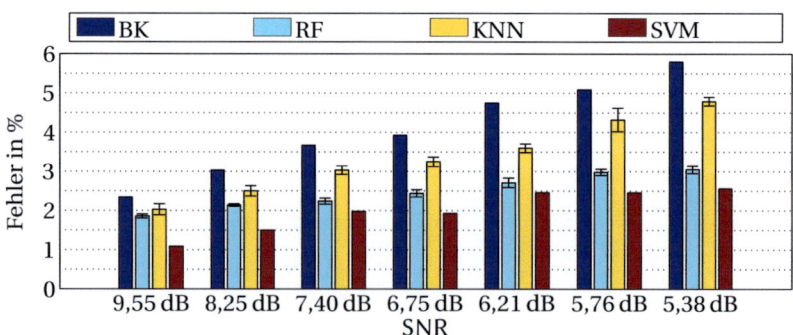

Abbildung 5.9: Vergleich der vier Klassifikatoren unter Verwendung der WHT als Merkmal bei unterschiedlichem SNR.

wobei hier auffällig ist, dass bei sinkendem SNR auch der Testfehler etwas größer ist, als bei der PCA.

Als nächstes soll die Haar-Wavelet-Transformation (HWT) genauer betrachtet werden, dazu sind, analog zu den bereits diskutierten Merkmalen, die Ergebnisse in Abb. 5.10 zu finden. Die restlichen Ergebnisse finden sich auch für dieses Merkmal in Anhang D. Das insgesamt beste Ergebnis wurde mit einem Testfehler von 1,01 % mit der HWT als Merkmal und der SVM als Klassifikator erzielt. Auch hier bleibt das Ergebnis mit der SVM recht konstant, allerdings ist auffällig, dass insbesondere der Fehler mit Abnahme des SNR mit BK sehr stark ansteigt. Dieser liegt bereits bei einem SNR = 8,25 dB über 8 %. Bei RF und KNN verhält sich der Fehler ähnlich, allerdings bleiben diese deutlich unter dem des BK. Trotzdem zeigt sich ein deutlicher Fehleranstieg.

Am deutlichsten ist der Testfehleranstieg bei den Gradientenmerkmalen. Dazu sind in Abb. 5.11 die Ergebnisse mit GMQ zusammengestellt. Im Vergleich zu BK und RF ist der Anstieg des Testfehlers bei den KNN und SVM deutlich geringer. Vergleicht man die Ergebnisse mit den linearen Transformationen, sieht man unmittelbar, dass diese Merkmale mit zunehmendem Rauschen zu einem deutlichen Anstieg des Testfehlers führen. Dies ist vor allem dadurch

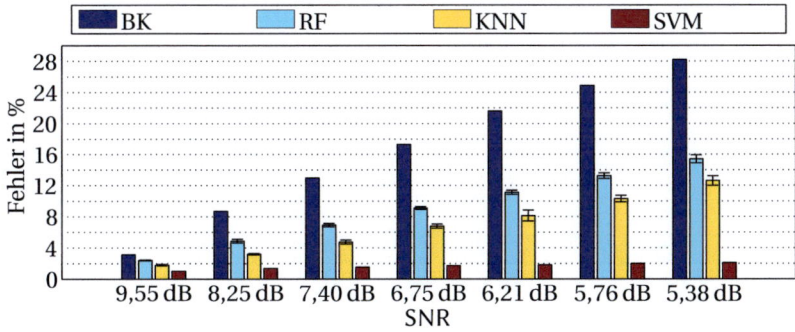

Abbildung 5.10: Vergleich der vier Klassifikatoren unter Verwendung der HWT als Merkmal bei unterschiedlichem SNR.

bedingt, dass durch die Gradientenbildung das Rauschen in den Bildern verstärkt wird, was sich dann weiter auf die Klassifikation auswirkt.

Zudem ist zu erwähnen, dass die Multi-Diskriminanzanalyse (MDA) das einzige Merkmal im Vergleich ist, welches überwacht, d. h. unter Berücksichtigung der Klassenzugehörigkeit der Lernstichprobe, bestimmt wird. Demnach würde man erwarten, dass dieses Merkmal mit zu den Besten gehört, wenn nicht das beste Merkmal ist. Allerdings lagen die Ergebnisse auf der Teststichprobe mit SNR = 9,55 dB schon eher am unteren Ende der Ergebnisse im Vergleich zu den anderen Merkmalen. Dies ist gemäß [Mar01] darauf zurückzuführen, dass evtl. die vorhandene Lernstichprobe zu klein ist oder die Lernstichprobe für die unterliegenden Verteilungen der Klassen nicht repräsentativ ist. Der zweite Fall erklärt, weshalb die Ergebnisse des Testfehlers sehr schnell über 50 % ansteigen, selbst wenn nur wenig Rauschen überlagert wird. Besonders auffällig ist, dass mit der SVM, die mit den anderen Merkmalen sehr robust war, der Fehler sehr schnell ansteigt und bei geringen SNR sogar deutlich über den mit den anderen Klassifikatoren erzielten liegt. Dieser schnelle Anstieg deutet sehr stark auf Überanpassung hin. Um dem entgegenzuwirken wurde versucht die Parameter der SVM etwas zu variieren, was aber zu

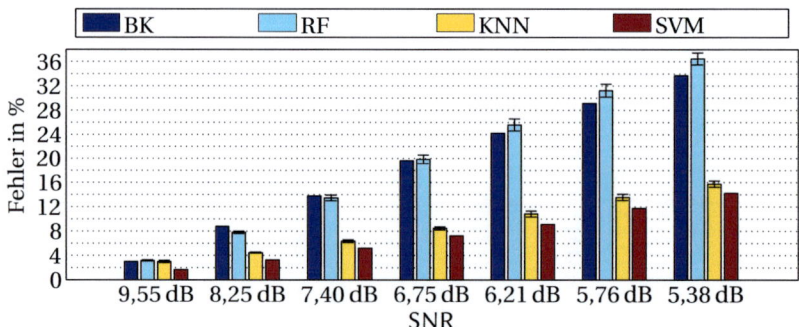

Abbildung 5.11: Vergleich der vier Klassifikatoren unter Verwendung der GMQ als Merkmal bei unterschiedlichem SNR.

ähnlichen Ergebnissen führte. Die genauen Ergebnisse dazu finden sich in
Tab. D.2 in Anhang D.

Wie bereits angesprochen, schneidet die DCT ähnlich ab wie die WHT, daher
soll diese hier nicht genauer betrachtet werden. Der Vollständigkeit wegen
sind die gesamten Ergebnisse zur DCT in Anhang D in Tab. D.3 zusammengestellt. Das gleiche gilt für das Merkmal GMD und das k-Means-Merkmal (kM),
deren Ergebnisse auch in Anhang D gefunden werden können. Zu GMD ist
zu sagen, dass mit Anstieg des Rauschens für alle Klassifikatoren bis auf die
RF der Testfehler schneller ansteigt, als mit GMQ. Daraus lässt sich schließen,
dass mit GMQ eine bessere Generalisierungsfähigkeit erzielt werden kann als
mit GMD. Dies ist möglicherweise auf die Quantisierung bei GMQ zurückzuführen, da dadurch kleine Änderungen in den Gradientenrichtungen wenig
Einfluss auf das Merkmal haben.

Das kM Merkmal verhält sich mit sinkendem SNR ähnlich wie die linearen
Transformationen, allerdings liegt der Testfehler mit kM immer etwas über
dem der linearen Transformationen. Im Vergleich zu den sonst betrachteten
linearen Transformationen liegen die Ergebnisse mit den Zernike-Momenten
(ZM) eher am unteren Ende des Vergleichs. Besonders zeigt sich das bei den
Klassifikatoren BK, RF und KNN, bei denen der Fehler, abgesehen von dem
Ergebnis mit der MDA, ungefähr um ein Prozentpunkt schlechter ist im Vergleich zu den anderen linearen Transformationen. Weiterhin kommt hinzu,
dass der Berechnungsaufwand steigt, da die Zeichenregionen zusätzlich vergrößert werden müssen, damit die Region um die Zeichen einen Kreis bildet.
Weitere Ergebnisse der ZM finden sich in Tab. D.6.

Zu einem weiteren Vergleich wurde die Teststichprobe auch von einem Menschen klassifiziert, um über die Qualität der mit den Klassifikatoren erzielten
Ergebnisse besser urteilen zu können. Es ist zu erwähnen, dass aus Zeit-
gründen der Testdatensatz nur einmal von einer Person klassifiziert wurde.
Wie aussagekräftig das Ergebnis aus statistischer Sicht ist, ist fragwürdig,
allerdings soll es trotzdem als Referenz zur Bewertung der Klassifikatoren
herangezogen werden. Das Ergebnis liegt mit 2,83 % Falsch-Klassifikationen

ungefähr in der Mitte der von den Klassifikatoren erzielten Ergebnisse. Dafür gibt es zwei wichtige Gründe. Zum einen braucht der Mensch für diese Aufgabe sehr lange, wodurch zwangsläufig die Konzentration nachlässt, was wiederum zu Fehlern führt. Zum anderen fiel auf, dass es selbst für den Menschen nicht immer einfach ist, die Zeichen einer Klasse zuzuordnen, da es sich um Einzelbuchstaben handelt, deren Aufeinanderfolgen in keinem Zusammenhang steht. Insbesondere ist es je nach Schriftart sehr schwierig Zeichen wie »/« und ein kursives »l« oder »O« und »0« voneinander zu unterscheiden. Zusammenfassend kann man sagen, dass unabhängig von den gewählten Merkmalen die Ergebnisse der Klassifikatoren sehr gut sind. Insbesondere die SVM, die auf den Teststichproben ohne Rauschen immer deutlich besser abschneidet als der Mensch. Aber auch die KNN liefern mit der PCA, DCT, HWT und der WHT bessere Ergebnisse. Daher werden diese zwei genannten Klassifikatoren und die vier Merkmale im nächsten Abschnitt, auf deren Laufzeit genauer untersucht werden.

5.2.3 Laufzeitbetrachtung

In diesem Abschnitt sollen die Laufzeiten gesondert betrachtet werden. Dazu wurden von den Merkmalen die PCA, die DCT, die WHT und die HWT für eine genauere Betrachtung ausgewählt. Grund dafür ist, da bei diesen der Testfehler im Vergleich am kleinsten war und diese sich als besonders robust in Bezug auf Rauschen erwiesen haben. Die Funktionen wurden wiederum in C++ implementiert und die Versuche in einer Simulationsumgebung auf einem Rechner mit 2,7 GHz Intel Pentium E5400 Prozessor und 3 GB Hauptspeicher durchgeführt. Als Klassifikatoren wurden die KNN und die SVM ausgewählt. Grund für die Verwendung der KNN ist, dass diese bei der Klassifikation sehr schnell sind, was besonders in Bezug auf die Echtzeitanforderung durch die Anwendungen sehr wichtig ist. Die SVM wurden ausgewählt, da mit diesen in den meisten Versuchen, unabhängig vom Merkmal, die besten Ergebnisse erzielt wurden.

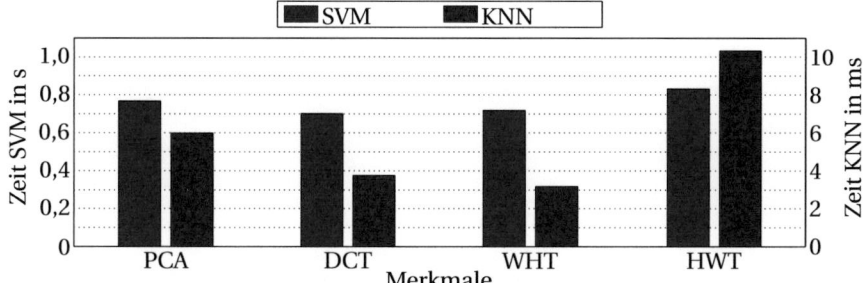

Abbildung 5.12: Vergleich der benötigten Rechenzeit zur Merkmalsberechnung und Klassifikation mit KNN und SVM für 50 Zeichen aus der Teststichprobe. Zu beachten ist die unterschiedliche Skala entsprechend des Klassifikators.

Dazu ist der Vergleich in Abb. 5.12 zusammengestellt. Aufgetragen sind die benötigten Rechenzeiten zur Berechnung der Merkmale und Klassifikation. Die angegebenen Zeiten sind jeweils auf 50 Zeichen bezogen, da diese sich mit der Anzahl der in einer Textregion üblicherweise vorkommenden Zeichen deckt. In dem Schaubild ist zu beachten, dass die Beschriftung der Ordinate auf der linken Seite die Zeiten für die SVM angibt, wobei die Zeiten für die KNN auf der rechten Seite stehen. Dies ist wichtig, da die Zeiten für die KNN in etwa hundert mal kleiner sind. Diese Feststellung deckt sich mit der in [Liu03] und ist hier im Wesentlichen unabhängig vom gewählten Merkmal. Unabhängig vom Klassifikator sind die Rechenzeiten für alle Merkmale ungefähr gleich. Lediglich die Klassifikation mit der HWT ist etwas langsamer. Das liegt zum einen daran, dass die Merkmalsdimension etwas höher ist und zum anderen wird, so wie die HWT in Abschnitt 4.1.1 definiert wurde, eine mehrmalige Filterung durchgeführt, was ebenfalls etwas mehr Zeit benötigt als die anderen Transformationen. Weiterhin ist zu erwähnen, dass mit KNN bei Laufzeiten von unter 10 ms selbst bei hundert Klassen die Echtzeitbedingung von kleiner 80 ms erfüllt werden kann. Mit SVM ist diese Anforderung nicht zu erfüllen, da diese mehr als 700 ms benötigen. Dies liegt vor allem daran, dass die Rechenzeit in direkter Verbindung mit der Anzahl an Support-Vektoren steht und auch durch die Anzahl der berücksichtigten Klassen beeinflusst wird. Diese stehen wiederum im Zusammenhang mit der Komplexität des Klassifikationsproblems und wird zudem stark vom Rauschen in den Lernstichproben beeinflusst [Cri00].

5.2.4 Bewertung der Verfahren

In diesem Abschnitt werden die Ergebnisse des Vergleichs der vier Klassifikatoren mit den unterschiedlichen Merkmalen zusammengefasst. Deutlich wurde in diesem Vergleich, dass die linearen Transformationen trotz des Rauschens sehr gute Ergebnisse lieferten. Dies ist darauf zurückzuführen, dass die DCT, WHT und die HWT Tiefpasscharakter[1] haben und damit die eher hochfrequenten Störungen des Rauschens unterdrücken. Im Vergleich dazu stehen die beiden Gradientenmerkmale, die mit sinkendem SNR deutlich schlechter abschneiden. Obwohl die Basisvektoren der MDA überwacht bestimmt werden und damit im Sinne der kleinsten Fehlerquadrate für eine optimale Trennung zwischen den Klassen sorgen, sind die Ergebnisse eher im Mittel aller getesteten Merkmale. Auffällig ist, dass mit sinkendem SNR auch der Testfehler sehr stark ansteigt. Demnach ist die MDA sehr anfällig gegen kleine Änderungen im Bild, was diese für die hier zu erfüllenden Bedingungen eher unbrauchbar macht. Besonders hervorzuheben ist, dass insbesondere die SVM aufgrund ihrer sehr guten Generalisierungsfähigkeit mit fast allen Merkmalen, ausgenommen der MDA, zu einem recht konstanten Ergebnis führen. Dies deckt sich mit der Aussage in [LeC95], dass die SVM ohne Berücksichtigung von Vorwissen zu beachtlichen Ergebnissen führt. Allerdings haben die SVM den wesentlichen Nachteil, dass aufgrund der Auswertung aller Support-Vektoren die Klassifikation im Vergleich zu den KNN in etwa hundertmal langsamer ist. Die KNN hingegen erfüllen selbst unter Berücksichtigung von hundert Klassen die geforderte Echtzeitbedingung. Das sind

---

1   vgl. Tiefpassfilterung [Kam06, Gon08]

die wesentlichen Gründe, weshalb die KNN und SVM auch als Kombination in einem Entscheidungsbaum im folgenden Abschnitt und für die Bewertung auf einer Bildfolge in Abschnitt 5.4 herangezogen werden.

5.2.5 Kombination aus Neuronalen Netzen und Support-Vektor-Maschinen in einem Entscheidungsbaum

Im vorhergehenden Abschnitt wurde deutlich, dass mit einer SVM zwar eine sehr gute Erkennungsleistung erzielt werden kann, allerdings die Laufzeit bei den hundert berücksichtigten Klassen eher langsam ist. Im Gegensatz dazu sind die KNN sehr schnell, allerdings ist die Erkennungsleistung nicht ganz so gut. Daher wird in diesem Abschnitt die Kombination beider im Entscheidungsbaumklassifikator (EBK), der in Abschnitt 4.3 auf Seite 115 eingeführt wurde, genauer untersucht. Als Merkmal wurde die DCT herangezogen, da mit diesem, wie im vorhergehenden Abschnitt gezeigt, beide Klassifikatoren sehr gute Ergebnisse erzielen. Zusätzlich wurde bei der Wahl der DCT-Koeffizienten die Anzahl variiert. Verglichen wird der EBK mit einem KNN mit $\eta = 200$ Neuronen in der verdeckten Schicht und einer SVM. Für die Experimente liegen auch hier die in Abschnitt 5.2.1 eingeführten Stichproben zugrunde. Allerdings wurden die Grauwerte der Stichproben bezüglich deren Mittelwerte und Standardabweichungen normalisiert und anschließend die Grauwerte wieder in das Intervall $[0, 255]$ abgebildet. Die Normalisierung wurde durchgeführt, um Beleuchtungsunterschiede in den Bilder auszugleichen. Die Versuche wurden auf einem Rechner mit 2,26 GHz Intel Core 2 Duo T2350 Prozessor und 4 GB Hauptspeicher durchgeführt.

Für den EBK wurden drei SVM und vier KNN entsprechend der Abb. 4.1 trainiert. Der Vorteil hier ist, dass die drei SVM unabhängig voneinander trainiert werden und dadurch für jede SVM die beste Kombination der Parameter C und γ verwendet werden. Wohingegen bei dem Mehrklassenansatz *jeder gegen jeden* eine beste Parameterkombination für alle SVM verwendet

wird. Um für die KNN die Anzahl an Neuronen in der versteckten Schicht
zu bestimmen, wurden wieder Versuche durchgeführt. Die vollständigen Ergebnisse findet man in [Gra10e]. Das im Allgemeinen beste Ergebnis wurde
mit KNN mit $\eta = 50$ Neuronen in der versteckten Schicht erzielt. Diese liegen
auch den Ergebnissen in Abb. 5.13 zugrunde. Dort finden sich die Testfehler
aller drei Klassifikatoren, wobei für die KNN und den EBK zusätzlich die
Standardabweichungen der Testfehler angegeben sind, da für beide Klassifikatoren über fünf KNN gemittelt wurde. Man sieht deutlich, dass mit der
Kombination aus SVM und KNN die Erkennungsleistung in Bezug auf die
Verwendung eines einzelnen KNN gesteigert werden kann. In einigen Fällen
liegt der Testfehler sogar sehr nahe bei dem der SVM. Im Vergleich zu den
KNN sieht man, dass der EBK für alle Merkmalsdimensionen deutlich besser
abschneidet. Auffällig ist auch, dass die Standardabweichung des Testfehlers
bei dem EBK um einiges geringer ist. Zudem haben die Experimente gezeigt,
dass für den EBK und die SVM die Ergebnisse bis zu einer Merkmalsdimension von $d = 24$ recht konstant sind.

Auch diese drei Klassifikatoren sollen anhand ihrer Laufzeit verglichen werden, die hier allerdings ohne die Merkmalsberechnung gemessen wurde.

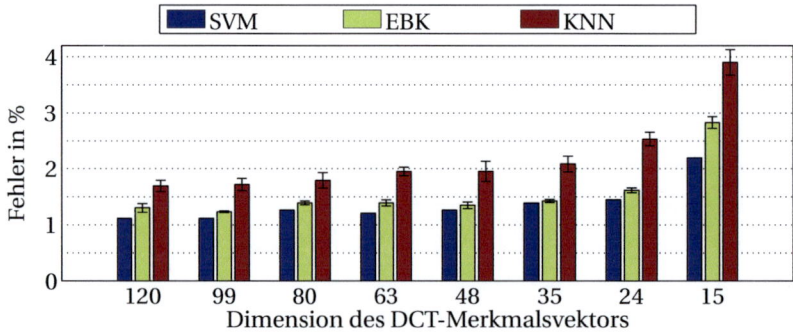

Abbildung 5.13: Vergleich des EBK mit KNN und SVM mit unterschiedlicher
Anzahl an DCT-Merkmalen. Die KNN des EBK haben jeweils $\eta = 50$ Neuronen
in ihrer versteckten Schicht.

Diese sind in Abb. 5.14 für die verschiedenen Merkmalsdimensionen dargestellt. Zu beachten ist hier, je nach Klassifikator, die unterschiedliche Skala
der Achsen. Wie auch schon in den Versuchen in dem vorangegangenen Abschnitt sind die KNN deutlich überlegen. Vergleicht man jedoch den EBK mit
der SVM sieht man, dass der EBK in den meisten Fällen um mehr als einen
Faktor zwei schneller ist. Eine erhebliche Beschleunigung des EBK gegenüber
der SVM zeigt sich bei der Verwendung von nur 15 Merkmalen, allerdings
steigt dann auch der Fehler deutlich an. Zur Klassifikation von 50 Zeichen
benötigt der EBK mit einer Merkmalsdimension $d = 63$ mit 50 Neuronen
in den versteckten Schichten der KNN in etwa 255 ms, bei einem mittleren
Testfehler von 1,39 %. Wodurch die Klassifikationsleistung deutlich besser ist
als mit KNN, allerdings auch die Laufzeit schneller ist als mit SVM.

Weiterhin könnte man in Bezug auf die KNN noch weiter optimieren, da bei
diesem Aufbau alle KNN die gleiche Anzahl an Neuronen in der versteckten
Schicht haben. Es wäre bspw. denkbar, diese zu variieren, um womöglich bei
gleichbleibender Erkennungsleistung noch schneller zu werden. Das Gleiche

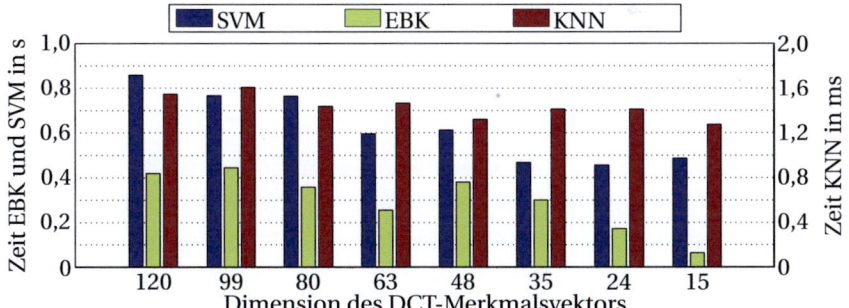

Abbildung 5.14: Vergleich der Laufzeiten des EBK mit KNN und SVM zur
Klassifikation von 50 Stichproben mit unterschiedlicher Anzahl an DCT-
Merkmalen. Die Zeiten beziehen sich ausschließlich auf die Klassifikation,
Normalisierung und Merkmalsberechnung wird hier nicht berücksichtigt. Auf-
grund der großen Laufzeitunterschiede ist je nach Klassifikator die richtige
Skalierung der Achsen zu beachten.

gilt auch für die Merkmale, auch diese könnten von Knoten zu Knoten im Baum andere sein. Allerdings steigt mit einer weiteren Merkmalsberechnung wieder der Rechenaufwand, was sich dadurch auch als Nachteil erweisen könnte.

5.2.6 Bewertung des Entscheidungsbaums

Wie die Ergebnisse zeigen, kann es durchaus von Vorteil sein, Klassifikatoren geschickt zu kombinieren, um deren Vorteile auszunutzen. Dies wird deutlich bei dem vorgeschlagenen EBK, der SVM und KNN miteinander kombiniert. Dadurch kann im Vergleich zu den KNN die Erkennungsleistung gesteigert werden, die dadurch sehr nah an dem Ergebnis der SVM liegt. Betrachtet man immer alle hundert Klassen, kann die geforderte Echzeitanforderung nicht erfüllt werden. Dies ist auch in der Baumstruktur auf die SVM zurückzuführen, deren Auswertung deutlich mehr Zeit in Anspruch nimmt als die der KNN. Wenn tatsächlich alle hundert Klassen berücksichtigt werden sollen, muss die Echzeitanforderung auch unter Verwendung des EBK etwas gelockert werden. Allerdings kann bei der Struktur des EBK ausgenutzt werden, dass einzelne Klassifikatoren übersprungen werden können. Dies macht den EBK zu einem universellen Klassifikator, der speziell an die Anforderungen der Anwendungen angepasst werden kann.

Auf den ersten Blick mag es so aussehen, dass durch das Training der Klassifikatoren in den einzelnen Knoten des Baums mit einem deutlichen Mehraufwand zu rechnen ist. Würde man allerdings für jede mögliche Teilklassifikation des EBK einen extra Klassifikator trainieren, hätte man ungefähr den gleichen Aufwand.

5.3 Bewertung und Vergleich des Trellis-Klassifikators

Zur Bewertung des TK wurde aus dem in Abschnitt 5.2.1 beschriebenen Datensatz die Klassen der Zahlen entnommen und zufällig in zwei disjunkte Datensätze geteilt – der eine zum Training der Klassifikatoren mit 4 556 Stichproben und einen Testdatensatz mit 2 000 Stichproben. Die Klassenvertreter unterliegen in beiden Datensätzen in etwa einer Gleichverteilung. Der Vergleich erfolgt mit drei k-Nächsten-Nachbarn-Klassifikatoren (k-NN), mit der Multi-Diskriminanzanalyse (MDA), mit der Diskriminanzanalyse, bei der gemäß der naiven Bayes-Annahme (MDA-NB) die Kovarianzmatrizen geschätzt wurden und einer SVM [Dud01]. Zudem wurden auch hier die Klassifikatoren auf mit Rauschen überlagerten Teststichproben mit unterschiedlichen SNR getestet, um eine Aussage über deren Robustheit treffen zu können.

Die Ergebnisse sind in Tab. 5.3 zusammengetragen, in der die Fehler auf dem Testdatensatz in Prozent angegeben sind. Der Vergleich zeigt, dass der TK auf den Teststichproben durchaus sehr gute Ergebnisse liefert. Diese liegen sehr nahe bei denen der anderen Klassifikatoren, selbst unter dem Einfluss von starkem Rauschen. Der einzige Klassifikator, der sehr stark mit Zunahme des Rauschens einbricht, ist die MDA. Dies hat die gleichen Gründe wie schon

	Klassifikator						
	TK	TK-WHT	1-NN	5-NN	9-NN	MDA	MDA-NB	SVM
9,55 dB	0,05 %	0,1 %	0,1 %	0,3 %	0,25 %	0,05 %	1,4 %	0 %
4,31 dB	0,15 %	0,05 %	0,1 %	0,3 %	0,25 %	34,6 %	1,5 %	0 %
3,16 dB	0,25 %	0,15 %	0,1 %	0,25 %	0,3 %	60,1 %	1,55 %	0 %

Tabelle 5.3: Testfehler des Trellis-Klassifikators im Vergleich zu anderen Klassifikatoren.

in Abschnitt 5.2.2 angesprochen. Allerdings sieht man im Vergleich, dass MDA-NB auf den Daten ohne zusätzlichem Rauschen im Vergleich zu den anderen Klassifikatoren eher etwas schlechter abschneidet. Zu beachten ist, dass das Ergebnis auch bei Zunahme des Rauschens recht konstant bleibt und das obwohl die naive bayessche Vorgehensweise auf den Daten nicht gerechtfertigt ist. Der Klassifikator, der durchweg alle Stichproben richtig klassifiziert, ist die SVM.

Um zu zeigen, dass auch bei dem TK anstatt der Grauwerte der Bilder Merkmale verwendet werden können, ist ein Ergebnis mit in Tab. 5.3 eingetragen. Dafür wurde die WHT auf die Datensätze angewandt und die ersten 99 Koeffizienten als Merkmale verwendet. Weiterhin wurden die bestimmten Merkmale auf die Werte $\{0, 1, \ldots, 255\}$ abgebildet. Wie man an den Ergebnissen sieht bleibt auch damit der Testfehler annähernd konstant obwohl durch die Abbildung auf diskrete Werte ein Fehler gemacht wird. Wie in der Tab. 5.3 zu erkennen ist, sind die Ergebnisse mit dem TK-WHT unter Zunahme des Rauschens etwas besser. Das deutet vor allem auf den Tiefpasscharakter der WHT hin, da dadurch die hochfrequenten Rauschanteile in den Bildern unterdrückt werden.

5.3.1 Bewertung

In dem Vergleich des TK mit anderen Klassifikatoren hat sich gezeigt, dass dieser durchaus sehr gute Ergebnisse erzielt. Wie zu erwarten war, wird der Testfehler mit Zunahme des Rauschens etwas schlechter, ist aber vergleichbar mit den Ergebnissen der anderen Klassifikatoren im Test. Der wesentliche Vorteil des TK liegt darin, dass der Lernvorgang sehr einfach ist, sodass für jede Klasse ein Modell entsteht. Aufgrund der Einfachheit der Modelle sind diese ohne großen Aufwand zu erweitern, wenn neue bzw. zusätzliche Lerndaten vorhanden sind. Zum anderen können neue Klassen sehr einfach durch ein neues Modell hinzugefügt werden oder nicht mehr benötigte Klassen sehr einfach wieder entfernt werden. Das wirkt sich sehr positiv auf die Trainingszeit aus, da nicht immer der komplette TK neu trainiert werden muss, sondern lediglich ein Teil des Klassifikators erweitert oder entfernt werden muss. Weiterhin wurde gezeigt, dass der Einsatz von Merkmalen durchaus möglich ist, allerdings müssen diese auf einen geeigneten Wertebereich abgebildet werden.

5.4 Bewertung des Gesamtsystems auf einer Bildfolge

In diesem Abschnitt erfolgt die Bewertung des Gesamtsystems. Im Detail heißt das, die Segmentierung mit den Projektionsprofilen gemäß Abschnitt 3.3 und Abschnitt 3.4 zu verwenden. Insbesondere wird hier auch die Berücksichtigung von Vorwissen untersucht, was nach Abschnitt 3.4.4, bei der Betrachtung von Bildfolgen besondere Vorteile bringt. Die Grundlage zur Ermittlung des Segmentierungs- und Klassifikationsfehlers bildet die Levenshtein-Distanz. Die genaue Vorgehensweise zur Bestimmung des Fehlers findet sich in Anhang E.

5.4.1 Bildfolge / Datensatz

Zum Training der Klassifikatoren wurde auch hier auf den Datensatz in Abschnitt 5.2.1 zurückgegriffen. Allerdings werden nur die Zeichen, d. h. die Klassen, im Lernvorgang berücksichtigt, die auch in der Bildfolge vorhanden sind. Dies erfolgt zum einen, um die Fehler durch die eingeschränkte Anzahl an Klassen zu minimieren und zum anderen, um insbesondere mit der SVM eine schnellere Klassifikation zu erzielen. Weiterhin ist wichtig, dass für das Training der Klassifikatoren immer die gleichen Lern- und Validierungsstichproben verwendet wurden. Zudem wurde eine Rückweisungsklasse hinzugefügt, die den Bildhintergrund repräsentiert. Damit dient diese Klasse nicht dazu, falsch segmentierte Zeichen aufzudecken, sondern

Zeichenfragmente oder Rauschen als Hintergrund einzustufen. Das Training erfolgt ansonsten entsprechend Abschnitt 5.2.

Der Testdatensatz ist hier eine Bildfolge, die mit einer Smart-Kamera aufgenommen wurde, die an einem Förderband direkt nach einem Drucker installiert war. Dazu muss betont werden, dass der Testdatensatz mit einer anderen Smart-Kamera unter gänzlich anderen Bedingungen aufgenommen wurde als die Lernstichproben. Damit sind Lern- und Testdaten völlig unabhängig voneinander, was eine sehr zuverlässige Aussage über die Generalisierungsfähigkeit zulässt. Der Datensatz enthält 289 Aufnahmen, wobei eine davon für die Initialisierung des Segmentierungsverfahrens zur Berücksichtigung von Vorwissen verwendet wurde. Weiterhin wurde in diesem Bild die Textregion festgelegt, die für alle anderen Bilder gleich bleibt. Die verwendete Textregion ist in Abb. 5.15 durch den blauen Rahmen gekennzeichnet und hat die Größe von $[116 \times 230]$ Pixeln. Es ist zu erwähnen, dass die Position des Textblocks in der vorgegebenen Textregion von Aufnahme zu Aufnahme variiert. Weiterhin ändern sich die letzten Ziffern in der vierten Zeile, wodurch die Bildfolge sehr nahe an der Realität ist. In den anderen Zeilen bleiben die Ziffern gleich.

5.4.2 Versuchsablauf

Analog zu den bisher beschriebenen Versuchen, wurden diese ebenfalls in einer Simulationsumgebung durchgeführt. Dazu stand ein Rechner mit

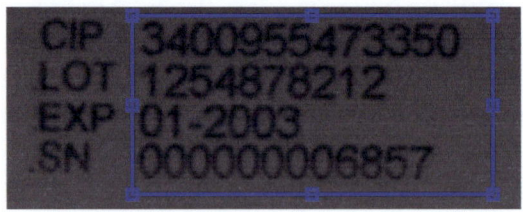

Abbildung 5.15: Gewählte Textregion für die Segmentierung der Bildfolge.

2,26 GHz Intel Core 2 Duo P8400 Prozessor und 4 GB Hauptspeicher zur Verfügung. Nach der Wahl der Textregion im Bild erfolgt die Bestimmung der Zeilenausrichtung und deren Segmentierung. Dazu wurden die Winkelgrenzen zu $\theta_{min} = -24°$ und $\theta_{max} = 24°$ gewählt, wobei die Unterteilung in 0,5°-Schritten erfolgt. Der Parameter $K_t = \lceil 0,25 \cdot N \rceil$ für die Zeilensegmentierung wurde mit der in Abschnitt 3.3.2 vorgeschlagenen Methode bestimmt. Darauf folgt die Neigungswinkelschätzung und die Segmentierung der Zeichen. Dafür wurden die Grenzen $\phi_{min} = -2,5°$ und $\phi_{max} = 2,5°$ festgelegt und die Unterteilung erfolgte ebenfalls in 0,5°-Schritten. Für die Zeichensegmentierung wurde der Parameter $K_z = \lceil 0,01 \cdot M \rceil$ gewählt. Für die Rückweisung der Zeichen zur erneuten Segmentierung wurde das maximale Verhältnis von Zeichenbreite zu -höhe mit $\rho = 1,1$ festgelegt. Der Versuch wurde zweimal durchgeführt, wobei beide Male die beschleunigte Methode zur Winkelschätzung gemäß Abschnitt 3.2.1 zum Einsatz kam. Im zweiten Versuch wurde zusätzlich Vorwissen aus dem initial segmentierten Bild, wie in Abschnitt 3.4.4 beschrieben, sowohl für die Zeilen- als auch für die Zeichensegmentierung berücksichtigt.

Damit die segmentierten Zeichenregionen eine einheitliche Größe bekommen, wurden diese mit Hintergrund aufgefüllt, sodass eine quadratische Zeichenregion entstand. Dabei wurde jeweils die kürzere Seite der Zeichenregion an die längere angepasst, d. h. das Auffüllen erfolgte entweder oben und unten oder rechts und links, sodass die Zeichen möglichst mittig angeordnet sind. Danach erfolgt eine Skalierung der Zeichenregionen auf die Größe $[16 \times 16]$ Pixel, wodurch die einheitliche Größe entstand. Um Beleuchtungsunterschiede zwischen den unterschiedlichen Zeichenregionen auszugleichen, wurde jede der skalierten Zeichenregionen auf den Mittelwert »0« und die Standardabweichung »1« normiert. Darauf folgt die Merkmalsberechnung, wobei bei diesem Versuch nur 48 Merkmale für die Klassifikation verwendet wurden. Der Grund für diese Wahl ist, dass bei allen untersuchten Merkmalen die Dimension gleich sein sollte. Da bei der HWT die Dimension des Merkmalsvektors von der Bildgröße abhängig ist, d. h. der skalierten Zeichenregion, wurde durch die HWT diese Wahl bestimmt. Verwendet wurden die aussichtsreichsten Merkmale aus Abschnitt 5.2.2, die hier verglichen werden sollen. Diese sind die PCA, DCT, WHT und die HWT. Weiterhin sollen die Klassifikatoren SVM, KNN und TK miteinander verglichen werden. Der EBK wird hier nicht gesondert betrachtet, da sich dieser unter den hier gegebenen Voraussetzungen auf ein KNN reduziert. Außer den Segmentierungs- und Klassifikationsergebnissen werden auch die Laufzeiten betrachtet, um eine zuverlässige Aussage im Hinblick auf die Echtzeitanforderung der Verfahren von weniger als 80 ms treffen zu können.

5.4.3 Ergebnisse

Der erste Versuch wurde mit der Segmentierung ohne Vorwissen und den im vorherigen Abschnitt genannten Einstellungen durchgeführt. Dabei stand zunächst die Betrachtung des Fehlers, der den Fehler der Segmentierung und der Klassifikation zusammenfasst, im Vordergrund. Dazu ist der Fehler über alle Bilder der Bildfolge ermittelt worden und im Säulendiagramm in Abb. 5.16 eingetragen. Abhängig ist dieser von der Wahl der Merkmale und des Klassifikators. Als erstes werden die Ergebnisse mit der Segmentierung ohne Vorwissen betrachtet, diese finden sich auf der linken Seite in Abb. 5.16. Auffällig ist, dass die Ergebnisse mit den KNN immer besser sind als mit den SVM und den TK und das unabhängig von der Wahl der Merkmale. Vergleicht man die Ergebnisse der SVM und der TK, sieht man, dass diese sehr ähnlich sind. Die einzige Ausnahme ist die Kombination von PCA und TK, da dort der Fehler mit fast 12 % am größten ist. Der Grund dafür ist, dass bei dieser Kombination sehr häufig die »5« als »6« erkannt wird. Dies wiederum ist auf eine etwas fehlerhafte Segmentierung der »5« zurückzuführen, insbesondere wenn rechts oder links der »5« ein Teil abgeschnitten wird. Ähnlich, nur nicht so oft, tritt diese Verwechslung auch bei der SVM und bei den TK mit den anderen Merkmalen auf. Hier sind die KNN überlegen, was insgesamt zu geringeren Gesamtfehlern führt. Das beste Ergebnis, d. h. der kleinste Fehler mit 5,7 %, wird mit der DCT als Merkmal und den KNN erzielt. Ein ähnlicher Problemfall, der sich bei allen Klassifikatoren zeigt, ist eine etwas fehlerhafte Segmentierung der »8«. Hier wurde manchmal etwas von der linken Seite abgeschnitten, was dazu führt, dass die »8« als »3« erkannt wurde.

Betrachtet man die rechte Seite in Abb. 5.16, findet man dort die Ergebnisse, für eine Segmentierung mit Vorwissen gemäß Abschnitt 3.4.4. Dort wird deutlich, dass sich der Fehler durch die Segmentierung mit Vorwissen deutlich verringert. Dieser liegt mit der DCT und der WHT für alle Klassifikatoren in etwa zwischen 2 % und 2,7 %. Damit ist es aus statistischer Sicht sehr schwer einen signifikanten Vorteil eines Klassifikators abzuleiten. Anders sieht es bei der PCA als Merkmal aus. Dort liegt der Fehler mit der SVM etwas unter dem des KNN, jedoch weicht der Fehler mit dem TK mit fast 4,7 % deutlich davon ab. Auch hier besteht das Problem der falschen Zuordnung von »5« zu »6«. Der Fehler, der unter Verwendung der HWT erzielt wurde, ist mit über 4,5 %

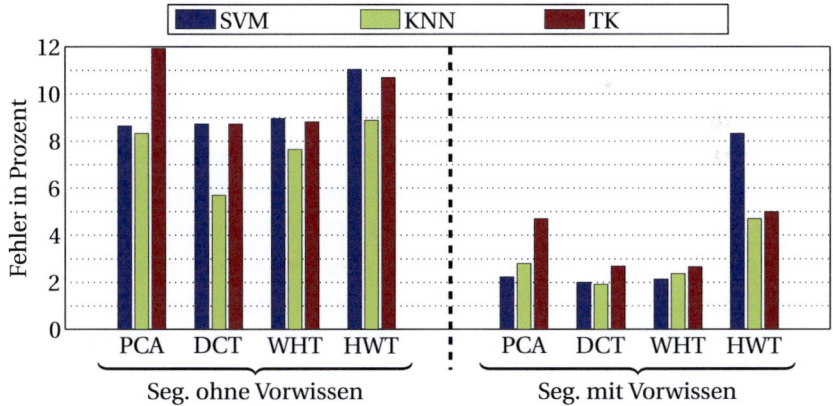

Abbildung 5.16: Gesamtfehler aller Zeichen der Bildfolgen, der die Segmentierung in Kombination mit Merkmal und Klassifikation berücksichtigt, vgl. Anhang E. Weiterhin wird zwischen der Segmentierung mit und ohne Vorwissen verglichen.

mit den KNN und sogar über 8 % mit den SVM deutlich größer, was gegen die Wahl der HWT als Merkmal spricht. Die signifikant besseren Ergebnisse mit Berücksichtigung von Vorwissen bei der Segmentierung kommen vor allem daher, dass in der letzten Zeile die Segmentierung der vielen Nullen verbessert wird, was ein häufiges zerfallen dieser verhindert, und dadurch zu einer besseren Erkennungsleistung führt.

Um die Unterschiede der beiden Segmentierungsverfahren noch genauer zu betrachten, sind in Abb. 5.17 die aufgetretenen Fehler auf die einzelnen Zeilen der Bildfolge bezogen. Dabei erfolgt die Durchnummerierung der Zeilen in der Textregion in Abb. 5.15 von oben nach unten. Die Ergebnisse wurden unter Verwendung der WHT und einem TK erzielt. Dabei fällt auf, dass die Fehler auf der ersten und dritten Zeile deutlich kleiner sind als die, die auf der zweiten und vierten Zeile erzielt wurden. Ursache dafür ist in Zeile zwei die »4«, die durch den Druck sehr häufig mit der »5« oder »8« zusammenwächst, was ebenfalls zu einer fehlerhaften Segmentierung führt und die Klassifikation negativ beeinflusst. Weiterhin wurde festgestellt, dass der deutlich höhere Fehler in der vierten Zeile nicht wesentlich von den sich ändernden letzten vier Stellen verursacht wird, sondern von den vielen Nullen davor. Durch die geringe Auflösung und den teilweise sehr schlechten Druck kommt es häufig vor, dass die Nullen zusammenwachsen und nach der Rückweisung falsch getrennt werden. Betrachtet man die Ergebnisse in Abb. 5.17, die unter Berücksichtigung von Vorwissen bei der Segmentierung erzielt wurden, sieht man eine signifikante Verbesserung auf der zweiten und auf der vierten Zeile, da die Fehler unter 4,2 % liegen. Auch auf Zeile eins konnte der Fehler von 3,3 % auf etwa 1,4 % reduziert werden. Auf der dritten Zeile ergab sich nahezu keine Verbesserung.

Es ist jedoch zu betonen, dass die erzielten Ergebnisse insgesamt sehr gut sind, vor allem wenn man bedenkt, dass die Klassifikatoren mit völlig unabhängigen Lernstichproben trainiert wurden. Bei den Merkmalen zeigen sich die PCA, DCT und die WHT als besonders geeignet, da damit mit den SVM und den KNN sehr gute Ergebnisse erzielt werden konnten. Dies be-

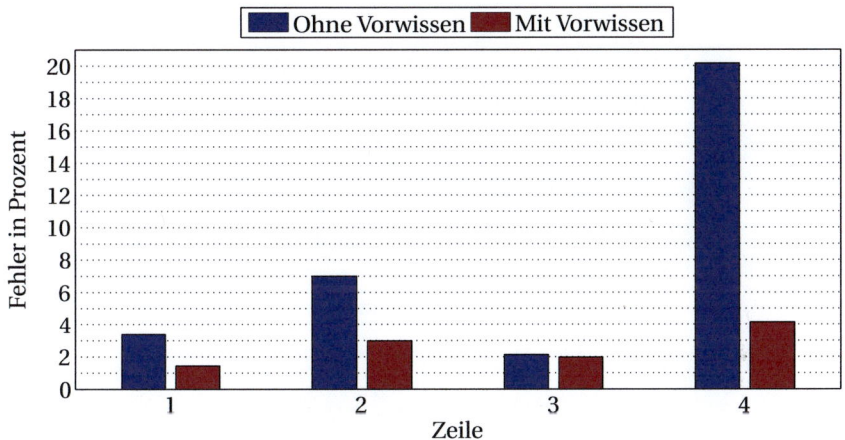

Abbildung 5.17: Fehler der Segmentierung in Kombination mit dem WHT Merkmal und dem TK bezogen auf die einzelnen Zeilen der Bildfolge.

stätigte sich auch für die DCT und die WHT mit den TK. Denn mit diesen Merkmalen führte die Klassifikation mit dem TK zu ähnlichen Ergebnissen wie mit den anderen beiden Klassifikatoren, wodurch die Verwendung des TK hier gerechtfertigt werden kann. Weiterhin kommt beim TK die Einfachheit des Trainings hinzu, wodurch dieser hochflexibel ist und ohne lange Trainingszeiten an neue Anwendungen angepasst werden kann.

Zusätzlich soll an dieser Stelle noch der Einfluss von Störungen auf die Segmentierung mit Vorwissen betrachtet werden, insbesondere, wenn in einer Zeile ein Zeichen fehlt oder mehrere durch äußere Einwirkungen zusammenwachsen. Dazu wird eine vierte Zeile aus einem Bild der Bildfolge betrachtet, bei der gezielt eine »0« entfernt wurde und durch einen Strich drei Zeichen zusammenwachsen. Die Initialisierung erfolgte wiederum mit der Textregion in Abb. 5.15. Das Ergebnis ist in Abb. 5.18 dargestellt. Darin findet man in Abb. 5.18a die segmentierte Zeile, darunter das Segmentierungsergebnis der Zeichen ohne Vorwissen und in Abb. 5.18c das Ergebnis unter Berücksichti-

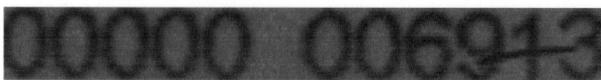

(a) Segmentierungsergebnis der vierten Zeile
aus einem Bild der Bildserie.

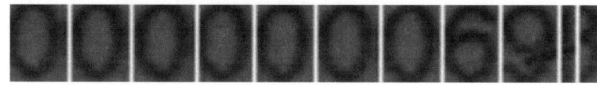

(b) Segmentierungsergebnis der Zeichen
ohne verwendetes Vorwissen.

(c) Segmentierungsergebnis der Zeichen
unter Berücksichtigung von Vorwissen.

Abbildung 5.18: Beispiel der Zeichensegmentierung einer gestörten Zeile.

gung von Vorwissen. Man sieht, dass trotz des Strichs, der mehrere Zeichen
verbindet, die Zeichen mit Vorwissen korrekt segmentiert werden können.
Somit folgt, dass bei einer Störung, die mehrere Zeichen verbindet, das Vorwissen gewinnbringend eingesetzt werden kann. Das bestätigt der Vergleich
mit dem Ergebnis in Abb. 5.18b, bei dem zwei der drei Zeichen zerschnitten
wurden. Etwas anders sieht es in dem Fall aus, wenn ein Zeichen fehlt, denn
dann kann, wie z. B. in Abb. 5.18c zu sehen, ein Rand stehen bleiben. Um dem
entgegenzuwirken, ist ein weiterer Nachbearbeitungsschritt notwendig. Positiv ist allerdings, dass die Zeichen an sich nicht zerschnitten oder in anderer
Weise durch die Segmentierung beschädigt werden.

Somit konnte gezeigt werden, dass die Verwendung von Vorwissen durchaus
gewinnbringend sein kann und auch beim Auftreten von äußeren Störeinflüssen von Vorteil ist. Da zum Zeitpunkt der Versuche nur diese Bildfolge
vorlag, die unter realistischen Bedingungen aufgenommen wurde, war es
nicht möglich, diese Aussage durch weitere Versuche statistisch zu festigen.

5.4.4 Laufzeitbetrachtung

Da die Echtzeitanforderung an das OCR-System sehr groß ist, wird an dieser Stelle die Laufzeit in Anlehnung an den vorhergehenden Abschnitt betrachtet. Deshalb wird auch hier zwischen den vier Merkmalen und den drei Klassifikatoren unterschieden. Zudem werden wiederum die Ergebnisse zwischen der Segmentierung mit und ohne Vorwissen verglichen.

Die gesamten Ergebnisse der gemessenen Laufzeiten sind in Abb. 5.19 zusammengestellt. Die Zeiten der einzelnen Säulen entstehen aus der Summe der Zeiten der Segmentierung und der Klassifikation. Dabei sind in den Zeiten der Klassifikation die Zeiten der Skalierung, Normalisierung, Merkmalsberechnung und der Klassifikation selbst zusammengefasst. Beim TK kommt zusätzlich noch die Abbildung auf einen diskreten Wertebereich, wie in Abschnitt 5.3 angesprochen, hinzu. Die Laufzeiten für die Segmentierung ohne Vorwissen sind auf der linken Seite in Abb. 5.19 zu sehen. Diese tragen mit etwa 28 ms zur gesamten Laufzeit bei, wobei diese für alle Merkmale und Klassifikatoren gleich bleibt. Dabei wird die Überlegenheit der KNN wiederum sehr deutlich, da deren Klassifikationszeit, unabhängig vom gewählten Merkmal, kleiner als 10 ms ist. Bildet man die Summe mit den Zeiten der Segmentierung werden damit Zeiten kleiner als 40 ms erreicht, wodurch die geforderte Echtzeitbedingung etwa um die Hälfte unterschritten wird. Mit den TK sind die Klassifikationszeiten für DCT, WHT und HWT etwas kleiner als 20 ms, wodurch in der Summe Zeiten kleiner als 50 ms erreicht werden. Lediglich die Kombination aus PCA und TK hebt sich ab. Dort liegt die Klassifikationszeit etwa bei 50 ms und liegt damit im Bereich der Zeiten der SVM. Dies liegt daran, dass die dem TK zugrundeliegenden Modelle mehr Zustände und auch deutlich mehr Verbindungen aufweisen als bei den anderen Merkmalen, wodurch die Anzahl der Berechnungen steigt. Die Klassifikation mit den SVM benötigt in diesem Versuch in etwa um den Faktor zehn länger als die der KNN und ist damit im Vergleich zur Laufzeitbetrachtung in Abb. 5.2.3 um den Faktor zehn schneller. Dies liegt daran, dass mit der Anzahl der Klas-

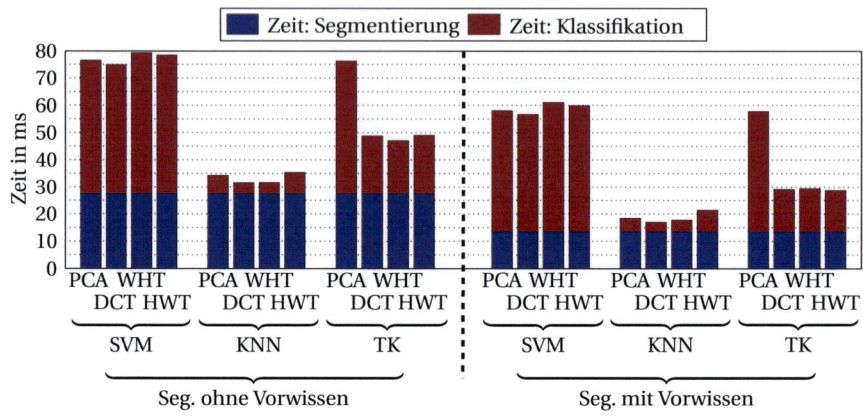

Abbildung 5.19: Laufzeitenvergleich des Gesamtsystems auf einer Bildfolge.

sen auch der Rechenaufwand bei den SVM ansteigt. Allerdings ist zu sagen, dass die gemessenen Zeiten die Echtzeitbedingung knapp unterschreiten und damit auch der Einsatz der SVM in diesem Fall akzeptabel wäre.

Weiterhin sind auf der rechten Seite in Abb. 5.19 die Laufzeiten aufgetragen, die mit der Segmentierung mit Vorwissen gemessen wurden. Die Laufzeit für die Segmentierung hat sich mit etwa 14 ms auf die Hälfte verringert, wodurch auch für die SVM die Echtzeitbedingung deutlich erfüllt werden kann. Zudem wird auch die Klassifikation bei allen Klassifikatoren etwas schneller, da weniger Zeichen zerfallen und damit weniger Klassifikationen durchgeführt werden müssen. Damit liegen die Laufzeiten der SVM in etwa bei 45 ms, die der KNN bei etwa 5 ms und die der TK bei etwa 16 ms. Die einzige Ausnahme ist auch hier wieder die Kombination von PCA und TK, da damit die Klassifikation ungefähr 45 ms benötigt, was wiederum auf die Modelle dieses TK zurückzuführen ist. Somit führt das verwendete Vorwissen nicht nur zu einem besseren Ergebnis der Segmentierung und folglich der Erkennung, sondern führt auch zu einer signifikanten Beschleunigung des Segmentierungsverfahrens. Dennoch muss man sich bewusst sein, dass die Laufzeiten sehr stark von der Auflösung der Textregion und von der Anzahl der Zeichen abhängen. Daher empfiehlt es sich zu prüfen, ob die geforderte Echtzeitbedingung in Abhängigkeit der Anwendung erfüllt werden kann. Weiterhin ist zu erwähnen, dass die Laufzeiten hier in einer Simulationsumgebung gemessen wurden, wodurch diese je nach Hardware geprüft werden muss.

5.4.5 Bewertung und Schlussfolgerung

In diesem Abschnitt wurde gezeigt, dass die Verwendung von Vorwissen bei der Segmentierung zu erheblicher Verminderung der Klassifikationsfehler führt und zudem die Segmentierung beschleunigt. Teil der Untersuchung war auch die Erkennungsleistung bei verschiedenen Merkmalen und Klassifikatoren. Dabei ergaben sich für die Merkmale PCA, DCT und WHT in etwa die gleichen Ergebnisse sowohl bei Betrachtung des Fehlers, als auch bei der Laufzeit. Einzig die HWT und beim TK die PCA bleiben in Bezug auf die Erkennungsleistung etwas hinter den anderen Merkmalen zurück. Gezeigt hat sich auch, dass die Fehler der erkannten Zeichen bei den KNN im Vergleich mit den SVM annähernd gleich und in einigen Fällen eher etwas geringer waren. Zudem hat sich auch gezeigt, dass der TK, insbesondere mit den Merkmalen DCT und WHT, zu ähnlich guten Ergebnissen führt. Im Vergleich der Laufzeiten sind aber auch hier die KNN klar überlegen. Gefolgt von den TK, die je nach Merkmal, ungefähr 15 ms langsamer sind. Dafür haben diese aber einen klaren Vorteil beim Training, da die Modelle sehr einfach hinzugefügt, verändert oder entfernt werden können. Dadurch lässt sich der TK sehr einfach an neue Anwendungsanforderungen anpassen.

5.5 Zusammenfassung der erzielten Ergebnisse

In diesem Kapitel wurden die vorgestellten Verfahren getestet und bewertet. Dabei stand zunächst die Untersuchung der einzelnen Komponenten des vorgeschlagenen OCR-Systems im Vordergrund. Dazu konnte gezeigt werden, dass vor allem durch die vorgestellten Segmentierungsverfahren eine deutliche Verbesserung der Segmentierung erzielt werden kann. Insbesondere ist hervorzuheben, dass der einzige freie Parameter zuverlässig geschätzt werden kann und sich das Verfahren an die Gegebenheiten der Textregionen anpasst. Eine weitere Verbesserung der Segmentierungsleistung konnte mit dem Verfahren der Graphenschnitte erreicht werden, da es sich gezeigt hat, dass sich diese sehr zuverlässig für die nicht lineare Zeichensegmentierung einsetzen lassen.

Weiterhin wurden verschiedene Kombinationen von Merkmalen und Klassifikatoren auf ihre Robustheit gegenüber Rauschen untersucht. Dabei hat sich herausgestellt, dass sich vor allem die vorgestellten linearen Transformationen sehr gut als Merkmale eignen. Als zuverlässigster Klassifikator hat sich die SVM erwiesen, mit der in den meisten Fällen die besten Ergebnisse erzielt wurden. Allerdings hat diese den Nachteil, dass die Laufzeiten sehr hoch sind. Hier sind die KNN klar überlegen, da diese um mehr als Faktor zehn schneller sind und somit selbst bei den betrachteten hundert Klassen die Echtzeitbedingung erfüllt werden kann.

Die Versuche zu der Kombination von SVM und KNN in Entscheidungsbäumen haben gezeigt, dass damit annähernd die gleichen Ergebnisse erzielt werden können wie mit einer SVM. Zudem konnte die Laufzeit gegenüber der SVM um etwa einen Faktor zwei verringert werden. Dies zeigt, dass die geschickte Kombination der beiden Klassifikatoren die Vorteile beider ausnutzt. Zudem hat diese Struktur aus praktischer Sicht einen Vorteil, da je nach Anwendung einzelne Knoten im Entscheidungsbaum ausgelassen werden können und dadurch die Laufzeit verkürzt und die Zuverlässigkeit erhöht werden kann.

Ebenfalls untersucht wurde der vorgestellte Trellis-Klassifikator, der mit anderen Klassifikatoren verglichen wurde. Dieser Vergleich hat gezeigt, dass dieser ebenfalls zu sehr guten Ergebnissen führt. Der besondere Vorteil ist, dass er in Abhängigkeit von den Klassen modular aufgebaut ist. Damit lassen sich neue Klassen sehr einfach hinzufügen bzw. nicht mehr benötigte Klassen wieder entfernen, ohne dass der gesamte Klassifikator neu trainiert werden muss.

Abschließend erfolgt die Bewertung des Gesamtsystems hinsichtlich des Erkennungsfehlers und der Echtzeitfähigkeit auf einer unter Realbedingungen aufgenommen Bildfolge. Insbesondere konnte hier gezeigt werden, dass die Verwendung von Vorwissen die Segmentierung und damit auch die Klassifikation signifikant verbessern kann. Insbesondere mit den Merkmalen DCT und WHT liegen die Erkennungsleistung der SVM, KNN und TK sehr nahe beieinander. Der TK bietet zudem den Vorteil des einfachen Trainings, wodurch dieser je nach Anforderung der Anwendungen den anderen vorzuziehen ist. Zudem wirkte sich die Segmentierung mit Vorwissen auch positiv auf die Laufzeit aus, da sich die Segmentierung um etwa die Hälfte der Zeit verkürzte. Der Vergleich von SVM, KNN und TK in Kombination mit ausgewählten linearen Transformationen als Merkmal zeigte, dass die geforderte Echtzeitbedingung prinzipiell erfüllt werden kann. Dass diese selbst mit der SVM erfüllt wird, liegt vor allem daran, dass nur zwölf Klassen berücksichtigt wurden. Weiterhin ist zu erwähnen, dass die Laufzeit sehr stark von der Größe der Textregion, vom vorgegebenen Winkelbereich und von der Anzahl der Zeichen abhängt.

6

Zusammenfassung

Vor allem in industriellen Anlagen nimmt der Einsatz von Smart-Kameras immer mehr zu, da diese überwiegend durch ihre kleine Bauweise sehr einfach montiert werden können und sperrige Rechnersysteme oder Schaltschränke damit überflüssig werden. Diese übernehmen vor allem Sichtprüfungsaufgaben oder die automatische Erfassung von Barcodes. Eine weitere Anforderung, die in diesem Bereich immer mehr an Bedeutung gewinnt, ist die optische Zeichenerkennung, wodurch bspw. Produkt- oder Seriennummern, Verfalls- oder Verpackungsdaten automatisch gelesen werden. Daraus ergab sich die Zielsetzung der Arbeit, ein robustes OCR-System für eine Smart-Kamera zu entwerfen, das vor allem die in der Industrie geforderten Echtzeitbedingungen erfüllt und auch mögliche Randbedingungen gewinnbringend berücksichtigt.

Der Fokus der Arbeit liegt auf der Segmentierung der Zeichen, d. h. auf einer bestmöglichen Trennung der Zeichen vom Hintergrund. Dazu erfolgte in Kap. 3 eine ausführliche Diskussion. Grund dafür war die Feststellung, dass eine nicht ausreichend zuverlässige Segmentierung das System sehr wesentlich negativ beeinflussen kann. Dafür wird ein Verfahren vorgestellt, das auf Projektionsprofilen basiert, die direkt auf dem Grauwertbild bestimmt werden. Dieses eignet sich sowohl für die Bestimmung der Zeilenausrichtung und der Zeichenneigung, wie auch zur Segmentierung. Zudem wird ein Verfahren vorgeschlagen, mit dem die Segmentierungsschwelle auf der betrachteten Textregion bestimmt wird, wodurch es sich adaptiv an die Gegebenheiten anpassen kann. Ein weiterer Vorteil ist, dass das Verfahren nur einen freien Parameter aufweist, für den ein zuverlässiges Schätzverfahren vorgestellt wurde. Zur Laufzeitverkürzung wurden insbesondere für die Winkelschätzung der Zeilenausrichtung und Zeichenneigung mehrere Ansätze betrachtet, die teilweise zu signifikanten Verbesserungen führen. Zur weiteren Verbesserung der Segmentierung kann hauptsächlich die Tatsache ausgenutzt werden, dass in vielen Anwendungen von einer Bildfolge ausgegangen werden kann, in der sich von Bild zu Bild nur sehr wenig ändert. Dafür wurde ein Verfahren vorgestellt, das mittels der bayesschen Entscheidungstheorie vorhandenes Vorwissen berücksichtigt.

Die Projektionsprofile eignen sich im Allgemeinen sehr gut zur Segmentierung von Zeichen und haben sich zudem als robust und schnell erwiesen. Allerdings erlauben sie nur lineare Schnitte zwischen den Zeichen, was insbesondere bei sehr nahe beieinander stehenden Zeichen zu Fehlern führen kann. Deshalb wurde ein Verfahren vorgestellt, das auf Graphenschnitten basiert. Dazu wird aus den zusammengewachsenen Zeichen anhand eines definierten Energiefunktionals ein Graph erzeugt. Dabei wird der minimale Schnitt durch den Graphen als bestmöglicher Schnitt zwischen zwei Zeichen aufgefasst.

Die Grundlagen für die Merkmalsberechnung und die Klassifikation für die optische Zeichenerkennung wurden in Kap. 4 gelegt. Dazu wurden in Kap. 5 verschiedene Kombinationen aus Merkmalen und Klassifikatoren bezüglich deren Verhalten unter dem Einfluss von Rauschen in den Zeichenregionen untersucht. Dabei erwiesen sich insbesondere die betrachteten linearen Transformationen unabhängig vom gewählten Klassifikator als sehr geeignete Merkmale. Weiterhin wurde gezeigt, dass durch die geeignete Kombination von SVM und KNN in einem Entscheidungsbaum ein Klassifikator erreicht werden kann, der annähernd an dieselbe Erkennungsleistung einer SVM heranreicht, allerdings um mehr als einen Faktor zwei schneller ist. Zudem kann die Baumstruktur dahingehend ausgenutzt werden, dass, wenn bedingt durch die Anwendung nur ein bestimmter Klassifikator aus dem Entscheidungsbaum benötigt wird, alle anderen ausgelassen werden können. Zusätzlich wurde ein Klassifikator entwickelt, der an die Signaldetektion in Kommunikationssystemen angelehnt ist. Dabei werden die einzelnen Klassen durch unterschiedliche Modelle repräsentiert, die sehr einfach mit neuen Stichproben erweiterbar sind. Zudem können neue Klassen ohne Weiteres durch Hinzufügen neuer Modelle berücksichtigt werden, wodurch der Klassifikator sich mit sehr wenig Aufwand an neue Anwendungen anpassen lässt.

Die vorgestellten Verfahren bilden mögliche Teilkomponenten eines Gesamtsystems für die optische Zeichenerkennung in industriellen Umgebungen. Die Teilkomponenten wurden in Kap. 5 in verschiedenen Experimenten mit anderen Verfahren verglichen, genauer untersucht und bewertet. Dabei hat der Vergleich mit anderen Verfahren gezeigt, dass sich die vorgeschlagenen Segmentierungsverfahren mittels Projektionsprofilen auf verschiedenartigen Testbildern für eine zuverlässige Segmentierung sowohl von Zeilen als auch Zeichen sehr gut eignen, ohne dass Parameter geändert werden müssen. Zudem wurde die geforderte Echtzeitfähigkeit untersucht, die insbesondere durch eine modifizierte Winkelschätzung ohne Weiteres erreicht werden kann. Der Vergleich des Graphenschnittverfahrens zum Erreichen von nicht linearen Schnitten erwies sich mit dem jetzigen Hardwarestand als noch nicht echtzeitfähig, allerdings zeigte der Vergleich mit einem Verfahren, welches auf dynamischer Programmierung basiert, dass das Graphenschnittverfahren zu besseren Schnittergebnissen führt.

Der Vergleich von Merkmalen und Klassifikatoren und die Untersuchung zu deren Robustheit unter dem Einfluss von Rauschen zeigte, dass vor allem die linearen Transformationen, unabhängig vom Klassifikator, zu sehr guten Ergebnissen führen. Das Ergebnis dieses Vergleichs diente als Grundlage für die Auswahl der Merkmale und Klassifikatoren, die zur Evaluation des Gesamtsystems verwendet wurden.

Das Gesamtsystem aus Abb. 1.1 zeichnet sich dadurch aus, dass durch die Anwendungen gegebenes Vorwissen bei der Segmentierung der Zeilen und Zeichen berücksichtigt werden kann. Dadurch kann das Segmentierungsergebnis verbessert werden, was somit zu einer besseren Erkennungsleistung führt. Zudem hat sich in den Experimenten mit einer Bildfolge gezeigt, dass die Berücksichtigung von Vorwissen zusätzlich zu einer Laufzeitverkürzung des Systems führt. Dadurch entsteht ein sehr zuverlässiges Zeichenerkennungssystem, das die geforderte Echtzeitbedingung erfüllt. Zudem sind Benutzereingaben optional möglich, allerdings nicht zwingend notwendig, was unter Umständen mögliche Eingabefehler durch den Benutzer verringert. Weiterhin wurde bei diesem Vergleich gezeigt, dass der TK im Vergleich mit den SVM und KNN seht gut abschneidet und ebenfalls der Echtzeitanforderung genügt.

Um die Benutzerfreundlichkeit noch weiter zu steigern, kann das System um eine automatische Detektion der Textregion erweitert werden. Deren Eignung muss allerdings in Bezug auf die Anwendung geprüft werden. Es kann nämlich vorkommen, dass im Bild Produktnamen oder ähnliches zu sehen sind, die nicht gelesen werden sollen. In solchen Fällen muss dann unter Umständen eine manuelle Auswahl der zu lesenden Textregion erfolgen.

Für eine Erweiterung des Einsatzgebiets des vorgestellten Zeichenerkennungssystems wäre eine zuverlässige Segmentierung von Zeichen in gewellten oder gebogenen Zeilen denkbar. Dafür ist die in dieser Arbeit betrachtete grundlegende Herangehensweise zur Segmentierung mit den Projektionsprofilen eher ungeeignet, da diese Zeichen verlangen, die auf einer Linie ausgerichtet sind.

Als weitere Verbesserung für die Zukunft wäre ein Online-Training des Klassifikators im laufenden Betrieb denkbar. Dies hätte den Vorteil, dass der Klassifikator optimal an die in der Anwendung verwendeten Zeichen und Schriftarten angepasst werden kann. Dabei sollte beachtet werden, dass das Online-Training möglichst ohne manuelle Zuordnung der Klassenzugehörigkeiten durch den Benutzer erfolgen sollte, da dies in aller Regel keine zufriedenstellende Lösung bietet.

Literaturverzeichnis

[Ahm74] AHMED, N.; NATARAJAN, T. und RAO, Kamisetty Ramamohan: Discrete Cosine Transform. *IEEE Transactions on Computers* (1974), Bd. C-23(1): S. 90–93

[Ahu93] AHUJA, Ravindra K.; MAGNANTI, Thomas L. und ORLIN, James B.: *Network Flows: Theory, Algorithms, and Applications*, Prentice Hall (1993)

[Aki90] AKIYAMA, Teruo und HAGITA, Norihiro: Automated Entry System for Printed Documents. *Pattern Recognition* (1990), Bd. 23(11): S. 1141–1154

[Alg10] ALGINAHI, Yasser: Preprocessing Techniques in Character Recognition, in: Minoru Mori (Herausgeber) *Character Recognition*, InTech (2010), S. 1–20

[Ami90] AMINI, Amir A.; WEYMOUTH, Terry E. und JAIN, Ramesh C.: Using dynamic programming for solving variational problems in vision. *IEEE Transactions on Pattern Analysis and Machine Intelligence* (1990), Bd. 12(9): S. 855–867

[Ana06] ANAGNOSTOPOULOS, Christos Nikolaos E.; ANAGNOSTOPOULOS, Ioannis E.; LOUMOS, Vassili und KAYAFAS, Eleftherios: A License Plate-Recognition Algorithm for Intelligent Transportation System Applications. *IEEE Transactions on Intelligent Transportation Systems* (2006), Bd. 7(3): S. 377–392

[Ana08] ANAGNOSTOPOULOS, Christos Nikolaos E.; ANAGNOSTOPOULOS, Ioannis E.; PSOROULAS, Ioannis D.; LOUMOS, Vassili und KAYAFAS, Eleftherios: License Plate Recognition From Still Images and Video Sequences: A Survey. *IEEE Transactions on Intelligent Transportation Systems* (2008), Bd. 9(3): S. 377–391

[Ara06] ARADHYA, Manjunath V. N.; KUMAR, Hemantha G. und NOUSHATH, S.: Two-Dimensional Matrix Principal Component Analysis Useful for Character Recognition, in: *Proceedings of the International Conference on Information and Automation* (2006), S. 390–393

[Bai07] BAIRD, Henry: The State of the Art of Document Image Degradation Modelling, in: Bidyut B. Chaudhuri (Herausgeber) *Digital Document Processing*, Advances in Pattern Recognition, Springer London (2007), S. 261–279

[Ban07]   BANFIELD, Robert E.; HALL, Lawrence O.; BOWYER, Kevin W. und KEGELMEYER, W.P.: A Comparison of Decision Tree Ensemble Creation Techniques. *IEEE Transactions on Pattern Analysis and Machine Intelligence* (2007), Bd. 29(1): S. 173–180

[Bea84]   BEAUCHAMP, Kenneth G.: *Applications of Walsh and Related Functions*, Microelectronics and signal processing, Academic Press (1984)

[Bee81]   BEER, Tom: Walsh Transforms. *American Journal of Physics* (1981), Bd. 49(5): S. 466–472

[Beh99]   BEHEIM, Larbi und MILGRAM, Maurice: Segmentation of Degraded Characters, in: *Proc. SPIE*, Bd. 3967 (1999), S. 11–22

[Ber05]   BERTSEKAS, Dimitri P.: *Dynamic Programming and Optimal Control*, Bd. 1, Athena Scientific, Belmont, MA, 3. Aufl. (2005)

[Bha54]   BHATIA, A. B. und WOLF, E.: On the Circle Polynomials of Zernike and Related Orthogonal Sets, in: *Mathematical Proceedings of the Cambridge Philosophical Society*, Bd. 50 (1954), S. 40–48

[Bin09]   BINGXIA, Shi; NA, Yu; JIA, Xu und QUANMING, Zhao: Extraction and Recognition Alphabetic and Digital Characters on Industrial Containers, in: *Proceedings of the International Conference on Computational Intelligence and Security*, Bd. 1 (2009), S. 340–343

[Bis06]   BISHOP, Christopher M.: *Pattern Recognition and Machine Learning*, Information science and statistics, Springer, New York, NY (2006)

[Bob01]   BOBER, Miroslaw: MPEG-7 Visual Shape Descriptors. *IEEE Transactions on Circuits and Systems for Video Technology* (2001), Bd. 11(6): S. 716–719

[Boy01]   BOYKOV, Yuri; VEKSLER, Olga und ZABIH, Ramin: Fast Approximate Energy Minimization via Graph Cuts. *IEEE Transactions on Pattern Analysis and Machine Intelligence* (2001), Bd. 23(11): S. 1222–1239

[Boy04]   BOYKOV, Yuri und KOLMOGOROV, Vladimir: An Experimental Comparison of Min-Cut/Max- Flow Algorithms for Energy Minimization in Vision. *IEEE Transactions on Pattern Analysis and Machine Intelligence* (2004), Bd. 26(9): S. 1124–1137

[Boy06a]   BOYKOV, Yuri und FUNKA-LEA, Gareth: Graph Cuts and Efficient N-D Image Segmentation. *International Journal of Computer Vision* (2006), Bd. 70(2): S. 109–131

[Boy06b]   BOYKOV, Yuri und VEKSLER, Olga: Graph Cuts in Vision and Graphics: Theories and Applications, in: *Handbook of Mathematical Models in Computer Vision*, Springer US (2006), S. 79–96

[Bre84]   BREIMAN, Leo; FRIEDMAN, Jerome H.; OLSHEN, Richard A. und STONE, Charles J.: *Classification and Regression Trees*, Chapman & Hall / CRC, 1. Aufl. (1984)

[Bre96]   BREIMAN, Leo: Bagging Predictors. *Machine Learning* (1996), Bd. 24: S. 123–140

[Bre01]   BREIMAN, Leo: Random Forests. *Machine Learning* (2001), Bd. 45: S. 5–23

[Bre08]   BREUEL, Thomas M.: The OCRopus Open Source OCR System, in: *Proc. SPIE*, Bd. 6815 (2008), S. 1–15

[Bre11]   BREIMAN, Leo und CUTLER, Adele: Random Forests (2011), URL http://www. stat.berkeley.edu/~breiman/RandomForests/cc_home.htm, Version: 5.1

[Bro00]   BRONSTEIN, Ilja N.; SEMENDJAJEW, Konstantin A.; MUSIOL, Gerhard und MÜHLIG, Heiner: *Taschenbuch der Mathematik*, Deutsch, 5. Aufl. (2000)

[Bun00]   BUNKE, Horst und WANG, Patrick S. P. (Herausgeber): *Handbook of Character Recognition and Document Image Analysis*, World Scientific Publishing Company (2000)

[Can08]   CANER, Hakan; GECIM, H. Selcuk und ALKAR, Ali Ziya: Efficient Embedded Neural-Network-Based License Plate Recognition System. *IEEE Transactions on Vehicular Technology* (2008), Bd. 57(5): S. 2675–2683

[Cas96]   CASEY, Richard G. und LECOLINET, Eric: A Survey of Methods and Strategies in Character Segmentation. *IEEE Transactions on Pattern Analysis and Machine Intelligence* (1996), Bd. 18: S. 690–706

[Cha11]   CHANG, Chih-Chung und LIN, Chih-Jen: LIBSVM: A Library for Support Vector Machines (2011), URL http://www.csie.ntu.edu.tw/~cjlin/libsvm, Version: 2.9-1

[Che77]   CHEN, Wen-Hsiung; SMITH, C. und FRALICK, S.: A Fast Computational Algorithm for the Discrete Cosine Transform. *IEEE Transactions on Communications* (1977), Bd. 25(9): S. 1004–1009

[Che93]   CHEN, Chien-Huei und DECURTINS, Jeff L.: Segmentation-Free Approach to Optical Character Recognition, in: *Proc. SPIE*, Bd. 1906 (1993), S. 81–88

[Che99]   CHEN, Guangyi und BUI, Tien D.: Invariant Fourier-Wavelet Descriptor for Pattern Recognition. *Pattern Recognition* (1999), Bd. 32(7): S. 1083–1088

[Che11]   CHEN, Hsin-Chen; CHEN, Chih-Kai; HSU, Fu-Yu; LIN, Yu-San.; WU, Yu-Te und SUN, Yung-Nien: A Computer Vision System for Automated Container Code Recognition, in: *Proceedings of the International Multi-Conference of Engineers and Computer Scientists*, Bd. 1 (2011), S. 470–474

[Chi99]   CHIM, Y.C.; KASSIM, A.A. und IBRAHIM, Y.: Character Recognition Using Statistical Moments. *Image and Vision Computing* (1999), Bd. 17(3-4): S. 299–307

[Cho03]   CHONG, Chee-Way; RAVEENDRAN, P. und MUKUNDAN, R.: A Comparative Analysis of Algorithms for Fast Computation of Zernike Moments. *Pattern Recognition* (2003), Bd. 36(3): S. 731–742

[Cho09]   CHOI, SungHoo; YUN, Jong Pil und KIM, Sang Woo: Text Localization and Character Segmentation Algorithms for Automatic Recognition of Slab Identification Numbers. *Optical Engineering* (2009), Bd. 48(037206)

[Cho10]   CHOI, SungHoo; YUN, Jong Pil; SIM, SeungBo und KIM, Sang Woo: Edge-Based Text Localization and Character Segmentation Algorithms for Automatic Slab Information Recognition, in: *Proceedings of the International Conference on Image Analysis and Signal Processing* (2010), S. 387–392

[Chu11]   CHUNG, Heejin; SIHN, Kue-Hwan; HONG, Sooncheol; SONG, Hyo Jung und KIM, Donggun: Scene Text Recognition System using Multigrain Parallelism, in: *Proceedings of the 8th Annual IEEE Consumer Communications and Networking Conference* (2011), S. 865–869

[Coa11]   COATES, Adam; LEE, Honglak und NG, Andrew Y: An Analysis of Single-Layer Networks in Unsupervised Feature Learning, in: *Proceedings of the 14th International Conference on Artificial Intelligence and Statistics,* Bd. 15 (2011), S. 215–223

[Cor10]   CORMEN, Thomas H.; LEISERSON, Charles E.; RIVEST, Ronald und STEIN, Clifford: *Algorithmen – Eine Einführung,* Oldenbourg Verlag, München, 3. Aufl. (2010)

[Cri00]   CRISTIANINI, Nello und SHAWE-TAYLOR, John: *An Introduction to Support Vector Machines: And Other Kernel-Based Learning Methods,* Cambridge University Press (2000)

[CVR11]   Computer Vision Research Group at the University of Western Ontario (2011), URL http://vision.csd.uwo.ca/code/, Version: 3.0

[Dab10]   DABBAGHCHIAN, Saeed; GHAEMMAGHAMI, Masoumeh P. und AGHAGOLZADEH, Ali: Feature Extraction Using Discrete Cosine Transform and Discrimination Power Analysis with a Face Recognition Technology. *Pattern Recognition* (2010), Bd. 43(4): S. 1431–1440

[Dah94]   DAHLHAUS, E.; JOHNSON, D. S.; PAPADIMITRIOU, C. H.; SEYMOUR, P. D. und YANNAKAKIS, M.: The Complexity of Multiterminal Cuts. *SIAM Journal on Computing* (1994), Bd. 23: S. 864–894

[Dal05]   DALAL, Navneet und TRIGGS, Bill: Histograms of Oriented Gradients for Human Detection, in: *Proceedings of the IEEE Computer Society Conference on Computer Vision and Pattern Recognition,* Bd. 1 (2005), S. 886–893

[Den09]   DENG, Huiqun; STATHOPOULOS, George und SUEN, Chin Y.: Error-Correcting Output Coding for the Convolutional Neural Network for Optical Character Recognition, in: *Proceedings of the 10th International Conference on Document Analysis and Recognition* (2009), S. 581–585

[Din70]   DINIC, E. A.: Algorithm for Solution of a Problem of Maximum Flow in a Network with Power Estimation. *Soviet Math Doklady* (1970), Bd. 11: S. 1277–1280

[Doe03]   DOERMANN, David; LIANG, Jian und LI, Huiping: Progress in Camera-Based Document Image Analysis. *Proceedings of the 7th International Conference on Document Analysis and Recognition* (2003), Bd. 1: S. 606–616

[dRG02]   DA ROCHA GESUALDI, Aline; MANOEL DE SEIXAS, José; PORTES DE ALBUQUERQUE, Marcelo und PORTES DE ALBUQUERQUE, Márcio: Character Recognition in Car License Plates based on Principal Components and Neural Processing, in: *Proceedings of the 7th Brazilian Symposium on Neural Networks* (2002), S. 206–211

[Dud01]   DUDA, Richard O.; HART, Peter E. und STORK, David G.: *Pattern Classification*, Wiley, New York, 2. Aufl. (2001)

[Eke05]   EKENEL, Hazim Kemal und STIEFELHAGEN, Rainer: Local Appearance based Face Recognition using Discrete Cosine Transform, in: *Proceedings of the 13th European Signal Processing Conference* (2005)

[Ell90]   ELLIMAN, David G. und LANCASTER, Ian T.: A Review of Segmentation and Contextual Analysis Techniques for Text Recognition. *Pattern Recognition* (1990), Bd. 23(3 / 4): S. 337–346

[Fan09]   FAN, Xin und FAN, Guoliang: Graphical Models for Joint Segmentation and Recognition of License Plate Characters. *Signal Processing Letters, IEEE* (2009), Bd. 16(1): S. 10–13

[Fel11]   FELZENSZWALB, Pedro F. und ZABIH, Ramin: Dynamic Programming and Graph Algorithms in Computer Vision. *IEEE Transactions on Pattern Analysis and Machine Intelligence* (2011), Bd. 33(4): S. 721–740

[Fis36]   FISHER, Ronald A.: The use of Mulliple Measurements in Taxonomic Problems. *Annals of Human Genetics* (1936), Bd. 7(2): S. 179–188

[Fis90]   FISHER, James L.; HINDS, Stuart C. und D'AMATO, Donald P.: A Rule-Based System for Document Image Segmentation, in: *Proceedings of the 10th International Conference on Pattern Recognition*, Bd. 1 (1990), S. 567–572

[For62]   FORD, Lester R. Jr. und FULKERSON, Delbert R.: *Flows in Networks*, Princeton Univ. Pr., Princeton, NJ (1962)

[Fre97]   FREUND, Yoav und SCHAPIRE, Robert E: A Decision-Theoretic Generalization of On-Line Learning and an Application to Boosting. *Journal of Computer and System Sciences* (1997), Bd. 55(1): S. 119–139

[Fre05]   FREEDMAN, Daniel und DRINEAS, Petros: Energy Minimization via Graph Cuts: Settling What is Possible, in: *Proceedings of the IEEE Computer Society Conference on Computer Vision and Pattern Recognition*, Bd. 2 (2005), S. 939–946

[Fuj08]   FUJISAWA, Hiromichi: Forty Years of Research in Character and Document Recognition –An Industrial Perspective. *Pattern Recognition* (2008), Bd. 41(8): S. 2435–2446

[GA01]   GHARAVI-ALKHANSARI, Mohammad: A Fast Full-Search Equivalent Algorithm using Energy Compacting Transforms, in: *Proceedings of the International Conference on Image Processing*, Bd. 2 (2001), S. 713–716

[Gol88]   GOLDBERG, Andrew V. und TARJAN, Robert E.: A New Approach to the Maximum-Flow Problem. *Journal of the Association for Computing Machinery* (1988), Bd. 35: S. 921–940

[Gon03]   GONZALEZ, Rafael C.; WOODS, Richard E. und EDDINS, Steven L.: *Digital Image Processing Using MATLAB*, Prentice Hall (2003)

[Gon08]   GONZALEZ, Rafael C. und WOODS, Richard E.: *Digital Image Processing*, Pearson Prentice Hall, Upper Saddle River, NJ, 3. Aufl. (2008)

[Gre89]   GREIG, D. M.; PORTEOUS, B. T. und SEHEULT, A. H.: Exact Maximum A Posteriori Estimation for Binary Images. *Journal of the Royal Statistical Society. Series B (Methodological)* (1989), Bd. 51(2): S. 271–279

[Has08]   HASE, Hiroyuki; TANABE, Kohei; TRAN, Thi Hong Ha und TOKAI, Shogo: Multi-Font Rotated Character Recognition Using Periodicity, in: *Proceedings of the 8th IAPR International Workshop on Document Analysis Systems* (2008), S. 253–260

[Has09]   HASTIE, Trevor; TIBSHIRAN, Robert und FRIEDMAN, Jerome: *The Elements of Statistical Learning: Data Mining, Inference, and Prediction*, Springer Series in Statistics, Springer-Verlag New York, New York, NY (2009), In: Springer-Online

[Hop05]   HOPKINS, Jared und ANDERSEN, Tim L.: A Fourier-Descriptor-based Character Recognition Engine Implemented under the Gamera Open-Source Document-Processing Framework, in: *Proc. SPIE*, Bd. 5676 (2005), S. 111

[Hsu02]   HSU, Chih-Wei und LIN, Chih-Jen: A Comparison of Methods for Multiclass Support Vector Machines. *IEEE Transactions on Neural Networks* (2002), Bd. 13(2): S. 415–425

[HTL10] HSIN-TE LUE, Ming-Gang Wen; CHENG, Hsu-Yung; FAN, Kuo-Chin; LIN, Chih-Wei und YU, Chih-Chang: A Novel Character Segmentation Method for Text Images Captured by Cameras. *ETRI Journal* (2010), Bd. 32(5): S. 729–739

[Hul98] HULL, Jonathan J.: *Document Analysis Systems II*, Kap. Document Image Skew Detection: Survey and Annotated Bibliography, World Scientific (1998), S. 40–64

[Jea06] JEARANAITANAKIJ, Kietikul und PINNGERN, Ouen: Hidden Unit Reduction of Artificial Neural Network on English Capital Letter Recognition, in: *Proceedings of the IEEE Conference on Cybernetics and Intelligent Systems* (2006), S. 1 –5

[Jel97] JELINEK, Frederick: *Statistical Methods for Speech Recognition*, MIT Press, Cambridge, MA (1997)

[Jäh05] JÄHNE, Bernd: *Digitale Bildverarbeitung*, Springer, Berlin, 6. Aufl. (2005)

[Jou10] JOUNG, Taek-Guen; JOO, Hyonam; REW, Keun-Ho und LIM, Yong-Shin: Morphological Segmentation under Complex Backgrounds using Enhanced Gray-Scale Hit-or-Miss Transform. *International Journal of Precision Engineering and Manufacturing* (2010), Bd. 11: S. 673–679

[Kam01] KAMRUZZAMAN, Joarder: Comparison of Feed-Forward Neural Net Algorithms in Application to Character Recognition, in: *Proceedings of the IEEE International Conference on Electrical and Electronic Technology*, Bd. 1 (2001), S. 165–169

[Kam06] KAMMEYER, Karl-Dirk und KROSCHEL, Kristian: *Digitale Signalverarbeitung: Filterung und Spektralanalyse*, Teubner, 6. Aufl. (2006)

[Kam11] KAMMEYER, Karl-Dirk: *Nachrichtenübertragung*, Vieweg + Teubner, Wiesbaden, 5. Aufl. (2011)

[Kan02] KAN, Chao und SRINATH, Mandyam D.: Invariant Character Recognition with Zernike and Orthogonal Fourier-Mellin Moments. *Pattern Recognition* (2002), Bd. 35(1): S. 143–154

[Kie08] KIENCKE, Uwe; SCHWARZ, Michael und WEICKERT, Thomas: *Signalverarbeitung: Zeit-Frequenz-Analyse und Schätzverfahren*, Oldenbourg, München (2008)

[Kim99] KIM, Hae Yong: Segmentation-Free Printed Character Recognition by Relaxed Nearest Neighbor Learning of Windowed Operator, in: *Proceedings of the 12th Brazilian Symposium on Computer Graphics and Image Processing* (1999), S. 19–204

[Koc11] KOCER, H. Erdinc und CEVIK, K. Kursat: Artificial Neural Networks based Vehicle License Plate Recognition. *Procedia Computer Science* (2011), Bd. 3(0): S. 1033–1037

[Kol04] KOLMOGOROV, Vladimir und ZABIH, Ramin: What Energy Functions Can Be Minimized via Graph Cuts? *IEEE Transactions on Pattern Analysis and Machine Intelligence* (2004), Bd. 26(2): S. 147–159

[Koo96] KOO, GunSeo und OH, HaeSeok: MCBP Neural Network Information for Efficient Recognition of Tire Sorting Code by Image Processing, in: *Proceedings of the IEEE Asia Pacific Conference on Circuits and Systems* (1996), S. 524–527

[Koo09] KOO, Keunhwi; YUN, Jong Pil; CHOI, Sung Hoo; CHOI, Jong Hyun; CHOI, Doo Chul und KIM, Sang Woo: Character Segmentation and Recognition Algorithm of Text Region in Steel Images, in: *Proceedings of the 8th WSEAS International Conference on Signal processing, robotics and automation* (2009), S. 293–298

[Kro04] KROSCHEL, Kristian: *Statistische Informationstechnik: Signal- und Mustererkennung, Parameter- und Signalschätzung*, Springer, Berlin, 4. Aufl. (2004)

[Lai06] LAINE, Mikael und NEVALAINEN, Olli S.: A Standalone OCR System for Mobile Cameraphones, in: *Proceedings of the IEEE 17th International Symposium on Personal, Indoor and Mobile Radio Communications* (2006), S. 1–5

[LeB97] LEBOURGEOIS, Frank: Robust Multifont OCR System from Gray Level Images, in: *Proceedings of the 4th International Conference on Document Analysis and Recognition*, Bd. 1 (1997), S. 1–5

[LeC95] LECUN, Yann; JACKEL, L.; BOTTOU, L.; BRUNOT, A.; CORTES, C.; DENKER, J.; DRUCKER, H.; GUYON, I.; MÜLLER, U.; SÄCKINGER, E.; SIMARD, P. und VAPNIK, V.: Comparison Of Learning Algorithms For Handwritten Digit Recognition, in: *Proceedings of the International Conference on Aritficial Neural Networks*, Bd. 2 (1995), S. 53–60

[LeC98] LECUN, Yann; BOTTOU, Léon; BENGIO, Yoshua und HAFFNER, Patrick: Gradient-based Learning Applied to Document Recognition. *Proceedings of the IEEE* (1998), Bd. 86(11): S. 2278–2324

[Lee95] LEE, Dong-June und LEE, Seong-Whan: A New Methodology for Gray-Scale Character Segmentation and Recognition, in: *Proceedings of the International Conference on Document Analysis and Recognition*, Bd. 1 (1995), S. 524–527

[Len00] LENK, Bernhard: *Handbuch der automatischen Identifikation: ID-Techniken, 1D-Codes, 2D-Codes und 3D-Codes*, Bd. 1, Monika Lenk Fachbuchverlag, Kirchheim (2000)

[Li04] LI, Yun; NAOI, Satoshi; CHERIET, Mohamed und SUEN, Ching Y.: A Segmentation Method for Touching Italic Characters, in: *Proceedings of the 17th International Conference Pattern Recognition (ICPR)*, Bd. 2 (2004), S. 594–597

[Li08]   LI, Bo; ZENG, Zhiyuan; ZHOU, Jianzhong und ZHOU, Mu: An Adaptive Algorithm
           for License Plate Orientation and Character Segmentation, in: *Proceedings of the
           Pacific-Asia Workshop on Computational Intelligence and Industrial Application*,
           Bd. 1 (2008), S. 533–537

[Li09]   LI, Stan Z.: *Markov Random Field Modeling in Image Analysis*, Advances in Pattern
           Recognition, Springer-Verlag London, London (2009)

[Lia94]   LIANG, Su; SHRIDHAR, M. und AHMADI, M.: Segmentation of Touching Characters
           in Printed Document Recognition. *Pattern Recognition* (1994), Bd. 27(6): S. 825–
           840

[Lia05]   LIANG, Jian; DOERMANN, David und LI, Huiping: Camera-based Analysis of Text
           and Documents: A Survey. *International Journal on Document Analysis and Reco-
           gnition* (2005), Bd. 7: S. 84–104

[Liu03]   LIU, Cheng-Lin; NAKASHIMA, Kazuki; SAKO, Hiroshi und FUJISAWA, Hiromichi:
           Handwritten Digit Recognition: Benchmarking of State-of-the-Art Techniques.
           Pattern Recognition (2003), Bd. 36(10): S. 2271–2285

[Liu10]   LIU, Xiaowei: High Performance Embedded OCR Algorithm for Hand-Held Devi-
           ces, in: *Proceedings of the International Conference on Audio Language and Image
           Processing* (2010), S. 444–447

[Lom05]   LOMBAERT, Herve; SUN, Yiyong; GRADY, Leo und XU, Chenyang: A Multilevel
           Banded Graph Cuts Method for Fast Image Segmentation, in: *Proceedings of the
           10th IEEE International Conference on Computer Vision*, Bd. 1 (2005), S. 259–265

[Lu95]   LU, Yi: Machine Printed Character Segmentation—An Overview. *Pattern Recogni-
           tion* (1995), Bd. 28(1): S. 67–80

[Mal89]   MALLAT, Stephane G.: A Theory for Multiresolution Signal Decomposition: The
           Wavelet Representation. *IEEE Transactions on Pattern Analysis and Machine
           Intelligence* (1989), Bd. 11(7): S. 674–693

[Mao97]   MAO, Jianchang; LORIE, Raymond und MOHIUDDIN, K.: A System for Automatical-
           ly Reading IATA Flight Coupons, in: *Proceedings of the 4th International Conference
           on Document Analysis and Recognition*, Bd. 1 (1997), S. 153–157

[Mar01]   MARTINEZ, Aleix M. und KAK, Avinash C.: PCA versus LDA. *IEEE Transactions on
           Pattern Analysis and Machine Intelligence* (2001), Bd. 23(2): S. 228–233

[Mar07]   MAROSI, István: Industrial OCR Approaches: Architecture, Algorithms, and Adap-
           tation Techniques, in: *Proc. SPIE*, Bd. 6500 (2007), S. 1–10

[Mat11]   The MathWorks, Inc. (2011), URL www.mathworks.com, MATLAB R2011a

[McC43]   MCCULLOCH, Warren S. und PITTS, Walter: A Logical Calculus of the Ideas Immanent in Nervous Activity. *Bulletin of Mathematical Biology* (1943), Bd. 5: S. 115–133

[Mit97]   MITCHELL, Tom M.: *Machine Learning*, McGraw-Hill Series in Computer Science, McGraw-Hill (1997)

[Mol11]   MOLLAH, Ayatullah Faruk; BASU, Subhadip und NASIPURI, Mita: Segmentation of Camera Captured Business Card Images for Mobile Devices. *International Journal of Computer Science an Applications* (2011), Bd. 1(1): S. 33–37

[Mor92]   MORI, Shunji; SUEN, Ching Y. und YAMAMOTO, Kazuhiko: Historical Review of OCR Research and Development. *Proceedings of the IEEE* (1992), Bd. 80(7): S. 1029–1058

[MT06]   MANCAS-THILLOU, Céline und GOSSELIN, Bernard: Character Segmentation-by-Recognition Using Log-Gabor Filters, in: *Proceedings of the 18th International Conference onPattern Recognition (ICPR)*, Bd. 2 (2006), S. 901–904

[Mur98]   MURTHY, Sreerama K.: Automatic Construction of Decision Trees from Data: A Multi-Disciplinary Survey. *Data Mining and Knowledge Discovery* (1998), Bd. 2: S. 345–389

[Mur11]   MURALIKRISHNA, M. und KOTI REDDY, D.V.R.: An OCR-Character Segmentation Using Routing based Fast Replacement Paths in Reach Algorithm, in: *Proceedings of the International Conference on Image Information Processing* (2011), S. 1–7

[Nag00]   NAGY, George: Twenty Years of Document Image Analysis in PAMI. *IEEE Transactions on Pattern Analysis and Machine Intelligence* (2000), Bd. 22: S. 38–62

[Nam05]   NAMANE, Abderrahmane; AREZKI, Madjid; GUESSOUM, Abderrezak; SOUBARI, El Houssine; MEYRUEIS, Patrick P. und BRUYNOOGHE, Michel M.: Sequential Neural Network Combination for Degraded Machine-Printed Character Recognition, in: *Proc. SPIE*, Bd. 5676 (2005), S. 101–110

[Nam06]   NAMANE, Abderrahmane; SOUBARI, El Houssine; GUESSOUM, Abderrezak; DJEBARI, Mustapha; MEYRUEIS, Patrick und BRUYNOOGHE, Michel: Hopfield-Multilayer-Perceptron Serial Combination for Accurate Degraded Printed Character Recognition. *Optical Engineering* (2006), Bd. 45(8)

[Nam10]   NAMANE, Abderrahmane; SOUBARI, El Houssine und MEYRUEIS, Patrick: Degraded Dot Matrix Character Recognition Using CSM-based Feature Extraction, in: *Proceedings of the 10th ACM Symposium on Document engineering*, ACM, NY, USA (2010), S. 207–210

[Nav01]   NAVARRO, Gonzalo: A Guided Tour to Approximate String Matching. *ACM Comput. Surveys* (2001), Bd. 33(1): S. 31–88

[Nev96]   NEVES, Evelina Maria de Almeida; GONZAGA, Adilson und SLAETS, Annie France Frèere: A Multi-Font Character Recognition based on its Fundamental Features by Artificial Neural Networks, in: *Proceedings of the 2nd Workshop on Cybernetic Vision* (1996), S. 196–201

[NO11]   NAVA-ORTIZ, M.; GOMEZ, W. und DIAZ-PEREZ, A.: Digit Recognition System for Camera Mobile Phones, in: *Proceedings of the 8th International Conference on Electrical Engineering Computing Science and Automatic Control* (2011), S. 1–5

[Nom05]   NOMURA, Shigueo; YAMANAKA, Keiji; KATAI, Osamu; KAWAKAMI, Hiroshi und SHIOSE, Takayuki: A Novel Adaptive Morphological Approach for Degraded Character Image Segmentation. *Pattern Recognition* (2005), Bd. 38(11): S. 1961–1975

[Oli09]   OLIVEIRA, Danilo Mendonçe; DOS SANTOS CRUZ, Ruironaldi und BENSEBAA, Kamel: Automatic Numeric Characters Recognition of Kilowatt-Hour Meter, in: *Proceedings of the 5th International Conference on Signal-Image Technology Internet-Based Systems* (2009), S. 107–111

[Ots79]   OTSU, Nobuyuki: A Threshold Selection Method from Gray-Level Histograms. *IEEE Transactions on Systems, Man and Cybernetics* (1979), Bd. 9(1): S. 62–66

[Pan08]   PAN, Mei-Sen; YAN, Jun-Biao und XIAO, Zheng-Hong: Vehicle License Plate Character Segmentation. *International Journal of Automation and Computing* (2008), Bd. 5: S. 425–432

[Pen08]   PENG, Bo und VEKSLER, Olga: Parameter Selection for Graph Cut Based Image Segmentation, in: *Proceedings of the British Machine Vision Conference*, BMVA Press (2008), S. 1–10

[Pla00]   PLATT, John C.; CRISTIANINI, Nello und SHAWE-TAYLOR, John: Large Margin DAGs for Multiclass Classification. *Advances in Neural Information Processing Systems* (2000), Bd. 12(3): S. 547–553

[Pok09]   POKRAJAC, Dragoljub; BORCEAN, Cornel; JOHNSON, Adam; HOBBS, Andrew; AGODIO, Ludovic; NIEVES, Stephanie; BALBES, Marc; MCCAULEY, Lee; TICE, Jason; DARE, Niki; MCKIE, James; LOMBARDO, Brian; SELF, B. J. und AUSTIN, John: Evaluation of Automated License Plate Reader Accuracy, in: *Proceedings of the 9th International Conference on Telecommunication in Modern Satellite, Cable, and Broadcasting Services* (2009), S. 217–220

[Rab89]   RABINER, Lawrence R.: A Tutorial on Hidden Markov Models and Selected Applications in Speech Recognition. *Proceedings of the IEEE* (1989), Bd. 77(2): S. 257–286

[Rah03]   RAHMAN, A. F. R. und FAIRHURST, M. C.: Multiple Classifier Decision Combination Strategies for Character Recognition: A Review. *International Journal on Document Analysis and Recognition* (2003), Bd. 5: S. 166–194

[Raj89]   RAJAVELU, A.; MUSAVI, M. T. und SHIRVAIKAR, M. V.: A Neural Network Approach to Character Recognition. *Neural Networks* (1989), Bd. 2(5): S. 387–393

[Ram09]   RAMANATHAN, R.; PONMATHAVAN, S.; VALLIAPPAN, N.; THANESHWARAN, L.; NAIR, Arun S. und SOMAN, K.P.: Optical Character Recognition for English and Tamil Using Support Vector Machines, in: *Proceedings of the International Conference on Advances in Computing, Control, Telecommunication Technologies* (2009), S. 610–612

[Rao09]   RAO, Singiresu S.: *Engineering Optimization: Theory and Practice*, John Wiley & Sons, NJ, 4. Aufl. (2009)

[Ric05]   RICARD, Julien; COEURJOLLY, David und BASKURT, Atilla: Generalizations of Angular Radial Transform for 2D and 3D Shape Retrieval. *Pattern Recognition Letters* (2005), Bd. 26(14): S. 2174–2186

[Rie93]   RIEDMILLER, Martin und BRAUN, Heinrich: A Direct Adaptive Method for Faster Backpropagation Learning: The RPROP Algorithm, in: *IEEE International Conference on Neural Networks*, Bd. 1 (1993), S. 586–591

[Roy09]   ROY, Partha Partim; PAL, Umapada; LLADÓS, Josep und DELALANDRE, Mathieu: Multi-Oriented and Multi-Sized Touching Character Segmentation Using Dynamic Programming, in: *Proceedings of the 10th International Conference on Document Analysis and Recognition* (2009), S. 11–15

[Roy12]   ROY, Partha Pratim; PAL, Umapada; LLADÓS, Josep und DELALANDRE, Mathieu: Multi-Oriented Touching Text Character Segmentation in Graphical Documents Using Dynamic Programming. *Pattern Recognition* (2012), Bd. 45(5): S. 1972–1983

[Sab92]   SABOURIN, Michael und MITICHE, Amar: Optical Character Recognition by a Neural Network. *Neural Networks* (1992), Bd. 5(5): S. 843–852

[Sab10]   SABA, Tanzila; SULONG, Ghazali und REHMAN, Amjad: A Survey on Methods and Strategies on Touched Characters Segmentation. *International Journal of Research and Reviews in Computer Science* (2010), Bd. 1(2)

[Sae07]   SAEYS, Yvan; INZA, Iñaki und LARRAÑAGA, Pedro: A Review of Feature Selection Techniques in Bioinformatics. *Bioinformatics* (2007), Bd. 23(19): S. 2507–2517

[Sar11]   SARFRAZ, M. Saquib; SHAHZAD, Atif; ELAHI, Muhammad; FRAZ, Muhammad; ZAFAR, Iffat und EDIRISINGHE, Eran A.: Real-Time Automatic License Plate Recognition for CCTV Forensic Applications. *Journal of Real-Time Image Processing* (2011): S. 1–11

[Sch99] SCHAPIRE, Robert E. und SINGER, Yoram: Improved Boosting Algorithms Using Confidence-Rated Predictions. *Machine Learning* (1999), Bd. 37: S. 297–336

[Sch06] SCHULTZ, Tanja und KIRCHHOFF, Katrin: *Multilingual Speech Processing*, Academic Press, Amsterdam (2006)

[Sed11] SEDIGHI, Amir und VAFADUST, Mansur: A New and Robust Method for Character Segmentation and Recognition in License Plate Images. *Expert Systems with Applications* (2011), Bd. 38(11): S. 13497–13504

[Sha10] SHAFAIT, Faisal; BUKHARI, Syed Saqib und BREUEL, Thomas M.: Performance Evaluation of Curled Textlines Segmentation Algorithms, in: *Proceedings of the 9th IAPR Workshop on Document Analysis System* (2010), S. 386–379

[She94] SHENG, Yunlong und SHEN, Lixin: Orthogonal Fourier-Mellin Moments for Invariant Pattern Recognition. *Journal of the Optical Society of America* (1994), Bd. 11(6): S. 1748–1757

[Shi05] SHI, Xifan; ZHAO, Weizhong und SHEN, Yonghang: Automatic License Plate Recognition System Based on Color Image Processing, in: *Computational Science and Its Applications*, Bd. 3483, Springer Berlin / Heidelberg (2005), S. 307–314

[Shi10b] SHI, Yu und REAL, Fábio Dias: Smart Cameras: Fundamentals and Classification, in: Ahmed Nabil Belbachir (Herausgeber) *Smart Cameras*, Springer US (2010), S. 19–34

[Shu11] SHU, Chang; DING, Xiaoqing und FANG, Chi: Histogram of the Oriented Gradient for Face Recognition. *Tsinghua Science and Technology* (2011), Bd. 16(2): S. 216–224

[Sin11] SINGH, C.; WALIA, E. und MITTAL, N.: Rotation Invariant Complex Zernike Moments Features and their Applications to Human Face and Character Recognition. *IET Computer Vision* (2011), Bd. 5(5): S. 255–265

[Smi07] SMITH, Ray: An Overview of the Tesseract OCR Engine, in: *Proceedings of the 9th International Conference on Document Analysis and Recognition*, Bd. 2, IEEE (2007), S. 629–633

[Smi09] SMITH, Ray; ANTONOVA, Daria und LEE, Dar-Shyang: Adapting the Tesseract Open Source OCR Engine for Multilingual OCR, in: *Proceedings of the International Workshop on Multilingual OCR*, ACM (2009), S. 1–8

[Son05] SONG, Jiqiang; LI, Zuo; LYU, M. R. und CAI, Shijie: Recognition of Merged Characters based on Forepart Prediction, Necessity-Sufficiency Matching, and Character-Adaptive Masking. *IEEE Transaction on Systems, Man, and Cybernetics* (2005), Bd. 35(1): S. 2–11

[Sue79]   SUEN, Ching Y.: n-Gram Statistics for Natural Language Understanding and Text Processing. *IEEE Transactions on Pattern Analysis and Machine Intelligence* (1979), Bd. 1(2): S. 164–172

[Suy05]   SUYKENS, Johan A. K.: *Least Squares Support Vector Machines*, World Scientific (2005)

[Sze08]   SZELISKI, Richard; ZABIH, Ramin; SCHARSTEIN, Daniel; VEKSLER, Olga; KOLMO-GOROV, Vladimir; AGARWALA, Aseem; TAPPEN, Marshall und ROTHER, Carsten: A Comparative Study of Energy Minimization Methods for Markov Random Fields with Smoothness-Based Priors. *IEEE Transactions on Pattern Analysis and Machine Intelligence* (2008), Bd. 30(6): S. 1068–1080

[Teh88]   TEH, Cho-Huak und CHIN, Roland T.: On Image Analysis by the Methods of Moments. *IEEE Transactions on Pattern Analysis and Machine Intelligence* (1988), Bd. 10(4): S. 496–513

[Thi05]   THILLOU, Céline; FERREIRA, Silvio und GOSSELIN, Bernard: An Embedded Application for Degraded Text Recognition. *EURASIP Journal on applied signal processing* (2005), Bd. 13: S. 2127–2135

[Tho11]   THOME, Nicolas; VACAVANT, Antoine; ROBINAULT, Lionel und MIGUET, Serge: A Cognitive and Video-Based Approach for Multinational License Plate Recognition. *Machine Vision and Applications* (2011), Bd. 22: S. 389–407

[Tof96]   TOFT, Peter: *The Radon Transform-Theory and Implementation*, Dissertation, Technical University of Denmark, Department of Informatics and Mathematical Modeling (1996)

[Tri96]   TRIER, Øivind D.; JAIN, Anil K. und TAXT, Torfinn: Feature Extraction Methods for Character Recognition—A Survey. *Pattern Recognition* (1996), Bd. 29(4): S. 641–662

[Tse07]   TSE, Jia; CURTIS, Dean; JONES, Christopher und YFANTIS, Evangelos: An OCR-Independent Character Segmentation Using Shortest-Path in Grayscale Document Images, in: *Proceedings of the 6th International Conference Machine Learning and Applications* (2007), S. 142–147

[Tsi93]   TSIRIKOLIAS, Kostas und MERTZIOS, Basil G.: Statistical Pattern Recognition Using Efficient Two-Dimensional Moments with Applications to Character Recognition. *Pattern Recognition* (1993), Bd. 26(6): S. 877–882

[Tsu92]   TSUJIMOTO, Shuichi und ASADA, Haruo: Major Components of a Complete Text Reading System. *Proceedings of the IEEE* (1992), Bd. 80(7): S. 1133–1149

[Vai10]   VAIDEHI, V.; BABU, N.T.N.; AVINASH, H.; VIMAL, M.D.; SUMITRA, A.; BALMURALID-
          HAR, P. und CHANDRA, G.: Face Recognition using Discrete Cosine Transform and
          Fisher Linear Discriminant, in: *Proceedings of the 11th International Conference
          on Control Automation Robotics Vision* (2010), S. 1157–1160

[Vam10]   VAMVAKAS, Georgios; STAMATOPOULOS, Nikolaos; GATOS, Basilis und PERANTONIS,
          Stavros J.: Automatic Unsupervised Parameter Selection for Character Segmentati-
          on, in: *Proceedings of the 9th IAPR International Workshop on Document Analysis
          Systems* (2010), S. 409–416

[Vap00]   VAPNIK, Vladimir N.: *The Nature of Statistical Learning Theory*, Statistics for engi-
          neering and information science, Springer, New York, 2 Aufl. (2000)

[Vit67]   VITERBI, Andrew J.: Error Bounds for Convolutional Codes and an Asymptotically
          Optimum Decoding Algorithm. *IEEE Transactions on Information Theory* (1967),
          Bd. 13(2): S. 260–269

[Wak98]   WAKED, B.; BERGLER, S.; SUEN, C.Y. und KHOURY, S.: Skew Detection, Page Seg-
          mentation, and Script Classification of Printed Document Images, in: *Proceedings
          of the IEEE International Conference on Systems, Man, and Cybernetics*, Bd. 5
          (1998), S. 4470–4475

[Wan93]   WANG, Li und PAVLIDIS, Theo: Direct Gray-Scale Extraction of Features for Charac-
          ter Recognition. *IEEE Transactions on Pattern Analysis and Machine Intelligence*
          (1993), Bd. 15(10): S. 1053–1067

[Wan94]   WANG, Jin und JEAN, Jack: Segmentation of Merged Characters by Neural Net-
          works and Shortest Path. *Pattern Recognition* (1994), Bd. 27(5): S. 649–658

[Wan07]   WANG, Shen-Zheng und LEE, Hsi-Jian: A Cascade Framework for a Real-Time
          Statistical Plate Recognition System. *IEEE Transactions on Information Forensics
          and Security* (2007), Bd. 2(2): S. 267–282

[Wen11]   WEN, Ying; LU, Yue; YAN, Jingqi; ZHOU, Zhenyu; VON DENEEN, K.M. und SHI,
          Pengfei: An Algorithm for License Plate Recognition Applied to Intelligent Trans-
          portation System. *IEEE Transactions on Intelligent Transportation Systems* (2011),
          Bd. 12(3): S. 830–845

[Won82]   WONG, Kwan Y.; CASEY, Richard G. und WAHL, Friedrich M.: Document Analysis
          System. *IBM Journal of Research and Development* (1982), Bd. 26(6): S. 647–656

[Won95]   WONG, Wai-Hong; SIU, Wan-Chi und LAM, Kin-Man: Generation of Moment
          Invariants and their Uses for Character Recognition. *Pattern Recognition Letters*
          (1995), Bd. 16(2): S. 115–123

[Wu11]   WU, Wei; LIU, Zheng; CHEN, Mo; YANG, Xiaomin und HE, Xiaohai: An Automated Vision System for Container-Code Recognition. *Expert Systems with Applications* (2011), Bd. 39(3): S. 2842–2855

[Xie09]   XIE, Jianhong: Optical Character Recognition Based on Least Square Support Vector Machine, in: *Proceedings of the 3rd International Symposium on Intelligent Information Technology Application*, Bd. 1 (2009), S. 626–629

[Yan00]   YANIKOGLU, Berrin A.: Pitch-based Segmentation and Recognition of Dot-Matrix Text. *International Journal on Document Analysis and Recognition* (2000), Bd. 3: S. 34–39

[Yan08]   YANG, Wuyi; ZHANG, Shuwu; ZHENG, Haibo und ZENG, Zhi: A Recognition-based Method for Segmentation of Chinese Character in Images and Videos, in: *Proceedings of the International Conference on Audio, Language and Image Processing* (2008), S. 723–728

[YJ10]   YU-JIE, Chen und FU-CHENG, You: Polar Transformations Application in Characters Recognition System Based on Machine Vision, in: *Proceedings of the International Conference on Multimedia Technology* (2010), S. 1–4

[Yue06]   YUELONG, Li; JINPING, Li und LI, Meng: Character Recognition Based on Hierarchical RBF Neural Networks, in: *Proceedings of the 6th International Conference on Intelligent Systems Design and Applications*, Bd. 1 (2006), S. 127–132

[Zha03a]   ZHANG, Yungang und ZHANG, Changshui: A New Algorithm for Character Segmentation of License Plate, in: *Proceedings of the IEEE Intelligent Vehicles Symposium* (2003), S. 106–109

[Zha03b]   ZHAO, Shanheng und WANG, Zhiyan: A High Accuracy Rate Commercial Flight Coupon Recognition System, in: *Proceedings of the 7th International Conference on Document Analysis and Recognition* (2003), S. 82–86

[Zha11]   ZHAI, Weifang; GAO, Tao; HU, Yaying und TIAN, Yulong: Research and Implementation of License Plate Character Segmentation Based on Tilt Correction, in: Luo Qi (Herausgeber) *Information and Automation*, Bd. 86 von *Communications in Computer and Information Science*, Springer Berlin Heidelberg (2011), S. 92–97

Eigene Veröffentlichungen

[Gra09]   GRAFMÜLLER, Martin: A First Approach to Trellis-Based Classification, Techn. Ber. IES-2009-12, KIT, Vision and Fusion Laboratory (2009)

[Gra10a]   GRAFMÜLLER, Martin: A First Approach to Typewritten Character Segmentation using Graph Cuts, Techn. Ber. IES-2010-11, KIT, Vision and Fusion Laboratory (2010)

[Gra10b]   GRAFMÜLLER, Martin und BEYERER, Jürgen: Adaptive Segmentierung von ge-druckten Punkt-Matrix-Zeichen aus Grauwertbildern, in: Fernando Puente León und Michael Heizmann (Herausgeber) *Forum Bildverarbeitung*, KIT Scientific Publishing (2010), S. 253–264

[Gra10c]   GRAFMÜLLER, Martin und BEYERER, Jürgen: Segmentation of Printed Gray Scale Dot Matrix Characters, in: *Proceedings of the 14th World Multi-Conference on Systemics, Cybernetics and Informatics*, Bd. II (2010), S. 87–91

[Gra10d]   GRAFMÜLLER, Martin; BEYERER, Jürgen und KROSCHEL, Kristian: Character Re-cognition based on Trellis Diagrams, in: *Proceedings of the 17th International Conference on Systems, Signals and Image Processing* (2010)

[Gra10e]   GRAFMÜLLER, Martin; BEYERER, Jürgen und KROSCHEL, Kristian: Decision Tree Classifier for Character Recognition Combining Support Vector Machines and Artificial Neural Networks, in: *Proc. SPIE*, Bd. 7799 (2010), S. 1–8

[Gra11]   GRAFMÜLLER, Martin und BEYERER, Jürgen: Robust High Performance Character Segmentation Based on Projections and Graph Cuts, in: *Proceedings of the 13th IASTED International Conference on Signal and Image Processing* (2011), S. 101–108

[Gra12a]   GRAFMÜLLER, Martin: Multi-Label Graph Cuts including Prior Knowledge for Cha-racter Segmentation, Techn. Ber. IES-2012-09, KIT, Vision and Fusion Laboratory (2012)

[Gra12b]   GRAFMÜLLER, Martin und ZOPF, Steffen: Zeilenausrichtung und Segmentierung mit Particle Swarm Optimization (2012), Patent DE 10 2012 208 025.2

Betreute Studien- und Diplomarbeiten

[Fes11]   FESSLER, Adrian: *Hierarchischer Ansatz zur Zeilensegmentierung einer beliebig ausgerichteten Textregion mittels Particle Swarm Optimization*, Diplomarbeit, Karlsruher Institut für Technologie (2011)

[Kri12]   KRIEGER, Jonas: *Zeichensegmentierung in Bildfolgen unter Berücksichtigung von Vorwissen*, Diplomarbeit, Karlsruher Institut für Technologie (2012)

[Li10]   LI, Congyue: *Auswahl von robusten Merkmalen gegenüber Rauschen, Translation, Rotation und Skalierung für die Zeichenerkennung*, Diplomarbeit, Karlsruher Institut für Technologie (2010)

[Yan10]   YAN, Ning: *Boosting Verfahren zur Klassifikation von industriellen Schriftzeichen*, Diplomarbeit, Karlsruher Institut für Technologie (2010)

[Zha10]   ZHANG, Wuxue: *Auswahl von Verfahren zur horizontalen Ausrichtung von Textzeilen in Bildern*, Studienarbeit, Karlsruher Institut für Technologie (2010)

[Zha11]   ZHANG, Haojie: *Klassifikation von Zeichen unter Berücksichtigung einer Rückweisungsklasse*, Studienarbeit, Karlsruher Institut für Technologie (2011)

[Zha12]   ZHANG, Haojie: *Autoencoder zur Merkmalsbestimmung für die Zeichenerkennung*, Diplomarbeit, Karlsruher Institut für Technologie (2012)

[Zie11]   ZIEBARTH, Mathias: *Erkennungsbasierte Segmentierung von gedruckten Zeichen*, Diplomarbeit, Karlsruher Institut für Technologie (2011)

A

Verschiebung der Bildspalten

Wie in Abschnitt 3.3 angesprochen, wird zur Bestimmung der Ausrichtung der Zeilen keine eigentliche Drehung durchgeführt. Da – bedingt durch die Anwendung – angenommen werden kann, dass $\theta < 45°$ ist, wird dies in Glg. (3.3) durch eine Näherung realisiert. Anschaulich gesprochen entspricht dies einer Verschiebung der Spalten im Bild, wie in Abb. A.1 durch die roten Rechtecke angedeutet. Dadurch ergibt sich als Resultat ein neues Bild, das entsprechend der Verschiebungen mehr Zeilen hat als das ursprüngliche. Um die Anzahl der Zeilen in Bezug auf das ursprüngliche Bild gleich zu halten, wird ein vertikal verschobener Bildbereich entnommen. Die Verschiebung ergibt sich mit

$$m_1 = \left\lfloor \frac{N\tan\theta}{2} \right\rfloor + 1 \tag{A.1}$$

und ist vom Winkel θ und der Anzahl der Bildspalten abhängig. Das sich so ergebende Bild ist durch die dicke schwarze Umrandung in Abb. A.1 hervorgehoben. Dadurch ergeben sich jedoch zwei Bereiche, deren Pixel keinem Grauwert aus dem ursprünglichen Bild zugeordnet werden können. Diese werden deshalb mit dem jeweils nächsten Grauwert approximiert. Wenn der Bereich der Textregion richtig gewählt wurde, entsteht dadurch kein Nach-

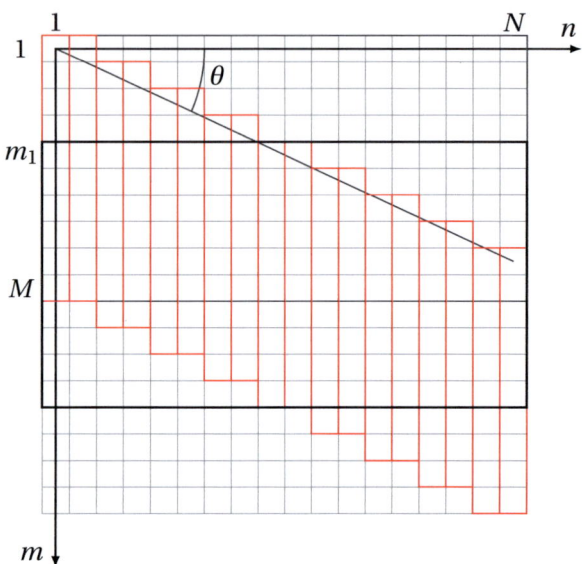

Abbildung A.1: Veranschaulichung der Bildspaltenverschiebung, die anstatt einer Drehung für die Winkelschätzung der Zeilenausrichtung verwendet wird.

teil, da bei der Summation zur Berechnung der Projektionsprofile nur die kleinsten Grauwerte berücksichtigt werden.

B

Iterative Winkelbestimmung

Wie in Abschnitt 3.2.1 gezeigt wurde, ist die Intervallteilung x für die iterative Winkelschätzung von der Größe des Winkelintervalls Θ und der Größe des Intervalls Δ_{Ziel} abhängig. Daher wurde eine Tabelle zusammengestellt, in der die entsprechenden optimalen Intervallteilungen x und der Berechnungsaufwand abgelesen werden können. Der Berechnungsaufwand ist in Prozent zur naiven Vorgehensweise angegeben, d. h. Werte die kleiner sind als 100 % zeigen, dass gemäß der theoretischen Betrachtung die iterative Methode schneller ist als die naive Vorgehensweise, für Werte die größer sind gilt das umgekehrte.

Θ	Δ_{Ziel}					
	0,50°	1,00°	1,50°	2,00°	2,50°	3,00°
2°	4 / 100 %	3 / 133 %	–	–	–	–
6°	3 / 92 %	6 / 100 %	4 / 100 %	3 / 100 %	3 / 100 %	2 / 100 %
10°	6 / 67 %	3 / 109 %	7 / 117 %	6 / 120 %	5 / 100 %	4 / 100 %
14°	7 / 55 %	5 / 80 %	4 / 91 %	7 / 100 %	6 / 100 %	5 / 100 %
18°	5 / 49 %	6 / 74 %	3 / 92 %	4 / 100 %	8 / 100 %	6 / 100 %
22°	5 / 40 %	4 / 65 %	5 / 75 %	3 / 100 %	4 / 100 %	8 / 100 %
26°	4 / 38 %	7 / 59 %	6 / 74 %	5 / 86 %	3 / 100 %	4 / 100 %
30°	4 / 33 %	5 / 58 %	6 / 67 %	6 / 88 %	3 / 92 %	4 / 91 %
34°	6 / 30 %	5 / 51 %	4 / 63 %	6 / 78 %	5 / 80 %	3 / 92 %
38°	3 / 31 %	5 / 46 %	7 / 59 %	6 / 70 %	6 / 82 %	5 / 86 %
42°	3 / 28 %	5 / 42 %	5 / 62 %	6 / 64 %	6 / 78 %	5 / 80 %
46°	3 / 26 %	3 / 43 %	5 / 56 %	4 / 63 %	6 / 70 %	6 / 82 %
50°	5 / 24 %	4 / 39 %	5 / 51 %	4 / 58 %	6 / 67 %	6 / 78 %
54°	5 / 22 %	4 / 36 %	5 / 49 %	7 / 57 %	4 / 65 %	6 / 74 %
58°	5 / 21 %	4 / 34 %	5 / 45 %	5 / 60 %	4 / 60 %	6 / 67 %

Tabelle B.1: Intervallteilung x und Berechnungsaufwand in Bezug auf die naive Vorgehensweise in Abhängigkeit der Parameter Θ und Δ_{Ziel}.

C

Signal-zu-Rauschverhältnis

Das Signal-zu-Rauschverhältnis (SNR) wird in der Signalverarbeitung häufig als Maß für die Qualität eines Signals verwendet. Da für die optische Zeichenerkennung das Signal nicht eindeutig definiert ist, wurde für die Betrachtungen in Abschnitt 5.2 der SNR folgendermaßen definiert.

Da es sich bei den verwendeten Teststichproben um mehr als eine Stichprobe handelt, kann das berechnete SNR als Mittelung über alle Stichproben betrachtet werden. Die Berechnung erfolgte gemäß

$$\text{SNR} = 10 \log \left(\frac{\sum\limits_{i=1}^{Z} \left(\mu_i^{(b)} - \mu_i^{(z)} \right)^2}{\sum\limits_{i=1}^{Z} \left(\sigma_i^{(b)} + \sigma_i^{(z)} \right)^2} \right). \tag{C.1}$$

Darin repräsentiert der Zähler das Signal, welches sich als Differenz der Mittelwerte des Bildhintergrunds $\mu_i^{(b)}$ und des Zeichens $\mu_i^{(z)}$ berechnet. Das Rauschen im Nenner ist gegeben durch die Summe der Standardabweichungen $\sigma_i^{(b)}$ und $\sigma_i^{(z)}$ von Bildhintergrund und Zeichen. Dabei gibt der Index i die Stichprobe an.

Da in dieser Arbeit auf Grauwertbildern gearbeitet wurde, stellt sich noch die Frage welcher Teil der Zeichenregion $G_s(m, n)$ als Bildhintergrund bzw. -vordergrund gilt. Dafür wird zunächst eine Tiefpassfilterung durchgeführt, um das Rauschen zu unterdrücken. Dies ist notwendig, damit die Regionen von Vorder- und Hintergrund möglichst unabhängig vom Rauschen bestimmt werden können. Danach erfolgt eine Schwellwertschätzung nach dem Verfahren von Otsu [Ots79]. Da bei glatten Übergängen zwischen den Zeichen und dem Hintergrund eine Zuordnung dieser Bereiche nur sehr schwer möglich ist, sollen diese bei der Schätzung von Mittelwert und Standardabweichung möglichst unberücksichtigt bleiben. Dazu wird jeweils für Vorder- und Hintergrund ein Schwellwert für die entsprechenden Bereiche geschätzt. Beide Schwellwerte werden anhand des Grauwerthistogramms des gefilterten Bildes berechnet. Die Schwelle für den Vordergrund ergibt sich aus dem Grauwert der die Fläche unter dem Histogramm vom kleinsten Grauwert bis zur Otsu-Schwelle auf 90 % begrenzt. Analoges gilt für die Schwelle des Hintergrunds. Hier wird der Wert gewählt, der ausgehend vom maximalen Grauwert die Fläche unter dem Histogramm bis zur Otsu-Schwelle ebenfalls auf 90 % begrenzt. Damit sind die zwei Schwellwerte bestimmt, anhand derer die Bereiche von Vorder- und Hintergrund im gefilterten Bild gegeben sind. Anhand dieser Bereiche werden im ungefilterten Bild Mittelwert und Standardabweichung von Vorder- und Hintergrund bestimmt aus denen schließlich der SNR berechnet werden kann.

D

Ergebnisse

Zur Vollständigkeit werden hier alle erzielten Ergebnisse der in Abschnitt 5.2 diskutierten Versuche tabellarisch dargestellt. Die Tabellen sind nach Merkmalen geordnet, wobei der Testfehler analog zu den Abb. 5.8 bis Abb. 5.11 in Prozent angegeben ist. Für die RF und KNN sind zudem unter dem Testfehler deren Standardabweichungen angegeben, da hier über fünf Ergebnisse gemittelt wurde. Das jeweils beste Ergebnis pro Spalte ist fett hervorgehoben.

PCA	SNR							
	9,55 dB	8,25 dB	7,40 dB	6,74 dB	6,21 dB	5,76 dB	5,38 dB	5,03 dB
BK	2,88	3,58	3,82	4,56	4,68	5,05	5,26	5,57
RF	2,21	2,55	2,58	2,71	2,82	2,87	3,10	3,09
	0,11	0,03	0,08	0,05	0,07	0,10	0,02	0,11
KNN	1,85	2,32	2,82	3,25	3,69	4,22	4,57	4,99
	0,29	0,14	0,19	0,17	0,19	0,15	0,30	0,29
SVM	**1,06**	**1,20**	**1,72**	**1,73**	**2,01**	**2,15**	**2,11**	**2,54**

Tabelle D.1: Testfehler der PCA in Prozent für unterschiedliche SNR.

MDA	SNR							
	9,55 dB	8,25 dB	7,40 dB	6,74 dB	6,21 dB	5,76 dB	5,38 dB	5,03 dB
BK	3,50	30,23	47,28	58,09	65,96	70,29	73,50	76,72
RF	3,07	**20,40**	**36,42**	**47,69**	**55,74**	**62,47**	**66,88**	**70,75**
	0,29	0,08	0,36	0,68	0,55	0,37	0,56	0,29
KNN	2,94	50,01	72,56	82,01	86,61	89,41	90,96	92,21
	0,41	0,95	0,81	0,83	0,70	0,25	0,15	0,41
SVM	**1,66**	97,95	99,04	99,08	99,08	99,08	99,08	99,08

Tabelle D.2: Testfehler der MDA in Prozent für unterschiedliche SNR.

DCT	SNR							
	9,55 dB	8,25 dB	7,40 dB	6,74 dB	6,21 dB	5,76 dB	5,38 dB	5,03 dB
BK	2,29	2,94	3,95	4,18	4,76	5,07	5,79	6,20
RF	1,94	2,25	2,50	2,68	2,88	3,09	3,30	3,54
	0,09	0,07	0,06	0,09	0,11	0,09	0,09	0,09
KNN	2,10	2,56	3,03	3,36	3,79	4,28	4,59	4,84
	0,13	0,15	0,07	0,15	0,12	0,24	0,16	0,13
SVM	**1,05**	**1,40**	**2,17**	**2,10**	**2,59**	**2,52**	**2,68**	**2,88**

Tabelle D.3: Testfehler der DCT in Prozent für unterschiedliche SNR.

WHT	SNR							
	9,55 dB	8,25 dB	7,40 dB	6,74 dB	6,21 dB	5,76 dB	5,38 dB	5,03 dB
BK	2,34	3,03	3,67	3,93	4,75	5,09	5,80	5,79
RF	1,86	2,14	2,24	2,44	2,71	2,98	3,05	3,28
	0,11	0,03	0,08	0,09	0,12	0,08	0,10	0,11
KNN	2,03	2,50	3,03	3,25	3,60	4,32	4,79	5,18
	0,33	0,13	0,11	0,12	0,11	0,30	0,11	0,33
SVM	**1,09**	**1,50**	**1,98**	**1,93**	**2,46**	**2,46**	**2,56**	**3,04**

Tabelle D.4: Testfehler der WHT in Prozent für unterschiedliche SNR.

HWT	SNR							
	9,55 dB	8,25 dB	7,40 dB	6,74 dB	6,21 dB	5,76 dB	5,38 dB	5,03 dB
BK	3,15	8,70	12,98	17,31	21,61	24,88	28,22	30,83
RF	2,41	4,88	6,92	9,11	11,12	13,25	15,40	17,49
	0,61	0,23	0,22	0,19	0,27	0,36	0,51	0,61
KNN	1,80	3,21	4,76	6,78	8,13	10,31	12,62	14,45
	0,90	0,09	0,25	0,27	0,70	0,42	0,61	0,90
SVM	**1,01**	**1,38**	**1,53**	**1,72**	**1,82**	**2,01**	**2,09**	**2,60**

Tabelle D.5: Testfehler der HWT in Prozent für unterschiedliche SNR.

ZM	SNR							
	9,55 dB	8,25 dB	7,40 dB	6,74 dB	6,21 dB	5,76 dB	5,38 dB	5,03 dB
BK	4,09	7,10	10,35	13,21	15,82	18,70	21,08	23,77
RF	2,95	3,98	5,14	6,74	8,22	10,15	11,41	13,15
	0,10	0,10	0,09	0,18	0,32	0,18	0,31	0,10
KNN	3,17	4,67	7,21	10,18	13,12	16,19	19,19	22,02
	1,16	0,24	0,42	0,58	0,81	0,96	1,01	1,16
SVM	**1,24**	**2,59**	**3,73**	**4,57**	**5,57**	**6,09**	**7,87**	**9,04**

Tabelle D.6: Testfehler der ZM in Prozent für unterschiedliche SNR.

GMQ	SNR							
	9,55 dB	8,25 dB	7,40 dB	6,74 dB	6,21 dB	5,76 dB	5,38 dB	5,03 dB
BK	3,00	8,79	13,79	19,65	24,23	29,12	33,70	37,53
RF	3,17	7,80	13,46	19,86	25,58	31,24	36,46	41,48
	1,38	0,19	0,46	0,72	0,99	1,06	0,98	1,38
KNN	3,01	4,47	6,36	8,46	10,83	13,56	15,76	17,91
	0,58	0,09	0,23	0,25	0,49	0,52	0,51	0,58
SVM	**1,68**	**3,27**	**5,22**	**7,23**	**9,12**	**11,77**	**14,23**	**16,42**

Tabelle D.7: Testfehler der GMQ in Prozent für unterschiedliche SNR.

GMD	SNR							
	9,55 dB	8,25 dB	7,40 dB	6,74 dB	6,21 dB	5,76 dB	5,38 dB	5,03 dB
BK	3,08	10,36	18,59	26,53	32,84	38,52	43,49	48,17
RF	2,49	6,14	12,15	19,09	26,09	32,14	37,60	42,09
	0,31	0,14	0,16	0,29	0,18	0,22	0,47	0,31
KNN	2,87	5,46	9,00	12,68	**16,50**	**20,06**	**23,56**	**26,80**
	1,27	0,21	0,30	0,40	0,66	0,80	0,99	1,27
SVM	**1,60**	**4,22**	**8,23**	**12,24**	**16,50**	20,24	23,58	27,53

Tabelle D.8: Testfehler der GMD in Prozent für unterschiedliche SNR.

kM	SNR							
	9,55 dB	8,25 dB	7,40 dB	6,74 dB	6,21 dB	5,76 dB	5,38 dB	5,03 dB
BK	4,21	4,54	4,88	5,49	6,07	6,50	7,10	8,21
RF	3,09	3,35	3,84	4,05	4,49	4,88	5,26	5,82
	0,09	0,06	0,03	0,13	0,10	0,05	0,10	0,09
KNN	3,97	3,96	4,21	4,23	4,60	4,98	5,23	5,57
	0,44	0,28	0,37	0,35	0,26	0,30	0,40	0,44
SVM	**1,56**	**1,89**	**2,12**	**2,22**	**2,63**	**3,08**	**3,44**	**3,68**

Tabelle D.9: Testfehler der kM in Prozent für unterschiedliche SNR.

E

Fehlerberechnung zur Bewertung der Segmentierung und Klassifikation

Zur Bewertung der Kombination aus Segmentierung und Klassifikation, wie in Abschnitt 5.4.3 verwendet, wird wie in [Pok09, Chu11, Tho11] auf die Levenshtein-Distanz[1] [Nav01] zurückgegriffen, da aufgrund von Fehlern bei der Segmentierung die tatsächliche Klassenzugehörigkeit der Zeichen nur schwer zuordenbar ist. Dabei gibt die Levenshtein-Distanz D_L die minimale Anzahl an Zeichen an, die eingefügt, ersetzt oder entfernt werden müssen damit zwei Zeichenfolgen übereinstimmen. Zur Bewertung des Fehlers wird die segmentierte Zeichenfolge der Länge Z_{Seg} mit der für die Bildfolge hinterlegten Zeichenfolgen der Länge Z verglichen. Der Fehler wird gemäß

$$E_L := 1 - \frac{\max\{Z_{Seg}, Z\} - D_L}{Z} \tag{E.1}$$

---

1 Anm.: Die Levenshtein-Distanz wird im englischen auch oft als Edit Distance bezeichnet.

bestimmt. Dabei ist der Zähler des Bruchs die Differenz aus der Länge der Zeichenfolge, wobei hier die maximale Länge maßgeblich ist, und der Levenshtein-Distanz. Daraus ergibt sich die Anzahl der richtig segmentierten und klassifizierten Zeichen, die zu der tatsächlichen Anzahl an Zeichen Z ins Verhältnis gesetzt werden. Das Maximum aus beiden Zeichenfolgen ist notwendig, da es vorkommen kann, dass Zeichen zusammenwachsen wodurch $Z_{Seg} < Z$ gilt oder Zeichen zerfallen, dann gilt das umgekehrte. Für den Fall, dass in einer Zeichenfolge beides auftritt, d. h. Zeichen zerfallen und zusammenwachsen, ist der Fehler nach Glg. (E.1) nicht korrekt, da dieser schlechter ausfällt als er tatsächlich ist. Somit ist diese Angabe des Fehlers eher eine etwas zurückhaltenden Angabe. Allerdings ist zu erwähnen, dass die segmentierten Zeichen stichprobenartig auf zusammengewachsene Zeichen negativ geprüft wurden, was aufgrund der verwendeten Rückweisung auch zu erwarten war.

Schriftenreihe
Automatische Sichtprüfung und Bildverarbeitung
(ISSN 1866-5934)

Herausgeber: Prof. Dr.-Ing. Jürgen Beyerer

Die Bände sind unter www.ksp.kit.edu als PDF frei verfügbar oder als Druckausgabe bestellbar.

Band 1   Jonathan Balzer
Regularisierung des Deflektometrieproblems – Grundlagen und Anwendung. 2008
ISBN 978-3-86644-230-6

Band 2   Ioana Gheţa
Fusion multivariater Bildserien am Beispiel eines Kamera-Arrays. 2011
ISBN 978-3-86644-684-7

Band 3   Stefan Bruno Werling
Deflektometrie zur automatischen Sichtprüfung und Rekonstruktion spiegelnder Oberflächen. 2011
ISBN 978-3-86644-687-8

Band 4   Jan Wassenberg
Efficient Algorithms for Large-Scale Image Analysis. 2012
ISBN 978-3-86644-786-8

Band 5   Martin Grafmüller
Verfahrensfortschritte in der robusten Echtzeiterkennung von Schriftzeichen. 2013
ISBN 978-3-86644-979-4